やわらかアカデミズム・〈わかる〉シリーズ

よくわかる生涯学習

改訂版

香川正弘・鈴木眞理・永井健夫 編

ミネルヴァ書房

はじめに

　世の中は10年ひと昔で，次々と変わっていきます。ユネスコで生涯学習に関わる生涯教育という考え方が提案されたのが1965年，それから50年ばかり時間が経過しました。この間に，私たちの社会も教育のあり方も大きく変わりましたし，今も変わりつつあります。それに伴い，生涯学習の考え方，方法，実践活動にも，新しい発想が採り入れられ，思想的には「学ぶ」という意味が深められ，「学ぶ」方法はメディアの発達を採り入れてますます便利になり，「学ぶ」活動も日常生活や職業生活に浸透してきました。

　2006（平成18）年12月に成立した教育基本法の改正（平成18年法律第120号）では，わが国の教育のあり方は生涯学習に基づいて行われることが明記されました。今後，生涯学習は私たちの生活にもっと身近になりますので，教育だけでなく，あらゆる世代の人々や職業人にとって必要な知識と教養となるでしょう。

　本書は，研究同人である鈴木眞理，永井健夫，香川正弘の3人が語らい，2008年に刊行された初版本のテキストを，時代に合わせて編集し直し，改訂することにしました。生涯学習を学ぶことは，個人の生き方や社会のあり方について，考えることでもあります。読者諸氏が，本書に書かれたことをもとに，ぜひ自分の生き方，地域社会の問題，国際化のなかでの交流等に問題意識を広げ，日々の生活と仕事に生かされることを望んでいます。

2016年1月

香川　正弘

鈴木　眞理

永井　健夫

もくじ

■よくわかる生涯学習［改訂版］

はじめに

I 生涯学習とは何か

1 生涯学習という概念 …………… 2
2 生涯学習社会の形成 …………… 6
3 生涯学習と家庭教育 …………… 8
4 生涯学習と学校教育 …………… 10
5 生涯学習と社会教育 …………… 12
6 生涯学習の現代的意義 ………… 14

II 生涯にわたる人間形成

1 生涯教育という概念と生涯学習
  という概念 …………………… 18
2 人間形成と生涯学習 …………… 20
3 ライフサイクル論 ……………… 22
4 生涯発達と発達課題 …………… 26
5 生涯設計と生涯学習 …………… 30

III 生涯学習を支える思想

1 生涯学習の学習論 ……………… 32
2 生涯学習の社会的位相
  ——統合という発想 …………… 34
3 生涯学習の社会的位相
  ——解放という発想 …………… 36

4 生涯学習の社会的位相
  ——循環という発想 …………… 38
5 自己主導的学習論と生涯学習 … 40
6 知的基盤社会における生涯学習 … 42

IV 生涯学習の現代的課題

1 生きがいづくりの生涯学習 …… 44
2 健康の生涯学習 ………………… 46
3 まちづくりに対応した生涯学習 … 48
4 高齢社会に対応した生涯学習 … 50
5 少子化に対応した生涯学習 …… 52
6 高度情報化に対応した生涯学習 … 54
7 消費生活に対応した生涯学習 … 56
8 男女共同参画社会に対応した
  生涯学習 ……………………… 58
9 人権尊重を支える生涯学習 …… 60
10 環境問題に対応した生涯学習 … 62
11 文化・芸術活動と生涯学習 …… 64
12 生涯学習と国際交流 …………… 66
13 安全・安心社会づくりの生涯学習 … 68
14 生涯学習の成果の活用 ………… 70

V 生涯学習の多様な学習方法

1 学習方法の類型 ………………… 72

もくじ

2 学級・講座による学習 …………… 74
3 討議方式による学習 ……………… 76
4 参加・体験型による学習 ………… 78
5 実技・実習型による学習 ………… 80
6 メディア活用型による学習 ……… 82
7 遠隔教育による学習 ……………… 84
8 独学型スタイルの生涯学習 ……… 86
9 ワークショップの技法と生涯学習… 88
10 プレゼンテーションの技法と生涯学習 ……………………………… 90

VI 行政による生涯学習の振興

1 国レベルでの生涯学習振興策 …… 92
2 文教行政による生涯学習支援 …… 94
3 厚生行政による生涯学習関連施策… 96
4 労働行政による生涯学習関連施策… 98
5 経済産業省・総務省による生涯学習関連施策 ……………………… 100
6 都道府県レベルでの生涯学習行政… 102
7 市町村レベルでの生涯学習行政… 104
8 生涯学習に関する行政計画 …… 106

VII 民間団体・機関による生涯学習支援

1 子ども・少年団体による生涯学習活動 ………………………… 108
2 青年・若者団体による生涯学習活動… 110
3 成人団体による生涯学習活動 … 112
4 女性団体による生涯学習活動 … 114
5 高齢者団体による生涯学習活動… 116
6 地域団体による生涯学習活動 … 118
7 NPOによる生涯学習活動 ……… 120
8 教育文化産業による生涯学習 … 122
9 健康文化産業と生涯学習 ……… 124
10 行政と民間との連携による生涯学習支援 ……………………… 126

VIII 生涯学習支援としての大学開放

1 大学開放を通じて社会貢献をする大学へ …………………………… 128
2 自立した「市民」の形成と大学開放 …………………………… 132
3 地域社会形成の役割を担う大学開放 …………………………… 134
4 大学開放センターの運営 ……… 136
5 大学における産学連携関連組織の運営 …………………………… 138
6 高度専門職を養成する大学院開放… 140
7 放送大学と社会人教育 ………… 142

IX 生涯学習にかかわる人的支援

1 生涯学習支援にかかわる人々 … 144
2 生涯学習支援にかかわる行政委嘱委員 …………………………… 148
3 生涯学習支援にかかわる専門職員 … 150
4 ボランティアによる生涯学習支援… 152

もくじ

 5 講師やファシリテーターの役割と広がり ……154

X 施設に基づいた生涯学習活動

 1 生涯学習施設と社会教育施設 …156
 2 学校と地域との連携 ……158
 3 地域の基幹施設としての公民館 …160
 4 広域の学習施設としての生涯学習推進センター ……162
 5 自己学習支援施設としての図書館 …164
 6 専門的学習施設としての博物館 …166
 7 体験活動を支援する青少年教育施設 ……168
 8 男女共同参画社会を目指す女性教育施設 ……170
 9 生涯スポーツ施設としての体育施設 ……172
 10 指定管理者制度に関する課題 …174

XI 職業能力開発の生涯学習

 1 職業能力開発の体系 ……176
 2 公的な職業能力開発 ……178
 3 専門学校における職業人育成 …180
 4 企業による職業能力開発 ……182
 5 個人による資格取得学習 ……184

XII 伝統として息づく日本の生涯学習

 1 生涯学習の先駆的発想 ……186
 2 人間形成としての禅 ……188
 3 お稽古事教室にみる学びの文化 …190
 4 自己を深める生涯学習実践
  ——中江藤樹 ……192
 5 生活倫理の生涯学習実践
  ——石門心学 ……194
 6 地域再生の生涯学習思想
  ——報徳の教え ……196
 7 地域団体を育てる生涯学習思想
  ——青年団の育成 ……198
 8 近現代日本における社会教育の発展過程と生涯学習 ……200

XIII 諸外国の生涯学習

 1 イギリスの生涯学習 ……202
 2 アメリカ合衆国の生涯学習 ……204
 3 ドイツの生涯学習 ……206
 4 フランスの生涯学習 ……208
 5 デンマークの生涯学習 ……210
 6 ブラジルの生涯学習 ……212

さくいん ……215

やわらかアカデミズム・〈わかる〉シリーズ

よくわかる
生涯学習
［改訂版］

I 生涯学習とは何か

生涯学習という概念

1 生涯学習が求められる理由

　生涯教育という概念は，1965（昭和40）年に，ユネスコで，ポール・ラングラン（Lengrand, P.）が初めて提言しました。教育といえば，学校での教育だけを意味することから生涯を通じて学ぶことを提唱したこの考えは，新しい教育の考え方として普及し，今や多くの国々で教育を考える基本的な理念となりました。わが国でも教育基本法第3条で「生涯学習の理念」のもとに生涯学習社会を実現することが，教育の使命とされています。

　生涯学習の考え方は，決して新しいものではありません。昔から「人生は修養」という考え方があるように，学ぶということは生活と仕事と人生を結びつけて考えられてきました。それが現代社会になって新たな理念となって登場したのは，人々の学びのニーズを社会全体の改革と進歩の原動力になると考えるようになったからです。

　現代社会において生涯学習の考え方が支持される理由は，急速に変化していく時代状況と経済社会の成熟化に求められます。

○人生80年時代という長寿社会

　戦後におけるわが国の国民の寿命の伸長は著しく，1947（昭和22）年には男性が50.06歳，女性が53.96歳でしたが，平成26年簡易生命表によれば，男性が80.50歳，女性が86.83歳になりました。成人して結婚し，仕事と子育てをして終わりという人生から，仕事の後に第二の人生があるという時代になっています。第二の人生は中年期から続くものですから，生涯を通じての学びによる「生きがい」ということが強調されることになりました。

○技術革新の進展

　コンピュータの発達に合わせて，社会のあらゆる面で技術革新が進んでいます。国際化によって経済競争は激しくなりますし，何よりも日々新たに発展していく技術革新と職業に関連する先端知識には，それぞれが新たな技能や手法を身につけるだけでなく，創造していくための知識が求められるようになっています。「知は力なり」という言葉が，現代では「知識基盤社会」という言葉に変容し，職業人にとって学びは不可欠な要素と考えられるようになりました。

○「まちづくり」へのアプローチ

　私たちが生活する場である「まちづくり」が，全国の自治体で進んでいます。

▶1　ラングラン, P. 波多野完治（訳）1971『生涯教育入門』全日本社会教育連合会。
「生涯教育」と「生涯学習」については，II-1を参照のこと。

▶2　教育基本法第3条「国民一人一人が，自己の人格を磨き，豊かな人生を送ることができるよう，その生涯にわたって，あらゆる機会に，あらゆる場所において学習することができ，その成果を適切に生かすことのできる社会の実現が図られなければならない」。

地域共同体の崩壊や地方の疲弊が指摘され、地方分権も進みはじめた今日、住民が自らの郷土意識をもち、その土地の文化と産業を発展させ、人材を育てていくことが求められています。これは、何らかのイベントを行って人の注目を集めるというのではなく、継続的な学びによって達成されます。新旧住民が一緒になって学び、その学びから住民の間に親和性が広がり、住民がタレント（それぞれの得意とするところ）を発揮して社会に貢献するところから発展していくと考えられています。

❷ 生涯学習の定義

　生涯学習とはどういうことか、とよく聞かれます。わが国における生涯学習の説明を、中央教育審議会答申「生涯教育について」（1981年6月11日）から紹介しておきます。

　　今日、変化の激しい社会にあって、人々は、自己の充実・啓発や生活の向上のため、適切かつ豊かな学習の機会を求めている。これらの学習は、各自が自発的意志に基づいて行うことを基本とするものであり、必要に応じ、自己に適した手段・方法は、これを自ら選んで、生涯を通じて行うものである。この意味では、これを生涯学習と呼ぶのがふさわしい。
　　この生涯学習のために、自ら学習する意欲と能力を養い、社会のさまざまな教育機能を相互の関連性を考慮しつつ、総合的に整備・充実しようとするのが生涯教育の考え方である。言い換えれば、生涯教育とは、国民一人一人が充実した人生を送ることを目指して生涯にわたって行う学習を助けるために、教育制度全体がその上に打ち立てられるべき基本的な理念である。

これをもとにして生涯学習を簡潔に定義すると、次のようにいえます。

　　生涯学習とは、人々が自発的意志に基づいて、「自己の充実」、「生活の向上」、「職業能力の向上」のために、自ら学ぶ内容を選び取り、充実した人生を送ることを目指して生涯にわたって行う学習である。

ここには、私たち自身の人生を「よりよいものにしていこう」という「向上の人生」のための学びがいわれていて、重要なことは、「自発的意志」という自分の内発的な学習意志、「自ら学ぶ内容を選び取り」という自己決定の態度、「生涯にわたって行う」という継続的な営み、にあります。「継続は力なり」という古諺（こげん）は、自己を見つめさせ（自己発見）、自己を向上させ（自己革新）、人生を深めることになる基です。

3　生涯学習の内容

　生涯学習は，自分の生涯（人生）を充実させることを教育の側面からアプローチすることです。人生の充実感を感じる対象は，人によって異なり，ランニングであったり，茶道であったり，技能を高めたり，ボランティア活動であったりします。このような違いは，私たちの生活から生じる課題解決や生きがいを求めて，自分の内面から出てくる押さえがたい内発的なニーズにあることです。こうした学習ニーズに応えて，展開されているのが生涯学習活動です。多様な生涯学習活動を概括的に整理してみると，次のような三分野に分けてみることができます。[3]

○「自己の充実」

　自己の充実とは，自分を見つめ，内面を豊かにする学習で，「ホモ　スム。フマニ　ニヒル　ア　メ　アリエヌム　プト」（私は人間である。ゆえに私にとって，無関心な人間的なものは何もない）ということに関連します。これは，個々人から発し，他の人にも及ぶ人間の探求でもあることです。具体的な活動としては，読書，教養，健康づくり，生涯設計，レクリエーション，お稽古事，ボランティア，学習旅行等がこの範囲に入ると考えられます。[4]

○「生活の向上」

　「生活の向上」は，私たちが日々暮らしている生活の場面を改善向上させていこうとする継続的な営みです。生活場面は，個人，家庭，地域社会，職場というように四つの局面に分けることができ，それぞれの場面でよりよく生きるために，生活課題を中心にして学ぶことです。具体的には，家庭生活（子育てや親子関係），三世代交流，金銭教育，消費生活，安全と環境，まちづくり等がこの範囲に入ると考えられます。

○「職業能力の向上」

　私たちは，仕事をして生活の糧を得ると同時に，仕事を通じて自己実現を図っています。仕事でよりよく働けるように努力をするとき，学習がついて回ります。その意味で，いまでは働く場である会社は「学習企業」を目指すことが求められています。この分野では仕事のための養成，適応訓練，開発等があります。具体的にみると，職種別や階層別の職業教育，職種転換時の教育がありますし，資格取得，専門性の高度化（先端技術や理論），職業についての幅広い教養の教育，異業種交流，仕事のための語学や国際文化等の学習があります。

4　生涯学習がもたらしたこと

　1960年代に登場した生涯学習の考え方は，教育のみならず社会や人々の生活にも大きな影響を与えました。以下，生涯学習の考え方が，学校教育，社会での教育，まちづくりの分野にどのような影響を与えたかをみておきましょう。

---

[3] 香川正弘・宮坂広作（編著）1994『生涯学習の創造』ミネルヴァ書房 pp. 32-33.

[4] 原文は次のとおり。'home sum ; humani nihil a me alienum puto' (I am a man, and I count nothing human indifferent time), Trence, *Heautontimormenos* 1：1：25.

○学校教育の捉え方の変化

　生涯学習の考え方は，教育を制度の側面からみることから，個人の人間形成の視点で考えることに視野を広げました。このことは，教えられるということから学ぶということへ，学ぶことも人間の成長ということからいえば自然的・社会的・文化的な環境も重要であることが強調され，学校を人生の初期教育と位置づけることになりました。こうしたことは，教育の考え方に学校教育中心から脱皮する発想をもたらしました。現在，学校と地域社会の連携ということがいわれますが，学校だけが一つの王国ではなく，地域と共存し，地域に支持されて成り立つという発想をも育んできました。その結果，地域社会に開かれた学校をつくるために，幼稚園から小学校，中学校，高等学校に学校の教職員と地域代表者を交えた学校運営評議会が設けられたり，学校のホームページに地域の歴史や文化情報等を掲載することがはじまりました。

○社会での教育

　教育といえば，学校と考えられてきましたが，生涯学習の考え方の導入により今まで教育の範疇から除外されてきた訓練，研修，鍛錬，啓発，お稽古事等も，教育＝学習という分野で捉えられるようになりました。この傾向は，文部科学省以外の省庁が行う研修，啓発，資格取得等の事業や，会社組織や団体の行う事業活動において，それらが学びを伴う活動ということで生涯学習と明記することが今や普通のこととなりました。今後もこの傾向は普及していくことが予想され，社会にある各種団体がそれぞれの特性に応じて生涯学習活動を展開していくことが，生涯学習社会の形成を促進するものと考えられます。

○まちづくりの考え方

　20世紀末の生涯学習の主たるテーマは「生きがいづくり」にありましたが，21世紀になってからは，「まちづくり」，「地方創生」が主要なテーマになってきました。まちづくりに関しては，「経済」や「住みやすさ」や「文化」の活性化を主眼にしているものが多いように思われます。しかし，地域の民力を高め，魅力的な「まちづくり」をするためには，住民一人ひとりがわが住む町についてよく知ることが不可欠です。その地域特有の地勢，歴史，文化，産業等を共通教養として学び，その上で住民がそれぞれの分野で活性化を討究するという戦略が必要でしょう。この意味で，「まちづくり」は地元に根づいた生涯学習で地域共同体をつくることによって推進されると思われます。

　生涯学習の考えのキーワードは「向上」ということにあります。これは，自己の生活，地域での生活，職域での生活のそれぞれで，「日に新に，日々に新に」向上していくという気持ちでもって，日々を送ることが大切であることを示しています。生活の質の向上は，よりよい人生と社会の実現を目指し，生涯学習を実践することから始まるといえるでしょう。

（香川正弘）

参考文献

　フェデリーギ，P.（編）佐藤一子・三輪建二（監訳）2001『国際生涯学習キーワード事典』東洋館出版社。

　香川正弘・三浦嘉久（編著）2002『生涯学習の展開』ミネルヴァ書房。

I　生涯学習とは何か

生涯学習社会の形成

学歴社会がもたらしたもの

　明治時代以降，日本は，全国に小学校を配置し，中央に大学を設置するという形で，国民に教育を施すことを国家的な政策として展開してきました。社会的な地位・身分が世襲的・固定的な社会では，対外的な競争にも勝てないこともあり，近代的な国家として，教育の社会的選抜機能を利用しながら，有能な人間にそれなりの地位・身分を与え，その牽引力によって社会の進歩を達成してきたのです。人間を属性のみで評価するのではなく，成し遂げられた業績によって評価しようとすることは，近代的・合理的なことだという社会的合意が得られやすいのです。

　しかし，人生の初期に得られた学歴によってのみ人間が評価されるような社会は，一方で，また，弊害ももたらしました。一度，失敗すればそれで終わりだということです。あるいは，さまざまな観点から人間が評価されることが必要だという議論もあります。さらに，学歴によって社会的地位が決定されてしまい，それが親から子へとつながってしまうということも指摘されてきました。学歴社会という言葉が一般的に広がってきたのです。

生涯学習社会とは何か

　学歴社会の弊害を取り除き，新しい社会を創造していくという政治的な目標が掲げられました。第二次世界大戦後の日本社会における教育のあり方を抜本的に検討し直すために，内閣総理大臣直属の臨時教育審議会が設置されて，議論が開始されたのは，1984（昭和59）年のことでした。この臨時教育審議会は4次にわたる答申を出し，学校教育中心の社会・学歴社会から，生涯学習体系への移行を提案しました。

　ほかの審議会などでも生涯学習社会という目標が提案されるのですが，そこでは，「人生の初期に得た学歴によって人間を評価する社会（学歴社会）」に対置される，「生涯にわたる自由に選択された学習機会で学んだことによって人間を適切に評価する社会」として説明されています。人々が生涯にわたって学ぶ社会だ，というような単純なことだけを言っているわけではありません。

③ 目標としての生涯学習社会

　2006（平成18）年12月に教育基本法が抜本的に改正されましたが，第3条「生涯学習の理念」が加わったことは，注目していいでしょう。生涯学習社会が，創造されるべき，到達すべき目標として政策文書では語られてきていたわけですが，法律として，目標として設定されていることを示しているということは重要なことです。さまざまな施策が，その目標を達成するために遂行されるということになりますし，そのための根拠ができたということなのです。

④ 生涯学習社会批判とその論点

　生涯学習社会は，目標として設定されているわけですが，批判も多く存在しています。そもそも1965（昭和40）年にユネスコで提起された生涯教育という考え方が入ってきたときに，生涯にわたる人間の管理の発想だ，という批判も存在していたのです。既存の社会の支配的な考え方・価値に従う人々を増やすための方策だという批判でした。しかし，生涯教育という考え方は，人々を支配するための道具にもなると考えることもできますし，人々を自由にし，さまざまな抑圧から解放するための道具にもなるという考え方もありえます。生涯学習ということについても同様に考えることができるでしょう。

⑤ 学習社会論との異同

　学習社会（learning society）という考え方があります。ハッチンス（Hutchins, R. M.）が1968年に書いた *The Learning Society* という本で述べたことですが，「すべての成人男女に，いつでも定時制の成人教育を提供するだけでなく，学習，達成，人間的になることを目的とし，あらゆる制度がその目的の実現を志向するように価値の転換に成功した社会[1]」という定義が与えられています。ここでいわれる学習社会に比べると，日本において広がっている生涯学習社会論は，学歴社会を意識して，それに代わる社会であるという点，学校の他の具体的な学習機会に関心をもっていること，学習の成果やその評価に関心が集中しているという点などが指摘できるでしょう。

⑥ 生涯学習社会は可能か

　目標とされる生涯学習社会の創造は，可能でしょうか。じつはそう簡単なことではないのでしょう。生涯学習社会といわれるもの自体が，学歴社会をひきずった社会で，一回勝負ではないだけで，いつまでも勝ち負け・人間の評価を気にせざるをえない競争社会であるということが根底にはあるのかもしれません。生涯学習社会がユートピアではないのかもしれないのです。そんなことも考えてみる必要があるのでしょう。

（鈴木眞理）

▶1　新井郁男（訳）1979「ラーニング・ソサエティ」新井郁男（編集・解説）『ラーニング・ソサエティ』（現代のエスプリ No.146）至文堂．

参考文献
鈴木眞理　2006『学ばないこと・学ぶこと』学文社．
鈴木眞理（編集代表）2003「シリーズ生涯学習社会における社会教育」（全7巻）学文社．
鈴木眞理　2014「生涯学習社会の創造へ向けて」鈴木眞理・馬場祐次朗・薬袋秀樹（編著）『生涯学習概論』樹村房　pp.1-22.

I 生涯学習とは何か

3 生涯学習と家庭教育

1 家庭教育とその支援

○家庭教育の性格

　家庭教育と学校教育を比較すると，その方法は対照的です。学校教育は公的なもので，教員が教材・教具を使って児童生徒に意図的・組織的・計画的に教える形をとります。それに対して家庭教育は私的なもので，いたって多様な形式を含んだものです。

　親（またはそれに代わる保護者）が，ある明確な意図をもって教えようとする場合もあれば，親が問わず語りに話す内容が子に対して教育的意味をもつこともあります。また，子が祖父母や兄弟姉妹から受ける教育的影響も，広義には家庭教育の一環といえるでしょう。

○教育の原点としての家庭教育

　親が子にする教育は，すべての教育の出発点であり，教育の原点です。子は親から言葉を学び，基本的な生活習慣や社会規範を「しつけ」られます。それらは子が社会性を獲得する第一歩となります。「三つ子の魂百まで」という言い習わしがあります。幼少の頃の性質は生涯を通じてそう変わるものではない，というものです。この性質には，生まれつきのものもありますが，親のしつけなどによって得られたものもあります。幼少期における適切なしつけは，その時期の教育可能性の高さを考えれば，きわめて重要といえます。

　子が成長し少・青年期に達する頃には，親の生き方や考え方が子の生き方に少なからぬ影響を及ぼすことがあります。たとえば看護師の親の苦労や信念をふだんから見聞きするなかで，将来のキャリア選択として看護師など医療従事者を目指すようになる，とか，よく家に友達や知人が遊びにきて賑わいのある家庭に育って，自分も将来は同じような楽しい家庭をもちたいと思うようになるなどです。家庭教育は，子が将来を切り拓いていく上で欠かせない職業観や人生観を身につけていく基礎ともなります。

▷1　親はいつも子の手本となるとは限らない。「あのような親にはなりたくない」といった反面教師（マネしたくない悪いお手本）の側面があるかもしれない。これも考えようによっては子にとって将来の指針になるかもしれない。

○家庭教育の支援

　学校の教員は，児童生徒の教育のために教材研究に励み，計画的に研修等を受けて，高い教育力を保てるように努力しています。家庭教育でも同じことで，親が子育てのために必要な知識や情報を得つつ，安定して子育てを継続することが必要です。そのためには，家庭教育の支援の態勢が整っていることが重要

です。

2006（平成18）年，教育基本法の改正があり，同法に初めて「家庭教育」に関する条文（第10条）が加わりました。その主旨は二つあります。一つは，親が子の教育について第一義的責任を有すること。二つには，行政は，家庭教育の自主性を尊重しつつ，学習機会や情報の提供などで家庭教育を支援することです。家庭教育は，あくまでも各家庭の私事に属することですが，行政が支援することで家庭の教育力の維持・向上が期待されます。

2 家庭教育支援の実際

○家庭教育学級など

行政が行う家庭教育の支援にはさまざまなものがありますが，代表的な施策として「家庭教育学級」をあげることができます。学級は，小中学生をもつ親を対象にしたものが大半で，公民館や学校を会場にして開かれます。なお，数は少ないですが，新婚・妊娠期のカップルを対象にした「明日の親のための学級」，託児付きの「乳幼児学級」，共働き家庭を対象にした「働く親のための学級」，思春期の子をもつ親のための「思春期セミナー」なども開かれています。

小中学生の親を対象にした家庭教育学級では，子の心身の成長，温かい家庭環境づくり，学校教育の理解，いじめや不登校への対処などが講義や話し合い等を通じて学ばれます。残念なことに，参加者はほとんどが母親で，たまに祖母の出席がみられる程度で，父親の参加は進んでいません。学級の開催方法や広報等に課題が残されています。

家庭教育支援について，国は，就学前の子をもつ親，小中学生の子をもつ親を対象にした「家庭教育手帳」を作成し，講座のテキスト，子育てサロンでの話題提供，情報誌への掲載等で活用を図っています。また，県レベルの広域行政では，家庭教育アドバイザーや子育てサポーターの派遣，家庭教育カウンセラーによる巡回相談，家庭教育電話相談等の支援が行われています。

○民間による家庭教育支援

家庭教育の支援は，NPOなど地域の民間組織でも行われています。地域の子育てサポートネットワーク，地域の子どもとの交流を深める「地域親」活動，親の子育て支援のための託児ボランティア，家庭訪問による子育て支援など，機動性の高さやきめ細かな配慮など，民間ならではの強みを生かした活動が広がっています。

家庭教育は，個々の家庭が単独で行おうとしてもなかなか効果が上がりません。地域の協力や学校との連携が，今後ますます重要になります。親は子の教育で孤立することなく，よい意味で地域や行政や学校を頼ることもだいじです。

（野島正也）

▷2　家庭教育の主体について，ここでは単純に「親」と表記しているが，教育基本法では「父母その他の保護者」としている。実際には親以外に，祖父母や親戚が子を育てている場合もある。

▷3　昨今では，家族規模の縮小，外で働く女性の増加，親の育児不安，父親の育児参加がまだ少ないことなどにより，家庭の教育力が不安視されている。こうした事情が行政の家庭教育支援の背景にある。

▷4　社会教育法第5条では，市町村が行う事業を列挙しているが，その一つに家庭教育に関する項がある。「家庭教育に関する学習の機会を提供するための講座の開設及び集会の開催並びに家庭教育に関する情報の提供並びにこれらの奨励に関すること。」

▷5　全国的に広がった活動例としては「早寝早起き朝ごはん」国民運動がある。子どもの生活習慣の乱れが成長に悪影響を及ぼしているとみられることから，わかりやすい言葉で啓発を行い，子どもの生活リズムの向上を図っている。

▷6　2006年の教育基本法の改正では，次の条文が新たに加わった。「学校，家庭及び地域住民その他の関係者は，教育におけるそれぞれの役割と責任を自覚するとともに，相互の連携及び協力に努めるものとする。」（第13条）

I　生涯学習とは何か

4　生涯学習と学校教育

1　学校教育の性格

○「学校」が指すもの

「学校教育」という言葉は，一般的には，「学校」という建物・場所を中心として一定の教育課程に基づいて行われる教育を指していると考えられます。1947（昭和22）年に制定された学校教育法の第1条では，この法律における「学校」として「幼稚園，小学校，中学校，義務教育学校，高等学校，中等教育学校，特別支援学校，大学及び高等専門学校」があげられています。学校教育法には，これら以外の教育施設として，「専修学校」「各種学校」についての条項も含まれていますが，この第1条にあげられている学校における教育が「学校教育」として理解される場合が多いといえます。

○学校教育の基本的性格

学校教育の基本的性格についてはさまざまな説明がなされてきましたが，よく取り上げられるものとして，教育課程（カリキュラム）の固定化，同年齢集団による学習，学習成果の評価の数値化（点数化），学校間の階層化（学歴），制度化された教育職員の存在，などがあります。しかし，こうした学校教育の基本的性格を問い直そうとする動きは年々活発化しています。

○学校教育の性格の問い直しに関連する制度・動向

学校教育法では，第1条で規定されている「学校」のうち，高等学校・中等教育学校の後期課程には「全日制」の課程のほかに「定時制」の課程を置くことができると規定されています。また，高等学校・中等教育学校の後期課程に加えて大学・特別支援学校の高等部には，「全日制」「定時制」のほかに「通信制」の課程を置くことができる（大学・特別支援学校については，通信による教育を行うことができる）と規定されています。

このほかにも，不登校児童・生徒などを対象とした「適応指導教室（学級）」あるいは「フリースクール」などと呼ばれるもの，また，進学指導や学校における授業の補習などを目的として民間で運営されている「学習塾」と総称されるような教育機関など，学校教育をとりまく多様な教育要求にこたえようとする制度や取り組みがこれまでにもみられました。また，これらは，学校教育の基本的性格を問い直したり，行政による学校教育へのかかわり方を問い直す動きとしても注目すべきものです。

▷1　2007（平成19）年4月の学校教育法の改正により，それまでの学校教育法における「盲学校」「聾学校」「養護学校」の三つが「特別支援学校」に一本化された。

▷2　「中等教育学校」は1998（平成10）年，「高等専門学校」は1961（昭和36）年，「専修学校」は1975（昭和50）年の学校教育法の改正により，それぞれについての規定が新設された。

▷3　学校教育法では，このほか，小学校，中学校，義務教育学校，高等学校および中等教育学校には知的障害者・肢体不自由者・身体虚弱者・弱視者・難聴者などのために「特別支援学級」を置くことができると規定されている。

2 生涯学習支援における学校教育の位置づけ

○児童・生徒・学生以外の人々と学校との関係

生涯学習支援における学校教育の重要な視点として，正規の児童・生徒・学生以外の人々と学校の関係があります。これについては，従来からの取り組みとして，たとえば，小学校・中学校・高等学校などでは学校施設の開放・教員による講座の実施・PTAによる会員向けの講座や講演会の実施などの学習支援活動，また大学などでは「公開講座」の実施などがみられます。

○「生涯教育」の概念

1965（昭和40）年にユネスコの第3回成人教育推進国際委員会においてラングランが提起した「生涯教育」の概念は，その後日本に翻訳移入され，日本の学校教育のあり方にも影響を与えるものでした。具体的には，学校教育に対する過度の期待を見直し，学校教育・社会教育・家庭教育の有機的な関係を作ることが求められているという認識が広がりました。

○生涯学習体系への移行

1984（昭和59）年から1987（昭和62）年まで内閣総理大臣の諮問機関として設置されていた臨時教育審議会の4次にわたる答申では，「学校教育体系の肥大化に伴う弊害，とくに，学歴社会の弊害を是正するため」（第2次答申）に「生涯学習体系への移行」が提言され，学校教育そのもののあり方についても見直しの議論が展開されました。具体的には，生涯学習（支援）の基盤として学校教育を位置づけてその教育内容を見直すこと，大学や高等学校などを社会人の学習の場としても整備することなどが検討されました。

○学校教育をとりまくさまざまな動向

学校教育と社会教育との連携については特に1970年代以降さまざまな試みがなされましたが，1990年代に入ると，両者の関係をより発展させるという意味合いで「学社融合」という概念も提起されました。また，これとも関連して，同時期には地域社会に開かれた学校（教育）のあり方についての議論も活発化しました。さらに，こうした動向は，2002（平成14）年度の「完全学校週5日制」および「総合的学習の時間」の導入や奉仕活動・体験活動の推進，2004（平成16）年の学校教育法施行規則改正による「学校運営協議会」（コミュニティ・スクール）制度の導入などの動きとも結びつきました。

これら主に高等学校段階以前の学校教育をとりまく動向のほかには，大学において，社会人入学の制度の整備，専門職大学院や夜間大学院の設置，昼夜開講制の導入，特別聴講学生・科目等履修生・研究生の受け入れなど，社会人の職業上のキャリアアップ・資格の取得・教養の向上などの要望に応えようとする取り組みがみられます。また，大学以外の教育施設での学習成果が単位として認定される場合も多くなっています。

（松橋義樹）

▶4 このような認識は，1971（昭和46）年の中央教育審議会答申「今後における学校教育の総合的な拡充整備のための基本的施策について」や同年の社会教育審議会答申「急激な社会構造の変化に対処する社会教育のあり方について」に代表される。

▶5 臨時教育審議会以降の諸審議会の答申をはじめとして，「いつでも，どこでも学ぶことができて，その学習成果が適切に評価される社会」などと表現される「生涯学習社会」の構想が，「学歴社会」と対置されることも少なくない。

▶6 1985（昭和60）年に開校された「放送大学」も，このような取り組みの一つとして位置づけることができる。

▶7 大学をめぐっては，2004（平成16）年度まで実施されていた「大学入学資格検定」，およびこれに代わって2005（平成17）年度から実施されている「高等学校卒業程度認定試験」も，学校教育のあり方に関連する重要な制度である。

I　生涯学習とは何か

 生涯学習と社会教育

1　わかりにくい「社会教育」

　社会教育は、かかわっている人自身が「社会教育」と思っていない活動や事業も社会教育でありうるという、少し不思議なところがあります。多様な側面をもつ「教育」と「社会」が結びついているのが「社会教育」で、この「社会」と「教育」の関係もさまざまに解釈が可能であるため、これは教育用語のなかで最もわかりにくい言葉の一つかもしれません。

　法律としては、社会教育は「個人の要望や社会の要請にこたえ、社会において行われる教育」（教育基本法第12条）であり、「学校教育法又は就学前の子どもに関する教育、保育等の総合的な提供の推進に関する法律に基づき、学校の教育課程として行われる教育活動を除き、主として青少年及び成人に対して行われる組織的な教育活動（体育及びレクリエーションを含む。）」（社会教育法第2条）と規定されています。そして、「すべての国民があらゆる機会、あらゆる場所を利用して、自ら実際生活に即する文化的教養を高め得るような環境を醸成する」（社会教育法第3条）ことが行政の責務とされています。実際には職業、スポーツ、保健衛生など、「文化的教養」から少し離れた学習活動も多々行われるわけですが、どのような学習内容であれ、教育行政の観点からすれば、自由で自発的・主体的な学習文化活動とその支援や条件整備が社会教育の世界ということになります。自発性・主体性が基本であるため、社会教育活動には必ずしも学校教育のような意図的・計画的な教育的関与が伴うとは限らず、その学習成果の積み重ねも「学歴」として認定されるわけではありません。

2　社会教育と生涯学習は同一ではない

　生涯学習を学校教育修了後に取り組む学習活動のことと考える人からすると、生涯学習と社会教育は同じ意味に思えるでしょう。しかし、太古から人間の生涯は学習の連続でした。現代に登場した生涯学習の概念には、学習の連続とは別の意味が含まれています。成り立ちとしては、教育機会が時系列的・社会的に統合された社会に向けた変革の原理を意味する概念として、生涯教育の考え方が先に提起されました。後に、これを学習者本位の観点で表現するようになったのが生涯学習です。したがって、生涯学習は、人の生涯という時間軸だけでなく、社会的次元も視野に入れて（つまり、社会の制度や動向とも関連させな

▷1　たとえば、公民館での郷土史教室、図書館での「読み聞かせ」、博物館での企画展、公共施設の建設計画をめぐる地域社会での会合、保健所での調理教室、カルチャーセンターやスポーツジムの各種プログラム、学術団体による公開シンポジウム、生産技術に関する講習会、職場での研修会やOJT、インターネットの掲示板を介した意見・情報交換、等々、これらはすべて社会教育の具体例としてみなしうる。

▷2　旧大日本帝国憲法下の教育体制においては、社会教育は国民の教化・統制の手段として用いられ、軍国主義や全体主義を支える役割を果たしたため、第二次世界大戦後は、そのことの反省に立ち、民主的で自由な営みであることが社会教育の大前提とされるようになった。第二次世界大戦をはさんだ社会教育の変遷の経緯については、藤田秀雄・大串隆吉（編著）1984『日本社会教育史』エイデル研究所を参照。

▷3　⇒ I-1 を参照。

がら)「学習」を論じる施策や議論であることに中心的な意味があるはずなのです。ただ、現実としては、生涯にわたる学習活動の連続という面に偏って用いられる場合が多いようです。とはいえ、時間と社会のいずれの次元にせよ、統合を目指す原理であることが生涯学習概念の本質である点は変わりません。ゆえに、生涯学習がかかわる「学習」としては、社会教育のみならず学校教育や家庭教育の場での学習が含まれて当然です。換言すれば、生涯教育・生涯学習は、学校教育、社会教育、家庭教育という教育の基本的な三領域を統合的に捉える概念としての意味があります。つまり、社会教育は生涯学習を成り立たせる要素の一つであって、社会教育イコール生涯学習ではありません。

❸ 現代社会における社会教育の役割

　変化の激しい今日、われわれは仕事、生活、社会的課題などに関する知識・技能を更新してゆく必要があります。学び続けざるを得ないのが現代社会です。そのなかで、社会教育には特にどのような役割が期待されるのでしょうか。

　社会教育は自由意志に基づく学習文化活動であることが大原則ですので、個人が何をどのように学ぶか、政府や権力機関が強制・介入することは許されません。他方、社会教育の条件整備や生涯学習の振興・支援のためには多くの公金が費やされるわけですから、行政がかかわる支援事業や学習機会には何らかの公共的・社会的な視点や要素が具わっていることも望ましいでしょう。実際のところは、教育委員会や行政機関が所管する学習機会の内容を調べてみると、趣味・教養や体育・レクリエーションなどの割合が高く、市民意識や社会問題に関するものは少ない傾向にあります。そうしたことから、1992（平成4）年の生涯学習審議会答申「今後の社会の動向に対応した生涯学習の振興方策について」では、社会の急激な変化に対応し、人間性豊かな生活を営むために学ぶべき「現代的課題」の重要性が指摘され、また2006（平成18）年の教育基本法改正に際しては「個人の要望」とともに「社会の要請」に応じた社会教育の奨励が行政の責務として規定されたのです。

　社会教育法によって地域における社会教育活動の拠点として位置づけられている公民館は、民主的な社会の担い手を育成する「民主主義の学校」となるよう期待されて誕生しました[4]。つまり、第二次世界大戦後の社会教育は、市民的な能力・資質の形成に資すること（市民教育）を使命として始まったといえます。21世紀になって、社会がますます複雑化・多様化するなかで、そのような社会教育の役割は以前にも増して重要になっています。公共的・社会的な課題について自由闊達に学べる場と機会を、行政も市民も共に協働しながら、社会全体で創り守ってゆくべきでしょう。

（永井健夫）

▷4　たとえば、1946（昭和21）年7月5日文部次官通牒「公民館の設置運営について」の別紙「公民館設置運営の要綱」において「公民館は謂はゞ町村民の民主主義的な訓練の実習所」と記されている。

I 生涯学習とは何か

6 生涯学習の現代的意義

1 生涯発達の人間観

人が生涯にわたって学ぶということは、最近はじまったことではなく、昔から行われてきたことです。人は年をとったからといって、何も学ばなくなるというわけではありません。しかし、これまで幼児・児童・青年の学習についての研究は多くされてきましたが、中高年の学習にはあまり関心がもたれてきませんでした。研究の進展に伴って、乳児・中高年の学習も研究の対象となり、高齢者でも新しいことが学習できることが明らかにされてきています。このように、人はある年齢になると発達しなくなるというものではなく、生涯発達していく存在と考えられるようになってきているのです。

▶1 生涯発達については、高橋惠子・波多野誼余夫 1990『生涯発達の心理学』岩波新書を参照。

2 生涯学習の多様性

○仕事と生涯学習

ところで、人はなぜ生涯にわたって学習をするのでしょうか。一つは、学習の必要が生じて、ということが考えられます。大きな変化のない社会では、大人になってから意識的に新しい知識や技術を身につけなくても、その社会で生きていくことは難しくありません。しかし、社会の変化が大きくなると、大人になってからも、それらを意識的に身につけるようにしないと、その社会で生きていくことが難しくなってしまいます。現代は社会の変化が大きく、大人になっても人は意識して学ぶということをしないと、技術革新などについていけなくなってしまい、生きていく上でさまざまな不利益を蒙ることがあります。このように、現代社会では、人は大人になっても学ばなくてはならなくなってしまっています。「生涯学習」には、社会の変化への対応という側面があるのです。この場合、社会の変化が人々に学習を強要しているという側面が強く、学習は**外発的に動機づけ**られているということになります。

一方、現代でも仕事の上で、**内発的に動機づけ**られて学んでいる人たちがいます。職人のなかには、自分のわざの現状に満足できず、一生涯、自分のわざを磨くことを考えて仕事をしている人たちがいます。その人たちは、強要されて新しい技術を身につけるというような受身の姿勢ではなく、自分の仕事をより善いものにしようとして、自発的に学んでいます。このような姿勢は、近代以前から存在しているといってもよいでしょう。このように人は自らのわざを

▶2 外発的動機づけ・内発的動機づけ
金銭などの外的な報酬によって動機づけられているものを「外発的動機づけ」というのに対して、「内発的動機づけ」とは、報酬のためではなく、そのことそのものを「したい」という気持ちからすることをいう。

磨くために，生涯研鑽するということが行われているのです。人は善くなろうとして，内発的に学ぶということをしているのです。

○生きがいと生涯学習

人は，仕事とのかかわりだけで学んでいるのではありません。今，多くの人たちは趣味などの楽しみのために学んでいます。医療技術の進歩などによって，平均寿命が長くなるなどし，人は自由な時間を多くもてるようになっています。そのような状況のなかで，「やらなければならない」ではなく，生きがいなどを求めて，「やりたいからやる」という学習がされています。これも外発的なものではなく，内発的な学習です。社会が豊かになるにつれて，このような学習は増大しているといってよいでしょう。

○抑圧からの解放と生涯学習

一方で，現代は世界的に経済的な格差が広がっています。世界には学校教育を受けられない人々もいます。そのような人々に対する識字教育も必要となっています。識字教育は，その社会で生きていくために必要な読み書きを習得し，その社会で生きやすくするという適応主義的な考え方もありますが，それだけでなく，識字によって自分の置かれている社会的な状況を認識し，さまざまな抑圧からの解放が可能になるとする考え方もあります。

このように，現在，生涯学習はさまざまに行われています。じつは，生涯学習論も，実際に行われている生涯学習に対応して，さまざまな論が展開されているといってよいでしょう。生涯学習論は，どのように展開されてきたのでしょうか。次には，それをみてみましょう。

3 ラングランの生涯教育論

「生涯学習」という言葉は使われなくても，生涯にわたる学習や教育について論じられることは，近代以前からありました。しかし，1965年にパリのユネスコ本部で開催された第3回成人教育推進国際委員会で，ユネスコの成人教育部長のラングランが「生涯教育」(éducation permanente) を提唱し，それ以来，「生涯教育」という言葉が使われるようになり，生涯教育が積極的に論じられるようになりました。ラングランが提唱した éducation permanente は，英語で lifelong education と訳されたことから，日本語では「生涯教育」という言葉が定着しました。英語では，単に lifelong education といわれますが，lifelong integrated education という言葉が使われることもあり，「生涯教育」は単に生涯にわたって教育機会を提供しようとするだけではなく，生涯にわたって時系列的に行われる教育を「統合 (integrate)」(垂直的統合) するとともに，これまで領域として家庭教育・学校教育・社会教育などに分けられて行われている教育を「統合」(水平的統合) しようとするものでした。ラングランの提唱は，学校教育を中心とした従来の教育概念を根本から大きく転換させようとす

▷3 「わざ」の教育については，生田久美子 1987 『「わざ」から知る』東京大学出版会を参照。

▷4 ラングランの生涯教育論は，ラングラン, P. 波多野完治 (訳) 1971 『生涯教育入門』全日本社会教育連合会などを参照。

るものであって，必ずしも具体的に生涯にわたる教育機会の提供について論じられたものではありませんでしたが，生涯教育という概念は，これまでの教育体系を改革するための概念として，全世界に大きなインパクトを与え，それ以降の教育改革の方向性を示したといってよいでしょう。

④ リカレント教育

ラングランが提唱したのは，「生涯教育」でしたが，その後も「教育」という言葉が多く使われて，生涯にわたる学習・教育が論じられてきました。そのなかの一つに，OECD（経済協力開発機構）が1973年に提唱したリカレント教育（recurrent education）があります。リカレント教育は，経済にかかわる団体が提唱しているということもあり，その特徴は生涯にわたって労働と教育を関連づけているところにあります。これまでの教育は，教育を受ける期間＝学校を終えて，就労し，再び学校に戻るということはあまりありませんでしたが，リカレント教育は，生涯にわたって，教育を受ける期間と労働をする期間を交互に何度もリカレント（繰り返す）しようとするものです。リカレント教育の背景には，社会の変化が大きくなり，労働現場で必要とされる知識や技術の革新もはやくなり，労働現場にいるだけでは，それに対応できなくなってしまったという現実的な問題がありました。労働現場を離れて教育を受け，それによってキャリア・アップしていくことが考えられたのです。その意味では，リカレント教育は労働と不可分な教育論であり，個人の視点に立てば，キャリア・アップということになりますが，社会の視点に立つと，経済発展のための教育であるといえるでしょう。このリカレント教育は，企業などが必要としたということもあり，単に理念としてではなく，実際に有給の教育休暇が設けられるなど，現実の生涯学習の制度の創設に大きな影響を与えています。

⑤ 学習社会論

リカレント教育と対照的な生涯教育論にハッチンスの学習社会論があります。ハッチンスは1968年に発表した『学習社会（*The Learning Society*）』で，教育の目的を人間的になることに置き，それが実現した社会を「学習社会」としました。ハッチンスは，単に生涯にわたる教育機会があることを「学習社会」とはせず，人間の本性として生涯にわたる学習が行われ，それによって人が真に人間的になることを目指したのです。ハッチンスの考えは，抽象的なところもありますが，生涯にわたる学習や教育の目的について論じたことの意味は大きなものでした。何のために人は学ぶのか，それをハッチンスは，人間の本性とし，人間的になるという目的を掲げたことは，生涯学習の本質を考える上で無視できない視点を提供しているといえるでしょう。ハッチンスの考えは，1972年のユネスコ教育開発国際委員会の『未来の学習』にも影響を与え，そこでは

▷5　リカレント教育については，OECD（編）森隆夫（訳）1974『生涯教育政策』ぎょうせいを参照。

▷6　ハッチンス，R. 新井郁男（訳）1979「ラーニング・ソサエティ」新井郁男（編集・解説）『ラーニング・ソサエティ』（現代のエスプリ No.146）至文堂。

「完全なる人間」が学習社会における人間像として提示されています。

6 第三世界主導型生涯学習論

　1980年代になると，南北問題などの世界の格差の拡大に伴い，ユネスコは第三世界を重視するようになり，ユネスコ生涯教育担当部長のジェルピ（Gelpi, E.）の論に代表されるように，生涯教育論もさまざまな抑圧からの解放や民主化の手段として考えられるようになり，欧米主導型から第三世界主導型の生涯学習論へと転換していきました。その後も，ユネスコは「知ることを学ぶ」「為すことを学ぶ」「共に生きることを学ぶ」「人間として生きることを学ぶ」を柱とした生涯学習論を主張するなど，国際的にはユネスコを中心として生涯学習論の展開がみられます。

7 日本における生涯学習論の現状

　日本でも，生涯教育が提唱された1965年以降，多くの生涯教育論が紹介されてきました。そして，それは行政にも影響を与え，1971年の社会教育審議会答申「急激な社会構造の変化に対処する社会教育のあり方について」では「生涯教育」という言葉が使われ，1981年には「生涯教育について」という中央教育審議会答申が出されました。また，1985年に設置された臨時教育審議会では，「生涯教育」ではなく，一貫して「生涯学習」という言葉が用いられ，1980年代以降は生涯教育論から生涯学習論への転換がみられますが，必ずしも厳密に「教育」と「学習」の峻別がされてはいません。

　日本での生涯学習論は，外国のそれの紹介が多く，独自の教育観から開放制教育体制を主張する論などもありますが，独自の論が世界に発信されているというところまでは至っていません。日本には，近代以前から生涯にわたる教育・学習について論じられてきた歴史もありますので，それらを踏まえ，独自の生涯学習の展開が期待されます。

8 生涯学習論の現代的意義

　生涯学習論の多くは，現実に展開されている生涯学習に対応しています。生涯学習論が，実際の生涯学習を牽引してきたといってもよいでしょう。もちろん，生涯学習論のなかには，理念としては多くの共感をもたれながらも，実現することが難しい論もあります。しかし，生涯学習論は現実の教育や学習のあり方を問うものであり，さらにいえば，現在の人間のあり方そのものを問うているものです。その意味では，生涯学習論は，私たちがどのように生きていこうとするのか，それを考えていくのに必要不可欠なものなのです。実際の生涯学習が拡がっていく過程で，人間のあり方への問いは深化していっています。まさに，ここに生涯学習論の現代的な意義があるのです。

（米山光儀）

▷7　ユネスコ教育開発国際委員会（編）国立教育研究所内フォール報告書検討委員会（訳）1975『未来の学習』第一法規を参照。

▷8　ジェルピの生涯教育論については，ジェルピ, E. 前平泰志（訳）1983『生涯教育』東京創元社を参照。

▷9　ユネスコ21世紀教育国際委員会（編）天城勲（監訳）1997『学習――秘められた宝』ぎょうせい。

▷10　村井実は，人は善くなろうとしているという性向善説に立ち，開放制教育体制を主張した。1987『村井実著作集』（第2巻）小学館を参照。

Ⅱ　生涯にわたる人間形成

 生涯教育という概念と生涯学習という概念

❶　「生涯教育」という言葉,「生涯学習」という言葉

　最近,生涯学習という言葉を耳にする機会は多くなっていますが,一方で生涯教育という言葉はあまり聞かれなくなっています。『広辞苑』の現在の版で「生涯」という言葉を調べると,そのなかに「生涯学習」,「生涯教育」の両方の言葉がありますが,「生涯学習」が『広辞苑』にあらわれるのは,1998年発行の第5版からで,それ以前には「生涯教育」だけが掲載されていました。▷1　『広辞苑』の変遷から,日本語としては,「生涯教育」の方が「生涯学習」よりも古くから使われていたことがわかります。『広辞苑』では両方の言葉が掲載されていますが,別の国語辞典では,「生涯学習」しか掲載されていないものもあり,▷2　現在では「生涯学習」という言葉の方が一般的になっています。

❷　生涯教育から生涯学習へ

　生涯学習の概念の歴史について述べられる場合,ユネスコのポール・ラングランが成人教育推進国際委員会で提唱したéducation permanente が起点としてとりあげられることが多いように思います。そのフランス語がlifelong integrated education あるいは lifelong education と英訳されたことから,日本で「生涯教育」という訳語があてられ,その言葉が一般的になっていきました。

　日本でのラングランの生涯教育論に対する反応は早く,翻訳も出されましたが,生涯教育は概念として紹介されるだけでなく,教育行政のなかでもとりあげられていきました。▷3　1971年1月の社会教育審議会答申「急激な社会構造の変化に対処する社会教育のあり方について」には,「これからの社会教育は,生涯教育の観点から再構成される必要がある」と書かれ,さらに同年6月の中央教育審議会答申「今後における学校教育の総合的な拡充整備のための基本的施策について」で,「いわゆる生涯教育の観点から全教育体系を総合的に整備すること」とされました。その10年後の1981年6月に中央教育審議会は「生涯教育について」と題する答申を出し,次のように生涯教育を定義しました。

　　今日,変化の激しい社会にあって,人々は,自己の充実・啓発や生活の向上のため,適切かつ豊かな学習の機会を求めている。これらの学習は,各人が自発的意思に基づいて行うことを基本とするものであり,必要に応じ,自己に適した手段・方法は,これを自ら選んで,生涯を通じて行うものである。

▷1　『広辞苑』は1955年に初版が出版され,2018年に出版された第7版が最新版になっています。ちなみに,第2版は1969年,第2版補訂版は1976年,第3版は1983年,第4版は1991年,第6版は2008年に出版されています。「生涯教育」という言葉は,第3版にはじめて登場しています。

▷2　たとえば,2011年に発行された『新明解国語辞典』には,「生涯教育」の語はなく,「生涯学習」のみが採取されています。

▷3　ユネスコ国内委員会編　1967　『社会教育の新しい方向』　ユネスコ国内委員会,ポール・ラングラン　波多野完治（訳）1971　『生涯教育入門』全日本社会教育連合会,など。

その意味では，これを生涯学習と呼ぶのがふさわしい。

　この生涯学習のために，自ら学習する意欲と能力を養い，社会の様々な教育機能を相互の関連性を考慮しつつ総合的に整備・充実しようとするのが生涯教育の考え方である。言い換えれば，生涯教育とは，国民一人一人が充実した人生を送ることを目指して生涯にわたって行う学習を助けるために，教育制度全体がその上に打ち立てられるべき基本的な理念である。

　このように，この答申には「生涯学習」という言葉が登場し，生涯学習という概念と生涯教育という概念の関係について説明されています。その後，1984年に設置された臨時教育審議会は，「改革の基本的な考え方」のひとつとして「生涯学習体系への移行」を掲げました。臨時教育審議会は，「生涯教育」ではなく，一貫して「生涯学習」という言葉を使いました。その影響から行政では，たとえば，文部省のなかの社会教育局が1988年に生涯学習局に変更になるなど，「社会教育」に代わって，「生涯学習」が用いられるようになり，それとともに「生涯教育」は徐々に使われなくなっていきました。

　生涯教育ではなく，生涯学習に変更された背景のひとつに，「教育」という言葉がもつある種の強制的なイメージから生涯教育に対して，生涯にわたって強制的に教育を受けさせられるという悪いイメージがあり，それが批判されていたことをあげることができます。

　日本においては，「生涯学習」という言葉は，どちらかというと行政主導によって使用されるようになったといってもよいでしょう。しかし，生涯教育論が議論されはじめた1960年代にも，ハッチンスの学習社会論のように，「学習」に注目して生涯にわたる教育について論が展開されているものもあることを知っておく必要があるでしょう。

❸ 生涯教育という概念と生涯学習という概念の関係

　『広辞苑』の第6版以降は，「教育」は「望ましい知識・技能・規範などの学習を促進する意図的な働きかけの諸活動」とされ，教育は学習の促進活動と捉えられています。もちろん，教育において学習は大きなテーマであることは間違いありません。しかし，教育が被教育者を中心に考えられるようになるにつれて，「学習」に焦点があてられるようになっていきました。

　教育は学習を促進しようとする意図的行為ですが，その行為がなくても，学習は行われます。生涯学習においても，学習者が必ずしも教育を必要としないという場合があります。しかし，学習者が援助を求める場合もあるでしょう。生涯教育という概念は，学習の援助が必要な場合には，生涯にわたって援助ができるように，社会的な条件整備をしようとするもので，生涯学習を可能にさせようとする概念です。その意味で，生涯学習だけでなく，最近あまり使われなくなっている生涯教育もきわめて重要な概念なのです。

（米山光儀）

▷4　その後，生涯学習政策局となり，現在は，文部科学省総合教育政策局となっています。

▷5　たとえば，持田栄一編　1971『生涯教育論——その構想と批判』明治図書出版，などを参照。

▷6　ハッチンスの学習社会論については，Ⅰ-6参照。

▷7　それ以前の版では教育が学習との関係で説明されてはいませんでした。初版では「成熟者が未成熟者に，心身の諸性能を発育させる目的で，一定の方法により一定期間継続して及ぼす影響」，第2版から第5版までは「人間に他から意図をもって働きかけ，望ましい姿に変化させ，価値を実現する活動」となっています。

▷8　たとえば，本シリーズの『よくわかる教育心理学』では，その多くの部分で「学習」・「学び」について論じられています。

II 生涯にわたる人間形成

2 人間形成と生涯学習

1 人間形成と教育

　「教育」という言葉は，動物を対象としても使用されますが，その場合，人間に対して使用される場合と同じ意味で使われているのでしょうか。たとえば，「犬を教育する」といった場合，「教育する」を「しつける」あるいは「訓練する」という言葉に置き換えてもほぼ同じ意味ですが，「人間」を対象とした場合，「教育する」を「しつける」あるいは「訓練する」という言葉に置き換えた場合，必ずしも意味が同じではなくなってしまいます。もちろん，「人間を教育する」のなかには，「しつける」や「訓練する」という要素も含まれますが，動物を対象としたときとは異なり，人間を対象とした場合，「教育」という言葉は，「しつけ」や「訓練」を含みながらも，それよりも広い意味内容をもつ言葉として使用されているのです。動物を対象としたときは，「教育」という言葉は置き換え可能な言葉なのですが，人間を対象としたときには，その言葉を他の言葉に置き換えることができません。人間に対しては，「教育」という言葉以外に使いようがないのです。その意味で，「教育」は人間に特有に使われる言葉なのです。犬などの動物を対象に使用されることがあるとしても，基本的には教育は人間が人間を対象にしてなされる行為なのです。

　教育は，古代ギリシアでは，パイデイア（paideia）といわれていましたが，パイデイアは，子ども（pais）を含む語で，子どもに対して人間としてのあるべき姿を意識して働きかけることでした。そこから，そもそも教育とは，人間形成を意味していたことがわかります。

2 西洋の古典的人間形成論

　近代教育学の祖といわれる**コメニウス**は，『大教授学』第6章「人間は，人間になるべきであるとすれば，人間として形成され（formari）なければならぬこと」で，人間が教育を受けなければ，野獣になる例があることに触れ，人間として生まれた者には，すべて教育が必要であるとしました。コメニウスは，宗教改革者でもあったので，「人間の窮極の目的（finis ultimus）は，現世のそとに（extra hanc Vitam）あること」（『大教授学』第2章），「現世の生命は，永遠の生命への準備にほかならないこと」（同第3章）と，来世とのかかわりで教育が考えられ，現世にある間は死に至るまでずっと来世のために準備をする

▶1　コメニウス
(Comenius, J. A.)（1592-1670）
チェコの宗教改革者・教育思想家。著書に『大教授学』『世界図絵』などがある。なお，以下の『大教授学』からの引用は，鈴木秀勇（訳）　1962　『大教授学1』明治図書出版による。

生涯学習が考えられています。その意味で，コメニウスにとって人間形成は生涯学習によってなされるわけです。

❸ 東洋の古典的人間形成論

このように人間形成は生涯学習によってなされるという考えは，西洋にあっただけではありません。たとえば，孔子は『論語』で「子曰く，吾　十有五にして学に志す。三十にして立つ。四十にして惑わず。五十にして天命を知る。六十にして耳従う。七十にして心の欲する所に従いて矩を踰えず」と述べていますが，それが15歳から70歳までの生涯各期の目標として後世の人たちに大きな影響を与えました。儒教は，人間のあるべき姿を説いていることもあり，生涯にわたって，そのような人間になるための修養を積むということが奨励されたのです。日本でも儒教の影響は大きく，たとえば，江戸時代の儒者・佐藤一斎も「此の学は吾人一生の負担なり。当に斃れて後已むべし。道は固と窮り無く」と死ぬまで道を求めて学習することが必要であると述べています。この道を窮めるという考え方は，単に知識や技術を習得するということではなく，人間としてあるべき姿を求めて成長していくということが含まれています。

この考え方は，儒教以外の世界にもみられます。たとえば，能楽の大成者・世阿弥は『風姿花伝』の「年来稽古條々」で7歳から50余歳までの稽古について述べていますが，そこには単に能のわざの習得の問題にとどまらず，能という芸道を窮めていく人間の姿が描かれています。世阿弥の『風姿花伝』は生涯学習論といってもよいものであり，能の稽古を通した人間形成を論じているといってもよいでしょう。

❹ 古典的人間形成論以降の展開

このように古くから人間形成は生涯にわたってなされるものと考えられてきました。教育は，人間特有のものであるために，人間形成は教育とほぼ同義と考えられてきましたが，人間形成はあるべき人間像を描きながらも，人が決してそれに到達することはできないことから，幼少期・青年期までの教育だけで終わりというわけにはいかない営為です。そこから，人間形成は生涯学習と密接な関係をもつものとなってきます。古典的人間形成論でも，生涯各期の課題は描かれていましたが，最近では生涯発達心理学などの研究成果に基づいた課題が明らかにされてくるなどし，人間形成と生涯学習とはさらに密接な関係をもつようになってきています。一方で古典的人間形成論でよくなされていた「人間のあるべき姿」についての議論は，価値の多様化のなかで弱くなっています。人間形成と生涯学習の問題は，社会のなかでの人間のあり方の問題でもありますから，人間についてさらに考えていくことが大切でしょう。

（米山光儀）

▷2　孔子　加地伸行（全訳注）2004『論語』講談社学術文庫　p.36.

▷3　佐藤一斎　川上正光（全訳注）1979『言志四録（二）言志後録』講談社学術文庫　p.7.

▷4　世阿弥（1363-1443）の『風姿花伝』については，野上豊一郎・西尾実（校訂）1958『風姿花伝』岩波文庫を参照。

▷5　たとえば，ハヴィガースト，R. J. 児玉憲典・飯塚裕子（訳）1997『ハヴィガーストの発達課題と教育』川島書店など参照。

II 生涯にわたる人間形成

ライフサイクル論

1 ライフサイクルとは

ライフサイクルとは，人の人生周期のことです。そして，人生周期において，人生各期が連続しかつ各期に固有の発達課題があることを，ライフサイクル論は提案します。

生涯学習の原理のうち，一生涯にわたる学習（ライフロングの軸）を支える基礎理論の一つとして重要なものです。

2 ピアジェの理論の特徴と限界

○ 特　徴

伝統的な発達論の一つに，ピアジェ（Piaget, J.）の理論があります。

ピアジェは，知能の発達を「子どもが環境に適応する際の均質化の過程」と捉え，この均質化の結果として子どもに思考力が培われるとしています。つまり，ピアジェにとって発達とは，主体が環境に適応していくプロセスとして生起・形成される知能であり思考なのでしょう。

ピアジェは，子どもがこうして環境へ働きかける場合，大きく二つのプロセスがあると言います。一つは「同化作用」と名付けられるもので，子どもが環境に変化を加えて自らのなかにそれを取り入れていくプロセスを指しています。もう一つは「調節作用」と呼ばれ，これは，子どもが，環境に適応していくために自分自身を変化させていくプロセスのことを指しています。この二つのプロセスが補完的関係を保ちつつ均衡状態に達するときに，「環境に適応する際の均質化」，すなわち，知能や思考の発達がなされるのだと捉えられています。

発達段階を，認知的発達の面から，生まれてから2歳までを感覚・運動期，2～6，7歳までを前操作期，6，7歳～11，12歳までを具体的操作期，11，12歳以降を形式操作期の四つの段階に分けて，ある段階が形成をされると，次の段階はすでに形成されている段階の基礎の上に形成されるという関係を前提として，次のように説明をしています。

感覚運動的段階とは言語が出現する以前の段階です。発達的に顕著な特徴は対象物の不変性，つまり，目の前からあるものが見えなくなったとしてもそのものは存在しうることを理解できることです。

前操作的段階の特徴は，子どもが経験したことを心のなかでイメージとして

▷1　滝沢武久・山内光哉・落合正行・芳賀純 1980 『ピアジェ　知能の心理学』 有斐閣選書　p. 130.

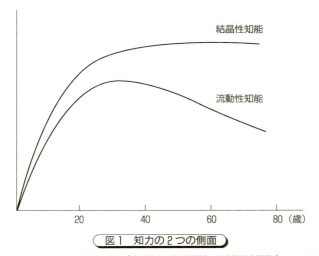

図1 知力の2つの側面

出所：麻生誠，堀薫夫 1997 『生涯発達と生涯学習』 日本放送出版協会 p.61より。

思い浮かべることができるということです。

具体的操作の段階になると，子どもは，各種の基本的な概念を生むことができ，かつ，具体的な事ごとを取り扱っている限り論理的な思考をすることができるようになります。

形式操作の段階は命題的操作の段階とも呼ばれるように，子どもは，具体的事ごとの支えがなくても言語や記号を用いて正しい推理をすることができるようになります。

○ライフサイクル論としてみたときの限界

このように，ピアジェは，人と環境との相互作用のある環境下での知能や思考の発達段階を描出している点で発達論として有用です。しかし一方で，ピアジェの発達論では，人生の早い年齢段階における発達可能性は詳細に描出されますが，成人期以降の発達可能性は十分に描かれているとはいえません。そこには，発達＝成長＝子どもという捉え方や人生の比較的早い時期にピークを迎える能力が発達の指標として疑われてこなかったという前提があると思われます。

3 知能に対する多面的な捉え方

○流動性知能と結晶性知能

1970年前後からのライフサイクル研究では，人間の能力には，成人期以降に失われる部分がある反面，獲得される面もあることが注目されるようになってきます。

たとえば，キャッテルとホーン（Cattel, R. B. and Horn, J. L.）が，知能を，流動性知能（fluid intelligence）と結晶性知能（crystallized intelligence）の2面に分け，それぞれ発達の仕方が異なることを提示したことはよく知られていま

す。前者は神経生理的な基盤をもち，生活経験や教育からは独立している知能，後者は後天的な文化接触や教育，生活経験などによって培われる知能と定義されています。

　これら二つの知能のうち，流動性知能は，個人差はあるが人生の比較的前半にピークが来て以後減衰する傾向があるものとされ，一方で結晶性知能は加齢に伴うさまざまな社会的経験の蓄積によりある程度まで漸増・維持されるといわれています（図1）。このように，加齢とともに衰退する知能もあれば維持・向上する知能もあると捉えることで，発達＝漸進的成長ではなく，むしろ発達＝変化と捉え，一生涯にわたって発達する可能性を人間のなかにみて取ることができるのではないでしょうか。

　また，ウェクスラー（Wechsler, D.）によって，「成人知能の測定と評価」において，言語性と動作性という2面から測定できる知能アセスメントの尺度が開発され，成人知能の多面的把握が統計的にできるようになっています。

4　エリクソンのライフサイクル論

◯ライフサイクル論としての特徴

　エリクソン（Erikson, E. H.）のライフサイクル論では，「人生の最初の段階から最後の段階まで，各段階に必要な生き生きしたかかわりあい[2]」が一貫して強調され，あわせて，その人生各期のかかわりあいを「歴史の段階」（歴史が人生各期に用意する状況下）のもとで意味づけていくことの重要性が強調されます。つまり，エリクソンのライフサイクル論では，時代性を背景にした，個人と社会との関係性のなかでの一生涯の人の発達が描かれていきます。

◯ライフサイクルに対する基本的な考え方

　エリクソンは，「一歩ずつ発達する基本的な連続性を指令する心理生物学的成長に密接に関連して，人生の各段階へと新たに進展していく[3]」のは，個と環境相互の「生き生きとしたかかわりあい」が重要であり，かかわりあいのなかで獲得される力によって漸成的な発達がなされると捉えています。

　そして，この漸成的な発達の主要の段階のそれぞれに，一見正反対にみえる二つの性向，「同調的」（syntonic）と「非同調的」（desyntonic）の提示をし，そのバランスが重要であることを主張しています。生き生きとしたかかわりあいとは，この二つの葛藤とバランスによるものとエリクソンはいいます。

　加えて，漸成的な発達の段階は，「幼児期から青年期を経て老年期に至るまで絶えず延び続ける社会的半径のなかでの相互的なかかわりあいに必要な力を生み出す」ものと捉え，人生各期から成る一生涯を見通したライフサイクル論を展開するのです。

◯ライフサイクルの8段階

　上述の考え方のもとに，ライフサイクルの八つの段階として図式化されたも

▷2　エリクソン，E. H.・エリクソン，J. M.・キヴニック，H. Q. 朝長正徳・朝長梨枝子（訳）1997『老年期──生き生きとしたかかわりあい』みすず書房　p.9.

▷3　同上書，p.34.

発達段階	心理・社会的危機 （人間的強さ）							
Ⅷ 老年期								統合 対 絶望，嫌悪 英知
Ⅶ 成人期							生殖性 対 停滞性 世話	
Ⅵ 前成人期						親密 対 孤独 愛		
Ⅴ 青年期					同一性 対 同一性混乱 忠誠			
Ⅳ 学童期				勤勉性 対 劣等感 適格				
Ⅲ 遊戯期			自主性 対 罪悪感 目的					
Ⅱ 幼児期初期		自律性 対 恥，疑惑 意志						
Ⅰ 乳児期	基本的信頼 対 基本的不信 希望							

図2　ライフサイクルの8段階

出所：エリクソン，E. H.・エリクソン，J. M.・キヴニック，H. Q.　1997『老年期』みすず書房　p. 35.

のが図2です。

　たとえば，人生最初の段階である乳児期では，信頼の感覚と不信の感覚のバランスが希望の土台を創り上げるのに役立ち，これは，生まれて初めて出会う母親的養育者によって目覚めさせられるというのがエリクソンの主張です。4番目に位置づけられている学童期は，勤勉性と劣等感のバランスのなかで，一つのことを成し遂げようとする仕事と向き合うなかで得られる力が発達の鍵となります。ここでいう勤勉性とは，「人がこれから育ち，入っていこうとする技術体系に要求される技術を学ぶため，そして次第に高度になっていく仕事を達成するために生産的になること」を意味します。一方で，この勤勉性を獲得するための課題に失敗した結果生起するのが，劣等感です。両者は，成功―失敗という二分法で捉えられるものでなく，葛藤とバランスを重ねながら，自分が置かれた社会的環境や関係性のなかで，適切な社会的な自己の形をつくるために必要な要素となります。

　この二つの段階をみてきただけでも，先のエリクソンのライフサイクルに対する考え方，すなわち「同調的」要素と「非同調的」要素の葛藤の解決とバランスが，人間の漸成的発達にとって重要であることを読み取ることができるでしょう。

（山川肖美）

▷4　同上書，p. 34.

参考文献

麻生誠・堀薫夫　1997『生涯発達と生涯学習』日本放送出版協会。

エリクソン，E. H.・エリクソン，J. M.・キヴニック，H. Q.　朝長正徳・朝長梨枝子（訳）　1997『老年期——生き生きとしたかかわりあい』みすず書房。

社会教育基礎理論研究会（編）　1989『成人性の発達』（叢書生涯学習Ⅶ）雄松堂出版。

滝沢武久・山内光哉・落合正行・芳賀純　1980『ピアジェ　知能の心理学』有斐閣選書。

Ⅱ　生涯にわたる人間形成

 # 生涯発達と発達課題

1　生涯発達論の主唱者

　生涯発達論者には，一生涯の道筋を発達段階と発達課題で提示したハヴィガースト（Havighurst, R. J.）や同一性と拡散との葛藤を人生各期で表したエリクソン，成人期以降に焦点を当てた成人発達論者レヴィンソン（Levinson, D. J.），シーヒィ（Sheehy, G.），グールド（Gould, R. L.）などがいます。

　いずれも，人間の発達は，一生涯にわたること，異なる発達特性が発現する時期があること，生涯各期に固有の発達課題があること，個（主体）と環境（客体）との相互作用により発達が促されることなどが共通してみられる理論的な特徴です。

　一方で，発達段階と発達段階を移行する期間の存在や発達の可逆性・非可逆性，高齢期の区分の仕方などの点では違いがみられます。以下では，ハヴィガーストとレヴィンソンの理論を取り上げて，発達段階と発達課題との関係性と，発達段階間にある過渡期と発達課題との関係性を示します。

　ハヴィガーストの生涯発達の視座にたったライフサイクル論

○生涯発達と発達課題

　ここでは，ハヴィガーストの理論を手掛かりとしながら，発達段階と発達課題の関係性について述べていきます。

　一生涯における各期が連続しかつ各期に固有の発達課題があることを　社会的観点から明らかにしていったのが，ハヴィガーストです。ハヴィガーストは1948年に『人間の発達課題と教育』（*Developmental Tasks and Education*）を公刊し，発達課題の考え方を世に知らしめました。同書は，エリクソンの『幼児期と社会』（*Childhood and Society,* 1950）に影響を受けて，1971年に第3版が日本語版として出版されました。日本語版の副題として「生涯発達と人間形成」という文言が付されているように，まさに生涯発達を強く意識した発達課題の再提案がみられます。

○ハヴィガーストの発達段階と発達課題

　彼が提案する発達課題は，一生涯にわたり，生涯各期である発達段階別に固有の項目としてみることができます。

　表1の各欄にある人生各期が発達段階にあたります。発達段階にはそれぞれ

表1 ハヴィガーストが提案する発達段階別の発達課題

【幼児期】	【児童期】
1．歩行の学習	1．普通の遊戯に必要な身体的技能の学習
2．固形の食物をとることの学習	2．成長する生活体としての自己に対する健全な態度を養うこと
3．話すことの学習	3．友だちと仲よくすること
4．排泄の仕方を学ぶこと	4．男子として，また女子としての社会的役割を学ぶこと
5．性の相違を知り性に対する慎みを学ぶこと	5．読み・書き・計算の基礎的能力を発達させること
6．生理的安定を得ること	6．日常生活に必要な概念を発達させること
7．社会や事物についての単純な概念を形成すること	7．良心・道徳性・価値判断の尺度を発達させること
8．両親や兄弟姉妹や他人と情緒的に結びつくこと	8．人格の独立性を達成すること
9．善悪を区別することの学習と良心を発達させること	9．社会の諸機関や諸集団に対する社会的態度を発達させること
【青年期】	【壮年初期】
1．同年齢の男女との洗練された新しい交際を学ぶこと	1．配偶者を選ぶこと
2．男性として，また女性としての社会的役割を学ぶこと	2．配偶者との生活を学ぶこと
3．自分の身体の構造を理解し，身体を有効に使うこと	3．第一子を家族に加えること
4．両親や他の大人から情緒的に独立すること	4．子どもを育てること
5．経済的な独立について自信をもつこと	5．家庭を管理すること
6．職業を選択し準備すること	6．職業に就くこと
7．結婚と家庭生活の準備をすること	7．市民的責任を負うこと
8．市民として必要な知識と態度を発達させること	8．適した社会集団を見つけること
9．社会的に責任のある行動を求め，それをなしとげること	
10．行動の指針としての価値や倫理の体系を学ぶこと	
【中年期】	【老年期】
1．大人としての市民的・社会的責任を達成すること	1．肉体的な力と健康の衰退に適応すること
2．家庭から社会への子どもの移行に助力する	2．隠退と収入の減少に適応すること
3．一定の経済的生活水準を築き，それを維持すること	3．配偶者の死に適応すること
4．10代の子どもたちが信頼できる幸福な大人になれるよう助けること	4．自分の年頃の人々と明るい親密な関係を結ぶこと
5．大人の余暇活動を充実すること	5．社会的・市民的義務を引き受けること
6．自分と配偶者とが人間として結びつくこと	6．肉体的な生活を満足におくれるように準備すること
7．中年期の生理的変化を受け入れ，それに適応すること	
8．年老いた両親に適応すること	

出所：ハヴィガースト，R.J. 児玉憲典・飯塚祐子（訳）1995『ハヴィガーストの発達課題と教育──生涯発達と人間形成』川崎書店をもとに，筆者が作成。

複数のリストが掲げられています。このリストの一つひとつが発達課題です。つまり，ここでは，幼児期から老年期にわたる発達段階ごとに固有の発達課題があることが提示されています。

文化・時代背景の違いや発達課題の不可逆性の前提としている点など限界も指摘されている論ではありますが，一方で，生涯発達という視点の提示と発達段階別に固有の発達課題を提示しているという点でその貢献は大きいといえます。

３ レヴィンソンによる過渡期と発達課題

○過渡期と危機

青年期までが生まれ出た家庭を基盤として行動する時期であるのに対して，成人期以降は，新しい家庭を創り，古い価値観の一部を受け継ぎながらも新たな世界観のもとで行動することが期待されます。この，ある発達段階（たとえば青年期）から次の発達段階（たとえば，成人期）への過渡期（transition）は，これまでの価値観と新しい価値観とがぶつかり合い多くの葛藤を生み出す時期

でもあります。この過渡期にみられる葛藤を，レヴィンソンは「危機」と呼んでいます。

危機に直面・葛藤しつつ打開策を見いだすなかで，人は成熟します。たとえば，子どもから成人になるということは，子どもという段階が完了した直後に成人という段階が来るということを意味するのではなく，子どもと成人の両面を併せもつ過渡期を経験することを意味し，その期間に，子どもとしての価値観と成人としての価値観を自らのなかでぶつけ合うことで人として成長をしていきます。

○過渡期と安定期を組み合わせた発達段階・発達課題

過渡期を含めて，レヴィンソンの理論にみる発達段階と発達課題の関係を

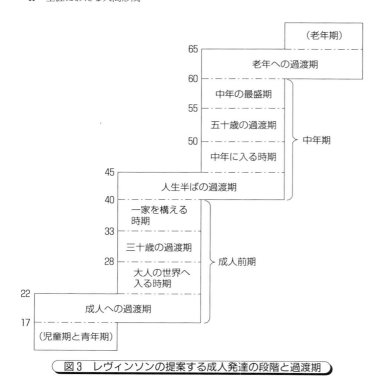

図3 レヴィンソンの提案する成人発達の段階と過渡期

出所：レヴィンソン，D. J. 南博（訳）1992『ライフサイクルの心理学（上）』講談社学術文庫より抜粋。

▶1 レヴィンソン，D. J. 南博（訳）1992『ライフサイクルの心理学（上）』講談社学術文庫。

みていきましょう（図3）。

「成人への過渡期」は未成年の自己に終わりを告げ，大人としての自己を形成し始める期間と位置づけられます。この時期はレヴィンソンによれば，「ライフサイクルにおける重大な転換期」という意味をもちます。ここから次の大きな過渡期である「人生半ばの過渡期」を迎えるまでが「成人前期」です。「成人前期」は，生物学的・心理学的・知的能力が最高水準に近いところで安定しており，大人の社会（家庭や職場，地域など）で徐々に成熟し，自律して生きていく時期です。ところが「人生半ばの過渡期」を迎える頃，発達や仕事，生活様式の上で重大な変化も生じます。それゆえに生じるストレスは大きいですが，「成人前期」の体力，敏捷性，持久力，生産性という資質に替わる，叡智や分別，寛容，感情に左右されない同情心，思慮深さ，もののあわれの感覚などにより克服することができるといいます。「中年期」は各人が目標を達成し社会的貢献をしうる時期ですが，この時期を充実したものにするためには「人生半ばの過渡期」をいかに過ごすかが鍵となります。そして，生物学的，心理学的，社会的にさまざまな変化が生じ，その結果生活の特質が根本的に変わってしまう60代前半に「老年への過渡期」を迎えます。高齢期への移行は，離脱理論や活動理論，交換理論などによって支えられています。それぞれの理論によって，高齢期への移行支援は，中年期までの社会的ステージからスムースに引退し穏やかな余生を送ることに重点を置くか，中年期の社会的ステージ

を継続することに重点を置くか，中年期の社会的ステージから高齢期に固有の社会的ステージに役割移行をしていくことに重点を置くかというスタンスの違いがみられるでしょう。「老年への過渡期」は高齢期の生き方を決める重要な時期なのです。

人生各期の発達課題への対応も重要ですが，各期と各期を結ぶ過渡期に起因する課題への対応もまた看過できないことがみて取れるでしょう。

ライフコースの視点からみた生涯発達の考え方

○ライフコースとは

生涯発達論に依拠したときに，もう一つ想定できる考え方がライフコースの視座です。ライフサイクルとライフコースの概念については相互置換・併用的に用いる研究者もいますが，「ライフコース論はポスト・ライフサイクル論として，つまりライフサイクル論の原型を乗り越えるものとして紹介されることが多い」ともいわれます。大久保は，ライフコースを「社会構造内部での個人の位置が一生を通じて変化していく際の道筋」の束であると規定した上で，ライフサイクルとの違いを次のように述べています。「ライフコースそのものはパターンではなく，社会学的に定義された個人の一生である。それを統計的にパターンとして捉えようとするときの一つの方法（概念）がライフサイクルなのである」。この，ライフコースにみる「パターンではなく個人の一生」という捉え方から，ライフサイクルに対する「同年齢にある個人差が包摂されない」「年齢輪切り的な発想に陥る」という批判を超える可能性があることが示唆されます。

▷2　大久保孝治　1990「ライフコース分析の基礎概念」『教育社会学研究』第46集。

○ライフイベントとは

ライフコースにおいて，ある発達局面から別の発達局面への移行は「ライフイベント」によって区切られます。ライフイベントは，具体的には，個人的要素の強いものとして，誕生，死，進学・入学，就職・転職・再就職，結婚，離婚などが，時代的社会的要素の強いものとして災害や戦争，社会運動などがあげられます。ライフイベントは，ある局面から別の局面への転換点を意味しますが，それは，短期的・瞬間的な転換ではなく，一定期間を要する移行期間として現れ，先に述べた過渡期と同様に，新旧の価値観の葛藤など多くの危機を孕みます。しかし，危機を孕むがゆえに，ライフイベントは人生のなかで大きな意味をもつといえるでしょう。生涯発達の観点から発達段階や発達課題をみるとき，人生各期を注視する傾向が強いですが，個別性や葛藤による人間的成長を理解したい場合には，ライフイベントや過渡期にも注目するとよいと思います。

（山川肖美）

参考文献

大久保孝治　1990「ライフコース分析の基礎概念」『教育社会学研究』第46集。

鈴木眞理・熊谷愼之輔・山本珠美　2012『社会教育計画の基礎』学文社。

高橋恵子・波多野誼余夫　1990『生涯発達の心理学』岩波新書。

ハヴィガースト，R. J. 児玉憲典・飯塚祐子（訳）1995『ハヴィガーストの発達課題と教育──生涯発達と人間形成』（*Developmental Tasks and Education,* 3rd ed.）川崎書店。

レヴィンソン，D. J. 南博（訳）1992『ライフサイクルの心理学（上）』講談社学術文庫。

Ⅱ　生涯にわたる人間形成

生涯設計と生涯学習

1　生涯設計

　生涯設計はライフプランともいわれています。読んで字の如く，これからの人生の計画を立てることです。若いときに，どのような仕事に就こうか，どのような家庭を築こうかと考えますが，これも生涯設計です。

　現在いわれている生涯設計は，アメリカで始まった退職前準備教育に由来します。アメリカでは連邦法として「雇用における年齢差別禁止法」（1967年）が制定されました。そのため，中年以降になると，自分で退職するべき時期を考えるということになり，自分の人生を考えさせる退職前準備教育セミナーが発達するようになりました。

　この影響を受けて，わが国でも退職前準備教育が発達しましたが，社会的慣行としての定年があり，定年後に仕事を辞めた場合に生きがいを喪失することがあるので，定年ショックをソフトランディング（軟着陸）し，後の第二の人生をどのように過ごすかを考える，という発想から職場を中心にして全国に広がりました。セミナーの主催者は会社，組合，基金，業界団体等が務めることが多く，これを専門に扱う会社や専門家が誕生しました。

　当初対象となったのは，退職に近い年齢の58歳ぐらいの年代にありましたが，次いで55歳，50歳と年齢層が下がってきました。こうなってくると，退職前準備教育という言葉は適切でなく，一般には生涯設計と称されるようになりました。現在では，45歳，35歳というように，年齢的にももっと下がっていくとともに，誰もが自分の年齢で生涯設計を考えることが要であると考えられるようになって，広く生涯学習の場面で一つの学習領域を形成するようになっています。

2　生涯設計セミナー

　生涯設計は，ライフプラン・セミナーという名称で行われることが多く，受講生数は多くて30名（夫婦ならば15組）という少人数での学習です。基本的な形態は，「生きがい」「健康」「家庭経済」という三つの領域で，それぞれに講義と演習があります。

　○生きがい
　「生きがい」では，自分の「生きがい」について考えます。仕事以外の家庭

表2　演習型セミナーのモデルプログラム（2日間コース）

プログラム	時　間	講　師
【1日目】		
開会・主催者挨拶	10：00～10：10（10分）	主催者
自己紹介タイム	10：10～10：25（15分）	講　師
[実習]オリエンテーション	10：25～10：45（20分）	講　師
[実習]健康プラン	10：55～11：45（50分）	講　師
[実習]生きがいのプラン	11：45～12：00（15分）	講　師
昼　食	12：00～13：00（60分）	
[実習]余暇のプラン	13：00～13：45（45分）	講　師
[実習]家庭のプラン	13：45～14：00（15分）	講　師
[実習]地域社会活動・生涯学習	14：10～15：00（50分）	講　師
[実習]仕事のプラン	15：00～15：30（30分）	講　師
[実習]経済生活のプラン①	15：40～16：30（50分）	講　師
【2日目】		
[実習]経済生活のプラン②	10：00～10：50（50分）	講　師
[実習]生涯生活設計まとめ	11：00～12：00（60分）	講　師
閉　会	12：00～12：10（10分）	主催者

出所：財団法人教職員生涯福祉財団のプログラム例。

や趣味活動や交友等を取り上げて，それらが人生を豊かに彩ることを考えます。「生きがい」は自分をよく知ることから始まりますので，自分の生き方も問われます。趣味では，単に広く浅い趣味活動からライフワークへと深めていくこと，地域への社会参加の契機が生涯学習活動にあることが強調されます。社会参加の領域は広いので，別途独立した科目として設けられることもあります。

○健　康

「健康」では，日々の栄養・休養・運動の3点から考えます。特に，年齢に応じた身体生理の変化を理解し，体力の保持増進の必要性を認識してもらいます。日常生活を送っていて身近にできる健康保持の生活習慣を身につけることが強調されます。実際に，身近でできる健康運動等の実演を行います。

○家庭経済

「家庭経済」では，現在の貯蓄，将来の年金受取額，生活必要額等を予測し，生活の必要経費をもとに将来の家庭経済のシミュレーションを試みます。この場合，定年後の生活設計を立ててみて，どのような生活が可能か，もし余裕があって，人生の質を高めるために計画的に資金を配分できることがわかれば，積極的に生涯学習をすすめることを考えようということです。「家庭経済」の科目は，具体的な数字が必要になるので，夫婦での参加が望まれます。

生涯設計セミナーは，通常2泊3日で行うのが基本ですが，簡略化されて1日で行われる場合もありますし，それぞれについて多様な事例を引いて検討すれば，もっと長いセミナーも考えられます。生涯設計の意義は，中年になった人々に，人生において自分のあるべき姿を再考させ，第二の人生で自分にあった趣味やライフワークの追究や社会参加のあり方を探るという意味で，自分の生涯学習を考えさせることにあります。

（香川正弘）

参考文献

社会保険庁年金指導課 1995 『豊かなシニアライフをすごすために』 社会保険庁。

香川正弘（監修）電機総研（編） 2000 『人生80年時代のライフデザイン』 日本評論社。

宮田安彦 2013 『ライフデザイン学概論——真に豊かな生活を求めて』 日本教育訓練センター。

III 生涯学習を支える思想

生涯学習の学習論

1 「成人学習論」の発展

○「教育学」を超えて

かつての大学生は学生服の襟に学部を表すバッジをつける習慣がありました。教育学部は 'P' の文字でした。これは教育学を意味するペダゴジー（pedagogy）の頭文字をとったものです。'peda-' は子どもを意味し，'-gogy' は指導や教授を意味します。つまり，教育の方法・技術は，伝統的に子どもを対象にして発展してきました。

20世紀半ばにシカゴ大学教授のハヴィガーストが発達課題（developmental task）という考え方を発表しました。それは，人間の生涯の各時期にはそれぞれ学ばなければならないさまざまな課題があるといい，幼年期，子ども期，青年期，壮年初期，中年期，高齢期それぞれの発達課題を示しました。たとえば，壮年初期では市民としての責任の分担，中年期では生活水準の維持や自由時間の充実，高齢期では退職への適応や新しい人間関係づくりなどです。この考えは，学習は学齢期での学習はもちろんだいじですが，大人になっても引き続き，それぞれのライフステージで必要となる課題をタイムリーに学習することが重要であることを示しています。

○ ノールズの「アンドラゴジー」

アメリカの成人教育の実践家・理論家であるノールズ（Knowles, M. S.）は，ハヴィガーストの発達課題を下敷きにして，成人の特性に合った学習支援の実践的な方法技術の開発の必要を唱え，これをアンドラゴジー（andragogy）と呼びました。'andra-' は大人を意味します。大人は子どもと比べると，過去の経験が豊富で，自主的・自立的に学習でき，また知識を基礎から教わるよりも問題解決型の実践的な学びが適しているとされます。ノールズは，成人の学習の特徴として，実際の生活に根ざし，かつ過去の経験と関連づけて行われる点を強調しています。

今後は，ペダゴジーとアンドラゴジーの理論が相互に乗り入れする形で，生涯学習の理論として連続性や統一性をもって発展することが期待されます。

○ ジェルピの「自己主導的学習」

ラングランからユネスコの生涯教育部長職を引き継いだジェルピは，成人が社会的・歴史的・政治的にさまざまな問題状況のなかにあることを踏まえて，

▷1 教育についての思想はソクラテスやプラトンの時代から行われているが，学校教育と結びついた教授法として発展したのは19世紀初頭のヘルバルト，およびその継承者の業績によるところが大きい。

▷2 ライフスタイルの多様化が進んでいる現代では，年齢区分ごとに発達課題を設定することは実情に合わなくなってきているという指摘もある。

▷3 ノールズ，M. S. 堀 薫夫・三輪建二（監訳）2002『成人教育の現代的実践──ペダゴジーからアンドラゴジーへ』鳳書房。原著は1980年刊行。

この状況を変えていく学習として自己主導的学習（self-directed learning）の重要性を指摘しました。学校教育では，学習者はあらかじめ教えられる者という立場が与えられますが，成人では，学習者が学習の目的やプロセスを自ら決めて，それに取り組むことが重要で，そのような学習のあり方は自己主導的学習と呼ばれます。

ジェルピに限らず，学習者一人ひとりの自己決定の意思を尊重する考え方は，含意に多少の差異はあるにしても，多くの成人学習論者に通底する考え方といえるでしょう。

◯ソーシャル・ラーニング

成人の学習は，生涯学習センターや公民館等での講座に参加するだけではなく，地域でのさまざまな活動に参加することによっても行われます。市民同士のインフォーマルな関係を通して社会人としての資質を高めていくことができます。ハミルトンは，成人が地域社会のなかで役割を果たすことで地域社会の発展に寄与し，自分たちが地域社会の一員であるという自覚を高めることができる学習をソーシャル・ラーニングと呼びました。成人の学習は，地域社会がもつ教育的側面を生かすことで，その可能性を広げることができます。

2 高齢社会を視野にいれた学習論

◯「後半の人生」への注目

人々の寿命が延び，高齢化が進むなかで，退職後の人生設計を重視する考え方が広がっていきました。仕事中心の生活から解放された後半の人生は，「第2の人生」とか「2周目の人生」と呼ばれ，この人生段階で自由に使える時間の総量は，おおざっぱに10万時間ともいわれています。昨今，高齢期の課題を的確に捉えた学習プログラムが求められるようになりました。

◯老年教育学とジェロゴジー

1970年代にアメリカで高齢者に関する学際的な研究が進みました。そのなかでも高齢者の学習支援に関する研究は「老年教育学」と呼ばれました。高齢者のための学習プログラムを開発し，学習環境を高め，彼らのポジティヴな面を引き出そうとしました。レーベルは，成人の学習論をアンドラゴジーというのに合わせて，高齢者の学習論をジェロゴジー（gerogogy）と呼びました。'gero-' は老年を意味します。

これまで，高齢期というと心身の衰え，人間関係の縮小，生きがいの喪失などと暗い面が強調されがちでしたが，これからの高齢期は，学びによって人生を意味づけられ，社会とのかかわりが広がり，これまでの人生経験の知恵が地域に生かされることが期待されます。

（野島正也）

▷4 自己主導的学習については，Ⅲ-5 および Ⅴ-8 も参照。

▷5 ハミルトン, E. 田中雅文・笹井宏益・廣瀬隆人（訳）2003 『成人教育は社会を変える』玉川大学出版部。原題は *Adult Education for Community Development*.

▷6 作家・城山三郎は次のようにいう。「順序こそ『第2』の人生であっても，内容の濃さでは，それまでの人生に匹敵し，あるいはそれを超えるものといえるかもしれない」（城山三郎 1999 『定年後』岩波書店）。

▷7 1976年，アメリカで研究誌『教育老年学』（*Educational Gerontology*）の刊行が始まり，以後，研究が拡がった。

参考文献
掘薫夫 2012 『教育老年学と高齢者学習』学文社。

Ⅲ　生涯学習を支える思想

 生涯学習の社会的位相——統合という発想

 教育機会の統合論としての生涯教育

　教育は，伝統的に，青少年を対象とした学校教育に焦点を置く発想で制度が整えられてきました。しかし，加速度的に変化する現代社会のなかでは，学校中心の教育のあり方の限界が問われるようになりました。そうした問題関心の広がりを背景に，1965年の冬，ユネスコが開催した成人教育推進国際委員会において，生涯教育のアイデアが提起されたわけです。それは，誰もが生涯にわたって教育機会を享受できるような，「統合的に組織化された」教育の過程の実現を主張するものでした。

　すなわち，生涯教育とは，社会に広がる教育・学習の機会を有機的に関連づけながら活用していくことを目指す考え方であるといえます。実際のところ，当初の英語表記は，"lifelong integrated education" というように「統合」が明示される場合もありました。しかし，わざわざ「統合」といわなくとも，生涯教育・生涯学習の概念には教育・学習の統合的なあり方を求める意味合いや関心が内包されていると理解されるべきでしょう。その統合には，垂直方向と水平方向の二つの次元があります（図4参照）。

▷1　Unesco 1966 International Committee for the Advancement of Adult Education: Report of the Third Session (Unesco House, 9-17 December, 1965) (UNESCO/ED/219). Paris, 23 February, 1966, p. 8.

2　垂直的統合

　垂直的統合とは時系列的な方向の統合で，人々がいずれのライフ・ステージにあっても適切な教育・学習の機会を享受できるよう，制度や環境を整えることです。そのために取り組むべき主要な課題として，①学習の機会と場の利用可能性を高めてゆくこと（ex. 幼児・勤労者・高齢者がアクセスしやすい学習施設の整備と運営，高等教育機関や職業教育機関の拡充と開放），②学習活動を促すような労働環境や社会文化を創出すること（ex. 有給教育休暇制度，学習経験・資格に対する評価システムの充実），③学習者の年齢段階に相応しい学習内容や学習支援方法の開発，④学習への心理的障壁を除くような相談体制を整備することなどが考えられます。

3　水平的統合

　水平的統合とは社会的な次元における統合です。現代社会には，教育を主目的としないものも含め，学習支援や教育作用の機能を有するさまざまな施設，

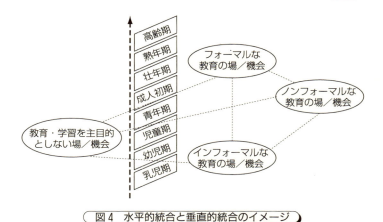

図4　水平的統合と垂直的統合のイメージ

組織，場があります。これらを相互に調整し体系化してゆけば，それぞれの学習資源や教育機会の効果が相乗的に高まり，社会全体が教育・学習にとって有利な環境になるでしょう。つまり，フォーマル，ノンフォーマル，インフォーマルそれぞれの教育の総合的向上が水平的統合の目指すところです。▷2

　この水平的統合に向けた主要な課題として，①ノンフォーマルな機会によって得られた知識や技能を正当に評価する制度を整えること，②組織や制度の垣根を越える連携やネットワーク化を図ること（ex. 施設の相互開放，教授指導方法についての共同研究，人と情報の交流），③ノンフォーマルな分野に対しても積極的に財政的・人的資源を配分すること，④領域横断的な学習内容の編成方法を採り入れていくこと（ex. 一般教育と専門教育の統合，理論教育と実践指導の統合）などがあります。

❹　人間像としての「統合」

　誰もが十分に学習機会を享受できる学習社会の実現のためには，教育・学習にかかわる諸要素が相互に協働・補完しあう統合的な環境が重要な鍵となります。しかしながら，ひたすら効率本位に行われるなら，統合化はジェルピが懸念するような「既成秩序の強化の具」に終わる恐れもあります。▷3

　当初，統合が求められる背景にあったのは，功利的・技術的な関心だけではありませんでした。むしろ，そこには生涯教育論の目指す人間像が深くかかわっていたことを想起しなければなりません。それは，一言で言えば，統合的な人格という人間像です。現代人は，個人としての全体性や社会的な調和性を欠いてしまう傾向にあります。これを克服し，身体的，知的，情緒的，倫理的に統合された人格の形成に挑もうとするのが，生涯教育の主張であったといえます。▷4 統合的・全人的な人格の実現を理想として掲げるからこそ，生涯教育・生涯学習のあり方も統合を原理として実現されることが求められるわけです。

（永井健夫）

▷2　学校教育に代表されるような，法的に整備され権威づけられた教育はフォーマルな教育と呼ばれる。それに対し，ノンフォーマルな教育とは，公民館，カルチャーセンター，職場など，学校教育以外の場で組織され，柔軟な運営方法で行われる教育のことである。さらに，日常的な生活行為，他者との交流，メディアとの接触など，非意図的・偶発的に経験される教育作用はインフォーマルな教育と呼ばれる。

▷3　ジェルピ，E. 前平泰志（訳）1983『生涯教育——抑圧と解放の弁証法』東京創元社　p.16.

▷4　ラングラン，P. 波多野完治（訳）1990［再版］『生涯教育入門』（第一部）全日本社会教育連合会　pp.57-59. およびユネスコ教育開発国際委員会フォール報告書検討委員会（訳）1975『未来の学習』第一法規　pp.183-189を参照。

III 生涯学習を支える思想

3 生涯学習の社会的位相——解放という発想

1 「解放」のための生涯学習

　生涯学習の意義は，変化への適応や生きがいの享受を可能にしてくれる点にあるといえます。他方，生涯学習にかかわる議論のなかには，抑圧や束縛を生み出す構造の変革によって学習者がより自由な存在へと脱却してゆく過程，つまり解放の過程を重視するものも少なくありません。人間や社会の解放に貢献しうることも，生涯学習の忘れてはならない意義です。ここでは解放を重視する論者のうち，ジェルピ（Gelpi, E.），フレイレ（Freire, P.），メジロー（Mezirow, J.）の議論に注目してみましょう。

2 ジェルピの生涯教育論

　ラングランの後任としてユネスコの生涯教育部門の責任者を務めたジェルピは，学習活動に潜在する解放的な力に着目した生涯教育論を提起しています。

　今日，不平等の構造や支配従属の関係が，国家レベルでも地球規模のレベルでも，随所に成り立っています。そのなかで生涯教育は，既成秩序を強化する道具ともなれば，抑圧や差別に立ち向かう力ともなりえます。この二面性のうち，ジェルピは後者の可能性を追求します。つまり彼は，第三世界の人々，移民，疎外された労働者，女性，文化的・言語的マイノリティなど，被抑圧的な立場に置かれた人々の解放につながるような生涯教育の実現を求めるのです。そのための学習方法として，ジェルピは特に自己主導型の学習を重視します。そして，狭い意味での教育機会だけなく，労働，政治運動，文化活動，家庭生活，余暇などに含まれる多様な学習の契機を活用することを提案します。こうして，彼は草の根からの参加型の生涯教育実践を目指そうとしたわけです。

　ジェルピの生涯教育論は，教育制度に含まれる矛盾や社会における中心と周辺の対立などの問題を直視し，現状への適応ではなくシステムや社会構造の変革を探ろうとするものです。彼の主張は，特に1970年代から80年代にかけて，世界各国の生涯学習に関する議論や政策に大きな影響を与えました。

▷1　詳しくは，ジェルピ, E. 前平泰志（訳）1983『生涯教育——抑圧と解放の弁証法』東京創元社を参照。

3 フレイレの「解放の教育」

　南米での成人識字教育運動に深くかかわってきたフレイレは，その実践経験に根ざした独自の識字教育論を展開しています。「解放の教育」と呼ばれる彼

の主張は，被抑圧的な立場の人々が，状況の批判的認識につながる識字力を得ることにより，人間性を回復し抑圧から解放される過程を展望するものです。

非識字は，単に字の読み書きができないことではなく，宿命論的な「沈黙の文化」を強いられた状態であることが本質的な問題です。そこでは，人は自らを客観化できないまま，ただ世界のなかに在るだけの存在に陥っています。フレイレは，非識字者が，この非人間化された埋没状況から世界とともにある存在，つまり自己と世界の関係性について認識し，社会の変革に参加できる主体的な存在へと脱却することを願います。そして彼は，学習者を教育の客体の立場に置き続ける教育を「銀行型教育」と呼んで批判し，対話をとおして抑圧の構造や社会の矛盾について気づいていく「課題提起型教育」を重視するのです。

要するに，フレイレにとっての識字とは，社会矛盾に対する批判的な認識力と自由のための行動力とを獲得してゆく人間解放のプロセスです。批判的な認識力や行動力と結びついた識字という意味で，フレイレの主張する識字は批判的識字とも呼ばれ，その思想は第三世界だけでなく先進国の教育運動にも多大な影響を与えています。

▷2 詳しくは，フレイレ, P. 三砂ちづる（訳）2011『新訳 被抑圧者の教育学』亜紀書房およびガドッチ, M. 里見実・野元弘幸（訳）1993『パウロ・フレイレを読む』亜紀書房を参照。

4 メジローの「変容的学習」

解放を鍵とした成人学習理論の構築に取り組む主要な研究者の一人が，メジローです。彼は，ハーバーマス（Habermas, J.）のコミュニケーション理論やフレイレの教育論などに依拠しながら，次のような「変容的学習」の理論を提起しています。

人が現実に対処するとき，経験の解釈や態度・行動の取り方などに影響する深層の認識枠組みが作用します。それは，意味パースペクティブと呼ばれるもので，経験を意味づけるための心理的・社会的・文化的な前提条件が複合した構成体です。その前提条件に含まれる誤解や歪曲がきっかけとなったり，経験した出来事があまりに劇的であったりすると，意味パースペクティブは現実世界に対して適切に働かない場合があります。そのとき，自らの存在のあり方や社会関係などについて深く批判的に省察し，自分の信じていることや判断の仕方などについて改めて検証していくなら，新しい捉え方やかかわり方，さらには一段と広い視野や理解力に至ることもありえます。

意味パースペクティブの成り立ちについて探究してゆくこのような学習が変容的学習です。それは，学習者の認識や行為の方法・内容が，それらを制限してきた心理的・社会的・文化的な諸力から解放されてゆく過程です。メジローは，この学習こそが成人期における最も重要な学習プロセスであると捉えます。そして，成人教育者にはこうした解放の学習が自由に行われる学習環境や社会的な場を整えてゆく責務があると主張しています。

（永井健夫）

▷3 詳しくは，メジロー, J. 金澤睦・三輪建二（監訳）2012『おとなの学びと変容——変容的学習とは何か』鳳書房を参照。

III　生涯学習を支える思想

4　生涯学習の社会的位相——循環という発想

1　フロントエンド型教育の限界

　近代以降，人格発達と文化的・社会的能力の形成を支える公教育の場として学校制度が整備され，子ども時代に学校で学ぶことが当然のように行われてきました。発展途上国のなかには初等教育を終えてすぐに働きはじめることが珍しくない国もありますが，一定の経済発展を遂げた国々にあっては，中等教育や高等教育を経た上で職に就くことが一般的です。いずれの場合も，生活や労働に必要な知識・技能の教育が人生の初期段階に集中的に行われているわけで，こうした教育のあり方は「フロントエンド（front-end）型」と呼ばれます。

　このフロントエンド型の公教育制度は，人が長い生涯を生きていくための土台となる知識・能力を培うものとして，また，教育を国民全体に行きわたらせることにより社会的平等をもたらすものとして，一定の役割を果たしてきました。しかしながら，変化の激しい現代社会にあって，若年期に得られた知識・技能の有用性は限定的なものであり，義務教育段階後の教育は誰もが容易に受けられるわけではありません。つまり，人々が知識・技能の水準を最新のものに保つことや教育機会の不平等を解消することに関して，フロントエンド型の制度には限界があります。これを克服するための代替策となるのが，リカレント教育（recurrent education）です。

2　循環的な生き方を可能にするリカレント教育

○リカレント教育の意味

　リカレント教育とは，ライフコースに沿って循環的に学習機会が享受できる教育システムのことです。これが実現された社会においては，誰もが容易に「教育」，「労働」，そして「余暇」のそれぞれを行き来できるようになります。この考え方は，1960年代の終盤にスウェーデンのパルメ首相によって提起された後，1973年にOECDが「リカレント教育」と題する報告書を発表したことを機に，生涯教育政策の具体的構想として広く支持されるようになりました。その報告書のなかで，リカレント教育は「すべての人に対する，義務教育終了後または基礎教育終了後の教育に関する総合的戦略」として位置づけられ，その内容には①中等段階以降の教育，②あらゆる種類・段階の現職教育，③情報・文化や一般教養を主とする成人教育などが含まれるとされています。従来，

▷1　製造工程の後半の作業に向けた前処理が行われる段階（前工程）に喩えた表現。

▷2　たとえば，学校教育を修了して企業に就職した人が，何年か経った後，仕事の中身に関する理論について深く知りたくなり，フルタイムの立場で大学に再入学し，そこで一定期間じっくり学んだ後，職場に戻ってさらに活躍する，というようなことが当たり前の社会になる，という意味。

▷3　OECD 1973 *Recurrent Education: A Strategy for Lifelong Learning,* Paris: OECD, CERI（文部省大臣官房 1974『リカレント教育——生涯学習のための戦略』MEJ 6856, 教育調査88）。

▷4　同上（訳書）p. 18.

III-4　生涯学習の社会的位相——循環という発想

それぞれの教育は相互に連携・調整されることなく行われてきたのですが，リカレント教育としては，これらを共通の政策枠に置いて展開することが求められます。すなわち，生涯教育の本質的な特徴である「統合」の具体的な方策という意味も含んでいるのがリカレント教育の考え方なのです。

　このリカレント教育の実現を目指す政策をリカレント教育政策と呼ぶとして，そこには多くの課題が見出されます。まず，義務教育段階以降も教育を受ける権利が保障されることについて社会全体で合意する必要があります。その上で，教育施設を質的・量的に拡充すること，就学の資格・条件を社会的経験が考慮されたものにすること，教育のカリキュラムや方法を多様な年齢・経験・関心の多様性に適合させること，教育経験が職業経歴としても評価されること，教育のための長期休暇を取る権利が保障されること，等々のさまざまな改革・措置が実行されなければなりません[5]。このように，リカレント教育政策は，教育の制度や文化だけでなく労働政策や雇用環境などの変革も求めています。だから，それは教育政策であると同時に社会経済政策でもあるのです。

● リカレント教育の実情

　生涯教育論がまだ理念レベルで論じられることが多かった頃に，教育や労働のあり方に関する具体的な分析と展望を軸に提示されたのがOECDのリカレント教育論でした。その主張は，1980年代にかけて，各国の生涯教育政策に影響を与え続けたものの，経済環境の不安定化や非正規雇用者の増大などのため，当初の期待どおりには実現できていないのが実情です。しかし，人生のあらゆる段階で教育とそれ以外の活動の間を自由に行き来できるという社会環境は生涯学習社会の理想であり，方向性として，リカレント教育論は依然として有効であるといえます。

　日本の生涯学習政策においては，リカレント教育はOECDの考え方と少し違う意味で受け止められています[6]。たとえば，1992年の生涯学習審議会答申「今後の社会の動向に対応した生涯学習の振興方策について」のなかで，リカレント教育は「いったん社会に出た後に行われる教育であり，職業から離れて行われるフルタイムの再教育のみならず，職業に就きながら行われるパートタイムの教育も含む」ものと定義されています。その実態としては，職に従事しながらの学び直しや研修というパートタイムの方法が主流となっています。これは，教育と他の諸活動を交互に行うことを目指し，フルタイムの就学を原則としたOECDの考え方とは異なっています。この背景には，日本社会における企業風土，雇用慣行，産業構造などの問題があり，やむをえない面もあります。しかしながら，人々が教育と労働・余暇との間を循環しながらキャリアを発達させ，人間的にも豊かになってゆく社会を目指すことに「リカレント」の本質があるという点は，忘れてはならないでしょう[7]。

（永井健夫）

[5] 同上（訳書）の特に第Ⅱ編（pp. 45-88）を参照。なお，リカレント教育を本格的に実現できるかどうかの鍵となるのが，有給休暇の充実である。この点に関する重要な国際条約として，1974（昭和49）年にILO（国際労働機構）の総会で採択された「有給教育休暇条約」（第140号条約）がある。

[6] 政策の具体例としては，1992（平成4）年以降の「リフレッシュ教育」（職業人の高等教育機関における再教育）の推進や，2007年（平成19）に設けられた「履修証明制度」（大学等が社会人を対象とする学習プログラムを設け，その修了者に履修証明書を交付する制度）などがある。

[7] 2008（平成20）年の中教審答申「新しい時代を切り拓く生涯学習の振興方策について～知の循環型社会の構築を目指して～」では，人々の学びが社会の創造力や教育力を高め，そのことがさらに個人や地域の力を向上させるような「知の循環型社会」に向かう必要が提起されている。その「循環」は本稿が焦点を置く意味と同じではなく，この答申でリカレント教育は論じられていないものの，教育と社会の相互作用に着目している点については，リカレント教育論と共通しているといえる。

III 生涯学習を支える思想

自己主導的学習論と生涯学習

1 自己主導的学習論の背景

　自己主導的学習（self-directed learning）とは、自律的・能動的に取り組まれる学習のあり方を意味する概念です。1970年代以降、成人教育研究者の間で盛んに議論されるようになり、今では生涯学習の理論と実践における重要な鍵概念となっています。古くからある「独学」や「自学自習」と似た言葉ですが、これが注目されるのは何故でしょうか。それは、生涯学習論が広まり成人期以降の教育・学習に対する社会的関心が高まってゆくなかで、従来の学校教育中心の教育文化や学習観とは異なるものが求められるようになったからです。すなわち、学校以外のさまざまな場面での学習が行われる成人期に相応しい学習スタイルとして、この自己主導的学習が提起されるに至ったのです。

2 アンドラゴジーと自己主導的学習

○ノールズによるアンドラゴジー論

　成人期の特質に即した教育支援のあり方を追究した最も著名な人物として、ノールズをあげることができます。長らく教育の世界は、学習者が子どもであることが前提とされ、その活動は知識伝達型の方法を中心とするペダゴジー（pedagogy）に基づいて営まれてきました。ノールズは、成人教育の実践がより良いものとなるためには、ペダゴジーと異なる方法論の開発が必要だと考えました。彼はそれをアンドラゴジー（andragogy）と呼び、「成人の学習を援助する技術と科学」と定義したのです。

　ノールズは、アンドラゴジー論を展開する前提として、成人学習者の特徴を次のように整理しています。①依存を脱し、自己主導的になる、②ますます経験を蓄積し、それが豊かな学習資源となる、③学習へのレディネスは生活課題や社会的役割により形成される、④学んだことの即時の応用を求め、学習は「課題解決」が中心となる。これらの基本的な特質を踏まえることにより、ノールズは、成人にとっての本来的な学習方法は自己主導的学習であると考えました。それは「学習ニーズの診断、学習目標の設定、人的・物質的な学習資源の見極め、適切な学習方略の選択・実行、学習成果の評価などにおいて、他者の支援の有無にかかわらず、学習者が主導権を握るようなプロセス」と描かれます。大切な点として、「他者の支援の有無にかかわらず」とあるように、自

▷1　"self-directed"を「自己決定的」や「自己管理的」と訳す例もあるが、「自己決定権」（right to self-determination）や「自己管理能力」（self management skills）などとの混同を避ける訳として「自己主導」が最も適切であると思われる。

▷2　たとえば、「人間は一茎の葦にすぎない。自然のうちでもっとも弱いものである。だが、それは考える葦である」（パスカル　由木康（訳）1990『パンセ』白水社　p.142.）という有名な格言が示唆するように、関心や疑問をもちその意味や答えを主体的に探ってゆくのが人間である。これを踏まえると、自ら率先して学ぶ「独学」や「自学自習」は人類にとっての基本的な学習形態であるといえる。独学については、V-8 を参照。

▷3　ノールズ, M. S.　堀薫夫・三輪建二（監訳）2002『成人教育の現代的実践――ペダゴジーからアンドラゴジーへ』鳳書房。⇒III-1 参照。

▷4　Knowles, S. M. 1975 *Self-directed Learning: A Guide for Learners and Teachers*. Cambridge, Adult Education Company, p. 18.

己主導的学習は孤立的な独習と同じではなく、学習過程に対する他者の支援は否定されていません。むしろ支援は必要なことであり、ノールズは、自己主導性が発揮できるよう学習者に寄り添い、学習を支えることが成人教育者の重要な役割だと考え、その観点に立って学習支援の方策や技法を提言したのです。

○ 自己主導的学習論の課題

自らの学習を能動的に展開できるようになるのが成人であり、その支援が教育者の役割であるという主張は、わかりやすい理屈ではありますが、幾つか検討を要する点もあります。たとえば、最も原理的な問題として、成人の誰もが自己主導的になれるのか、確かではありません。あるいは、判断の質の問題もあります。学習者が自らのニーズや学習成果を判断するといっても、真に本人の関心や価値観に基づいて判断できるとは限らず、人間関係に引きずられてしまう場合があります。さらには、自己主導性の本質的な意味について問われる必要もあります。何かを自分で判断・決定する機会は、学習プログラムの計画や実行に限らず、市民生活や職業生活のさまざまな場面でも訪れます。つまり、自己主導性とは、学習の方法や技術だけでなく、生き方や社会とのかかわり方にも関係するものです。したがって、この議論の基礎には、個人の自由や主体性と社会の構造や状況との関係を問う視点が求められるのです。

3 変革の芽としての自己主導的学習

学習を支える社会環境の創出や、学習の促進をとおしての社会創造を目指している点に、生涯学習の意義があります。その生涯学習を実践的に展開する方法論が自己主導的学習で、そこには個人と社会の関係や社会の構造を変革する力が潜んでいるといえます。たとえば、ラングランの後任としてユネスコの生涯教育部門の責任者を務めたジェルピ（Gelpi, E.）は、「社会的、道徳的、美的、政治的事件の引き起こす根底的な変化は、しばしば自己決定学習の過程の産物であり、このような自己決定学習は、外的な圧力が加わってできた教育メッセージと対立するものである」と述べ、自己主導的学習が有する変革と解放の力に着目しています。もちろん、誰もがそのようなものとして自己主導的学習を理解し実践するわけではありません。それでも、迷いながらも自律的・主体的に考えながら進むのが自己主導的学習であるなら、これに取り組む学習者は、自分が本当に望むものや自分と他者・社会との関係などを問い直す機会に遭遇することもあるでしょう。つまり、多少なりとも自分や社会について省察する契機が伴うという意味で、自己主導的学習には自己変革・社会変革の芽が具わっているといえます。

（永井健夫）

▶5 ノールズの成人教育論については、赤尾勝己 2004「成人教育学――M・ノールズの理論をめぐって」赤尾勝己（編）『生涯学理論を学ぶ人のために』世界思想社を参照。

▶6 ジェルピ, E. 前平泰志（訳）1983『生涯教育――抑圧と解放の弁証法』東京創元社 p.18.

III　生涯学習を支える思想

知識基盤社会における生涯学習

1　知識基盤社会

知識基盤社会（knowledge-based society）は，1990年代以降，日本でも頻繁に言及されるようになった概念です。教育の分野では，とりわけ2005（平成17）年の中央教育審議会答申「我が国の高等教育の将来像」において明示されてから，時代を表現する中心的な概念となりました。すでに1960年代には，ダニエル・ベルやピーター・ドラッカーらにより，産業社会に対比される新たな社会体制として知識社会（knowledge society）の概念が示されていましたが，彼らによれば，知識社会とは知識が物的な財や資本に代わって政治・経済・社会の発展を駆動する基本的な要素となるような社会であるとされました。一方，物的財に代わって情報が社会活動の中心的な役割を果たす情報社会（information society）という表現も，コンピュータが急速に発達し普及した1980年代以降，しきりに用いられるようになりました。知識社会も情報社会もともにポスト産業社会の特性を非物質的な要素の優位性から示した点で共通していますが，知識が単なる情報そのものではなく，体系化された情報の集合体であることに基づく大きな違いもあります。特に知識基盤社会という場合には，集積された情報である知識を基に新たな情報を獲得し体系化する方法とその学習，あるいは実社会への知識の応用といった広範な活動が強調されます。

そうした知識基盤社会が従来の産業社会と比較してもつ顕著な特性として，①知識には国境がないためによりグローバル化が進む，②技術革新やパラダイムの転換がより頻繁に起こり，それゆえ競争も広範かつ活発になる，③従来の生産概念の枠を超え，性別，年齢にこだわらない広範な層の参加が促進される，といったことを，先にあげた中教審答申が指摘しています。その上で，人々の知的活動が最大の資源である日本にとっては，科学技術の振興と教育こそが最も重要な国家戦略であることが示されたのです。そこで大きな課題となったのは，何が重要な知識であり重要な能力なのかを明らかにすることでした。

2　キー・コンピテンシーと人間力

成人の知的能力が単なる知識の集積とも学校教育における学力などとも異なることはいうまでもありません。より根源的な成人の知的能力を考える際に有効なのが人間力あるいはキー・コンピテンシー（key competency）という概念

▶1　2005（平成17）年1月の中央教育審議会答申で初めて，「21世紀は，新しい知識・情報・技術が政治・経済・文化をはじめ社会のあらゆる領域での活動の基盤として飛躍的に重要性を増す，いわゆる『知識基盤社会』（knowledge-based society）の時代であると言われる」と公的に明記された（中教審答申2005「我が国の高等教育の将来像」p.1）。

▶2　ベル，D.　岡田直之（訳）　1969『イデオロギーの終焉』東京創元新社，およびドラッカー，P.　林雄二郎（訳）　1969『断絶の時代』ダイヤモンド社。ドラッカーは，「知識が中心的な資本，費用，資源となった」と端的に指摘している（ドラッカー　同上書 p.2）。

▶3　前出，中教審答申「我が国の高等教育の将来像」p.1。

です。成人が学習によって獲得することのできる能力をどう捉えるかは、生涯学習を考える際にもきわめて大きな問題です。その一つの解が人間力です。内閣府の人間力戦略研究会で座長を務めた市川伸一は、確立されたものではないとした上で、人間力を「社会を構成し運営するとともに、自立した一人の人間として力強く生きていくための総合的な力」と定義しています。また、同義の概念としてキー・コンピテンシーがありますが、知の共有化を目指して実施されたOECDのデセコプロジェクト（1999-2002年）では、それが①相互作用的に道具を用いる力（言語的リテラシーや情報処理力など）、②自律的に活動する力（大きな展望や人生計画、権利の表明力など）、③異質な集団で交流する力（協調力や紛争解決力など）といった内容をもっていることが確認されています。OECDではそれらの知見を基に、2011年、PIAACを実施し、2013年にその結果報告書を刊行しています。

▷4 内閣府 2003「人間力戦略研究会報告書」p.4.

▷5 立田慶裕 2014『キー・コンピテンシーの実践』明石書店 pp.36-40.

▷6 PIAAC Program for the International Assessment of Adult Competencies：国際成人力調査。

3 積極的戦略としての生涯学習

　知識基盤社会における生涯学習活動は、単なる知識の獲得にとどまることなく、上記のような成人能力、つまり人間力、成人力あるいはキー・コンピテンシーの涵養を目的とすべきだとされています。それは、生涯学習体系の社会（学習社会）が、フロントエンド型の学校教育中心の社会のような、個々人が学齢期に身につけた知識・技能を用いて定型的な生産活動に定年まで従事するといった硬直したシステムではなく、変容しつつある社会環境を自律的に理解し、判断して新たな学習活動を行ってその成果を次の生産活動に活かしていくという柔軟な体系であることを目指しているからです。単に多くの情報を得て知識量を増し、いわゆる物知りの数を増やすことが学習社会の目指すところではありません。成人自身が時と状況に応じてさまざまな変化に適切に対応していく力を自律的に身につけていくことこそ、学習社会の最も中心的な目標といってよいでしょう。ただし、こうした生涯学習観を採るからといって、近年日本の中高年層に多くみられる即自的な学習、つまり学ぶことそのものに楽しさや喜び、生き甲斐を見いだし、資格・職業・収入等といったものとは距離を置く自己実現的な目的をもった学習を排除すべきではありません。むしろそこには学習本来のあるべき姿があるともいえるのです。

　1980年代中葉に始まるいわゆる臨教審体制は、当初、生涯学習体系への移行を謳いながら、生涯学習に対して正統としての学校教育の補填、補償という位置づけをし、セーフティネットとしての機能を期待するといった消極的な意味合いを付与していました。それに対し、知識基盤社会を前提とした生涯学習概念は、より積極的に、成人が人間力（キー・コンピテンシー、成人力）を涵養するための学習機会と規定しています。セーフティネットからの脱却こそ、知識基盤社会における生涯学習の最重要課題だといえるでしょう。　　（岩永雅也）

▷7 国立教育政策研究所 2013『OECD国際成人力調査——調査結果の概要』によれば、調査された三つのタイプの能力（「読解力」「数的思考力」「ITを活用した問題解決能力」）のいずれも日本の成人が第1位であった。

Ⅳ　生涯学習の現代的課題

生きがいづくりの生涯学習

1　生きがいとは

○生きがいの意味

　生きがいということが，生涯学習ではよく使われます。この言葉は，万葉集では「生ける験あり」とも表現されていますので，昔から日本人は問題にしてきたことであると思います。生きがいは，「生きる」と「〜し甲斐がある」の二つの単語が合わさってできていて，後者の「〜し甲斐がある」というところに意味があると思われます。「〜し甲斐がある」という言い方は，端的にいえば「価値がある」とか「意味がある」ということになるでしょう。

　生きがいの問題を深く追究した人は，神谷美恵子です。神谷は『生きがいについて』という著書で，生きがいを「人に真の喜びをもたらすもの」といい，漠然とした生きがいを生きがいの対象（源泉）と生きがいを感じている精神状態に分けて考えました。生きがいの対象は，生きる張り合いをもたらす源泉であり，生きがいを感じている精神状態は，生の内容が豊かに充実していることを指しています。これらのことから，生きがいというのは，私たちが生きていくときに，必要不可欠なことであることがわかります。

○生きがい問題

　生きがいということが社会で取り上げられるようになったのは，1970年代に入ってからと思われます。その背景には次のようなことがありました。高度経済成長期で経済的に繁栄していく時代にあって，企業戦士といわれるサラリーマンの生き方への問題提起がありました。サラリーマンの働き過ぎや，仕事以外に生きがいがないといったことが原因で定年後の生きがい喪失現象を生み出したりする話も多々ありました。女性では子育ての早期終了後の人生の過ごし方も，また生きがい問題を提起しましたし，何よりも平均寿命の伸長により人生80年時代になって，60歳以降に長期にわたる自由時間が出現し，第2の人生を質高く生きていくことが大事であるという認識が広まったことにもあります。

2　生きがいと生涯学習

○生きがい問題への対応

　こうした生きがいニーズに対して最も有効な方法は，生涯学習を活発にすることであるといわれています。生涯学習は人々の生活から生じる課題を教育か

▷1　「御民我れ生ける験あり天地の栄ゆる時にあへらく思へば」（海犬養岡麻呂）。

▷2　神谷美恵子　1966『生きがいについて』みすず書房　p.15.

らアプローチしようとするものです。生活から生じる課題ということを動機からみれば，自分が何か特定のことを上手になりたいとか，これをしたいという願望，あるいは生活していく上で直面する問題を解決したいとか，空しさや淋しさのある生活からの脱却など，人によってさまざまです。

　どのような動機から生じる課題であれ，特定の課題を設定することができれば，人生の新たな出発点を確保したことになります。あとは，目標水準に到達するまで，継続的に学ぶことを進めます。継続的に取り組めば，技能や知識が増すだけでなく，興味に惹かれて困難をも克服して進めます。趣味や問題解決の段階から進んでライフワーク的な研究になっていけば，無限の探求的生活となるでしょう。

　こうした生涯学習の実践は，自分自身をよく知ることにもなって新しい境地も開けるし（自己発見），さらに人生観をも深めていくこと（自己革新）になるでしょう。ここに継続して学習する生涯学習の意味があります。また，先達や師匠，共に活動する仲間という人間関係の交流の場が広がること（社会参加）も，人生を豊かにしてくれる基となります。

○生きがいにかかわる学習の場

　生きがい追究は，自分の学習ニーズを満たすために個人学習が基礎にありますが，同時に地域社会にある教育施設や団体を活用して行われます。たとえば，社会教育施設としての公民館や生涯学習センター，学校での開放事業，民間でのカルチャーセンターやお稽古事等の個人教授施設，健康増進施設等での学級や講座，また，地域にある任意団体や法人団体の行う運動，教養，趣味，ボランティア等々の同好団体もあります。

　生きがいを追究する場には，参加者の生きがい活動を周りから支援する人々もいます。社会教育施設には公民館主事，司書，学芸員といった専門家もいますし，学級・講座では講師となる人，お稽古事では師匠，健康活動ではインストラクターなどがいます。また，学習に関しての相談やカウンセリングを担当する人とか，生きがいアドバイザー等もいて支援していますし，学習支援をするボランティア等がいます。このように生涯学習の実践者を周囲から助長する人をファシリテーターといいます。

　人間は一人孤立しては生きていけません。「良き師良き友」があってこそ「生きがい」感も充実するものでしょう。「良き師」はどの年齢段階でも人生に必要なことです。「良き友」も同じです。奥さんを亡くして生きがいを喪失した方が，趣味活動を通して友人との交わりから，つくづく「良き友は高貴薬」と書いておられました。生涯学習の世界はヨコの人間関係で行う交わりです。趣味の世界では上下ではなくメンバーで交わることになりますが，「師になったり弟子になったり」の関係が豊かな人生を築くことにもつながります。

（香川正弘）

▷3　笠野正雄「良き友は高貴薬」『民主報徳』1998年4月1日号，小田原市の報徳博物館蔵。

参考文献
香川正弘・宮坂広作（編著）1994『生涯学習の創造』ミネルヴァ書房。
加藤秀俊　1988『生きがいの周辺』文春文庫。
厚生省老人保健福祉局老人福祉振興課　1997『新しい高齢者社会の創造』中央法規出版。

Ⅳ　生涯学習の現代的課題

健康の生涯学習

1　健康とは何か——ヘルスからウエルネスへ

　世界保健機関（WHO）は，「世界保健機関憲章」（1946年）前文で健康を次のように定義しています。「健康とは身体的，精神的，社会的に完全に良好な状態（well-being）であり，単に疾病または虚弱の存在しないことではない」。

　このWHOの定義は世界中に広まり，1950年代後半には米国の公衆医であったハルバート・ダン（Dunn, Halbert L.）博士が，それまで使われていたヘルス（health：「癒し」を意味するhealの名詞形）に変えてより総合的な意味をもつ健康の概念としてウエルネス（wellness）を唱えるようになりました。その後，1961年にダン博士が著書『ハイレベル・ウエルネス』を発刊したのを契機にウエルネスは一般的に使われる言葉になっていきました。日本には1980年代に米国での学会や会議に出席した日本YMCAの代表により紹介され，1985年には財団法人日本ウエルネス協会が，2004年には日本ウエルネス学会が創立されています。

　健康は幸せの絶対条件とはいえませんが，必要条件であることは間違いありません。健康づくりは幸せづくりの基本テーマであり，「よりよく生きる」ことを探求していく生涯学習の中心的なテーマであるといえます。

2　身体的健康についての学習

　身体的健康（physical wellness）については，身体の各部分の名称や機能に対する知識，疾病・傷害の予防・治療や保健衛生に関する知識，運動・休養・栄養についての知識，そして健康体力維持方法の実践体験が学習課題となります。

　まず，大前提として，健康診断により自分の健康状態を知り，日頃から血圧・平常脈・血糖値・コレステロール値・身長・体重・体脂肪率・体内脂肪などを把握し，体力測定により身体運動能力（行動体力）・体力年齢を知り，自覚することから学習は始まります。自分の適正体重・体脂肪率・血圧を知り，これを維持すること，そして生活習慣病や認知症などに関する知識と予防，病気に対する抵抗力・免疫の獲得，医師・病院・保健所などの適切な利用方法に関する知識も重要な学習課題です。

　運動では，自分にあった運動負荷による安全なトレーニング刺激を身体に与

え，呼吸循環器系持久力・筋力・柔軟性の維持向上の体験学習を継続させます。

休養では，効果的な睡眠を得るために身体的疲労と精神的疲労のバランスをとることと，睡眠などの「消極的休養」だけではなく，趣味や非日常活動によって心身のリフレッシュを図る「積極的休養（レクリエーション）」も重要です。

栄養では，自分に合った適正な栄養の必要量・カロリー摂取量（基礎代謝量）を知り，安全で適正な摂取方法を学び実行することが重要です。

❸ 精神的健康についての学習

精神的健康（mental wellness）を得るために最も重要なことは，自分らしい「生きがい」と「人生観」をもつことです。人間として存在する意味を考えたり，生きることの意味や意義・目的について考え，人生に対する哲学的探求や宗教的な探求，どのように生き，どのように死を迎えるかについて考え，それらについての認識と知識を深めることこそ，精神的健康を手に入れる基盤といえます。まずは自分が何に価値を見出しているかを考え認識し，しっかりとした価値観をもつことによって，生きることの充実感を得るためになすべきことがみえてきます。既成の価値観にとらわれず，自分自身の精神状態を解放し，時間とお金があり，お金のために仕事をする必要がないとしたら，一体何をして毎日を過ごしたら幸福感が得られるかを考えてみると，自分が満足できる生き方がみえてくるはずです。

精神科医の町沢静夫は「遊びは正常な人間の発達や分裂病・精神病の予防と治療に不可欠な人間の本性である。趣味を持っていない人は，精神病になったときに非常に治療がしにくく，治りが遅い。また，再発が多い」[1]と述べています。自分が没頭できる楽しい活動があり，人から与えられる他力本願の遊びではなく，「自ら遊べる人＝自遊人」になることこそ最も有効な精神的健康を手に入れる方法であると思われます。

❹ 社会的健康についての学習

社会的健康（social wellness）とは，経済状態や自分をとりまく自然環境が良好であるだけではなく，人間関係が良い状態にあることを指します。家庭・学校・職場・地域における活動や人間関係，自分の立場について考え，認識し，より良い状態への変革を考えることは，現代社会においてきわめて重要です。特により良い人間関係の構築は重要で，人間関係が上手くいかないことからのストレスによって，身体的・精神的疾患が引き起こされることも少なくありません。社会がデジタル化すればするほど，実際に人と人が出会って話をしたり，自分とは違った価値観をもった人々を理解し，協力し合って共に生きることを五感で体験することこそ，生涯学習のテーマであるといえるでしょう。

（師岡文男）

▷ 1　町沢静夫（編著）1986 『遊びと精神医学』創元社　p.7.

参考文献

厚生労働省 website「健康日本21」。
木村靖夫　1999　『21世紀の健康学』東洋書店。
野崎康明　2006　『ウエルネスマネジメント』メイツ出版。
田畑泉一　2007　『健診からはじめる！ウエルネスライフ』社会保険研究所。
（雑誌）『暮しと健康』保健同人社。
（雑誌）『健康づくり』財団法人健康・体力づくり事業財団。
厚生労働省 website「食事バランスガイド」。

Ⅳ　生涯学習の現代的課題

まちづくりに対応した生涯学習

1　まちづくりと人づくり

　まちづくりには，ハードとソフトの両面があると考えられています。ハード面とは，水道や道路の整備，公園や施設の建設などの生活基盤（インフラ）を整える都市計画分野です。ソフト面は，公園で行事を催して住民交流の機会をもつ，文化施設で学ぶなど，人々が暮らしやすい生活空間を守り育てていく目には見えない教育・福祉といった分野といえます。

　今日では，物的環境は技術進化と共に飛躍的に整い，便利な生活が享受できるようになりました。ところが，地域のつながりは，現代社会の特徴である都市化，少子高齢化，情報化の下では乏しくなりがちで，近隣のネットワークを創り出す必要性が高まっています。

　行政機関が新たに施設や制度をつくれば，直ちに住みよい安全な街ができるというものではありません。住民一人ひとりが地域に関心をもち，地域の実情を学び，話し合い，協力できるよう動き始めた時に，まちづくりは始まります。これが「まちづくりは人づくり」といわれる所以です。

2　まちづくり政策の流れ

　戦後に民主主義の考え方が導入された日本は，社会教育施設である公民館を地域復興の拠点と位置づけ，市町村が中心となって住民と共に地域づくりを担う地方自治政策が進められました。

　農村が多くを占めた当時の共同体社会では，公民館主事や地域内のリーダーが牽引する公民館活動や青年活動が盛んに行われます。しかし，高度経済成長期が始まる1960年代には，産業構造の変化によって農村から都市への人口流出がおこり，1970年に入ると，地縁によって成立してきた青年団，子ども会，婦人会，町内会といった団体の活動は次第に停滞していくことになります。

　国民生活審議会調査部会コミュニティ問題小委員会は1969年に報告書『コミュニティ——生活の場における人間性の回復』を提出して，地域社会の現状に危機感を示します。その後自治省は，地域活動の拠点とするために全国6000カ所以上のコミュニティ・センターを建設し，運営は住民の自主運営に任されました。二度のオイルショックを経て日本の工業化に減速がみられた頃，地域の特産品からまちおこしを試みようとする一村一品運動が大分県で提唱されます。

▷1　近年は「ソーシャル・キャピタル」（社会関係資本）という用語もある。

▷2　当時文部省公民教育課長だった寺中作雄は，公民館は「われわれの為の，われわれの力による，われわれの文化施設」と述べ，「公民館は社会教育，社交娯楽，自治振興，産業振興，青年養成の目的を綜合して成立する郷土振興の中枢機関」として公民館建設に力を注いだ。寺中作雄　1946『公民館の建設——新しい町村の文化施設』公民館協会　p.17.

▷3　「地域社会の連帯感が薄れて，人は孤独感，無力感におちいり，いかに日本の経済成長率が高いといっても，生活の場における人間性が喪失したのでは，人間の幸福はありえない」と指摘した。国民生活審議会調査部会コミュニティ問題小委員会（編）1969『コミュニティ——生活の場における人間性の回復』大蔵省印刷局。

IV-3 まちづくりに対応した生涯学習

写真1 地域住民によるまちづくりの一例

＊地元の漁業者と藻場再生活動を行う中学生（鳥羽市）。
出所：筆者撮影。
＊地域交流イベントで自家製野菜を並べる女性団体（伊賀市）。
出所：筆者撮影。

3 生涯学習によるまちづくり

　文部省による「生涯学習まちづくり」は1980年代に始まりました。学習がしやすい環境を整える「生涯学習のためのまちづくり」から、学習によって意識を高めた人々が行動し、地域の活性化に還元していく「生涯学習によるまちづくり」へと目標が変化していった特徴があります。

　積極的に生涯学習まちづくりに取り組む自治体は、「生涯学習宣言都市」を掲げて生涯学習を政策目標としました。早い時期に生涯学習都市宣言を行った自治体としては、静岡県掛川市（1979年）、岩手県金ヶ崎町（1979年）、京都府亀岡市（1988年）などがあります。

　1990年代後半になると、国から地方への権限委譲、官から民への規制緩和が進み、地方分権一括法の施行（2000年）以降は、住民が名実ともに主役となるまちづくりが始まっています。日本は少子高齢化の結果人口減少社会に入り、都市と地方の差は大きく、官民連携の活力ある自治体運営が求められています。

　まちづくりには、第1に継続性、第2に地域住民の合意と主体的な参加、第3にそのためのリーダーシップが重要になります。自治体は方向性をわかりやすく公開し、計画段階から住民も参加します。住民は日常的に地元の現状や課題について学ぶ必要があり、公民館・図書館などの活用が期待されます。

　しかし、地域の課題解決に直接かかわる学習だけがまちづくりの学習ではないでしょう。郷土料理や伝統芸能といった地域文化を学ぶ、学校に地域の人を招いて地場産業の話を聴く、多世代が参加するラジオ体操を復活させるなど住民同士の学び合いもあります。子どもの頃からの交流によって地域社会への関心を深め地域の一員であると感じることが、次世代へ続くまちづくりの一歩になるのです。

（内山淳子）

▷4 「生涯学習体系への移行」を打ち出した臨時教育審議会の第3次答申（1987年）では「生涯学習のまちづくり」についての提言が行われた。その後、文部省は1988（昭和63）年から「生涯学習モデル市町村事業」を補助事業として実施した。

▷5 埼玉県八潮市（1991年に生涯学習都市宣言）は、各部署の行政職員が担当分野の情報を市民に提供する「生涯学習まちづくり出前講座」を始め、現在その方法は全国に広まっている。

Ⅳ　生涯学習の現代的課題

 高齢社会に対応した生涯学習

1　高齢社会への対応

　高齢者が総人口に占める割合で，社会は三つに分けられます。65歳以上の高齢者が総人口のうち7％を占めると高齢化社会（1970年），14％で高齢社会（1994年），20％で超高齢社会（2013年10月現在で25.1％）といわれます。わが国では，65歳以上の老年人口が3190万人であるのに対し，15歳以下の年少人口は1639万人です。こうした「高齢社会」に対してどのような社会をつくっていくかを明らかにするために高齢社会対策基本法（1995年）が制定され，その第2条（基本理念）では次のように述べられています。

1. 国民が生涯にわたって就業その他の多様な社会的活動に参加する機会が確保される公正で活力ある社会
2. 国民が生涯にわたって社会を構成する重要な一員として尊重され，地域社会が自立と連帯の精神に立脚して形成される社会
3. 国民が生涯にわたって健やかで充実した生活を営むことができる豊かな社会

　このように，国民一人ひとりが生涯にわたって真に幸福を享受できる高齢社会を築き上げていくためには，雇用，年金，医療，福祉，教育，社会参加，生活環境に係る社会システムの不断の見直しと，企業，地域社会，家庭および個人が相互に協力しながら，社会全体として高齢社会対策を総合的に推進していくことが大切です。

　人々が長寿を喜び，豊かな人生を過ごせるようにするためには，社会福祉政策とともに，地域での生涯学習が重要な役割を果たすことになってきています。

2　高齢者の学習能力

　高齢化社会が出現するまで，教育は若いときのことと考えられてきましたが，近年の知能研究では，高齢者に知的学習能力があることが証明されています。知能には流動性知能と結晶性知能があり，結晶性知能は年を取っても伸びていくことがわかります▶1（図5参照）。このような研究が蓄積されて，現在は教育老年学（Educational Gerontology）が発達してきており，社会福祉と生涯学習の結合が図られるようになってきました。▶2

▶1　堀薫夫　2006『教育老年学の展開──エイジングと生涯学習』学文社。
⇒ Ⅱ-4 参照。

▶2　社会福祉と生涯学習の結合は，「健康・生きがいづくりアドバイザー」の次の活動にみることができる。財団法人健康・生きがい開発財団　2002『生涯学習とサクセスフルエージング』財団法人健康・生きがい開発財団。

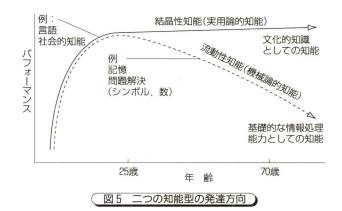

図5　二つの知能型の発達方向

出所：バステル，P. B.　東洋・柏木恵子・高橋恵子（編監訳）　1993　『生涯発達の心理学』（第1巻）　新曜社　p. 181.

3　高齢社会に対応した生涯学習

　高齢化は世界的な問題でもあるので，国連は1999年を「国際高齢者年」とし，高齢者のための国連5原則として，「自立」「参加」「ケア」「自己実現」「尊厳」をあげました。これらの課題に対応するために，わが国では「高齢社会対策基本法」に基づいて，高齢者の生涯学習が展開されています。高齢者自身の学習と他世代の学習に分けて考えてみましょう。

　高齢者自身の生涯学習としては，教養・趣味・生きがい・健康の増進のための学習があり，人によっては新しい「就労」のための学習もあります。前者の学習は，個人学習とともに，地域の生涯学習施設において集団で学ぶ学習の機会が提供されています。単に学ぶだけでなく，多くの人と交流することにも意味があります。そのほかにも，いかに安らかに人生の幕引きをするかを考える死の準備教育としての「死生学」の学習や，賢い老後の生活の送り方を学ぶ「消費者学習」，高度な内容を学習する高等成人教育の一形態としての「大学開放」・「公開講座」など，多様なものがあります。後者の学習は，単なる企業の収益とか社会的責任ということだけではなく，福利厚生や社会貢献といった観点からも重要視されています。「企業主導型」の職業能力開発だけでなく，「個人主導型」の職業能力開発も大切です。

　高齢者以外の世代層も，高齢社会に対応した生涯学習があります。老親や高齢者を理解していくときの「福祉・介護」の学習や，福祉サービスの質的担保のためのオンブズパーソンについての学習，中年以降の生き方を考えたり，これまでの人生を振り返ったりする「生涯設計」などがあり，また，地域社会では，ボランティア活動の実践のほか，高齢者の経験や知恵，生き方に学び，文化を継承していく三世代交流の学習などがあります。

（中嶌　洋）

参考文献

香川正弘・佐藤隆三・伊原正躬・荻生和成　1999　『生きがいある長寿社会学びあう生涯学習』　ミネルヴァ書房。

厚生省老人保健福祉局（監）　1997　『新しい高齢者社会の創造――21世紀の高齢者像とは何か』　中央法規出版。

堀薫夫　1999　『教育老年学の構想――エイジングと生涯学習』　学文社。

ローウィー，ルイス・オコーナー，ダーレン　香川正弘・西出郁代・鈴木秀幸（訳）　1995　『高齢社会を生きる　高齢社会に学ぶ』　ミネルヴァ書房。

日本社会教育学会（編）　1999　『高齢社会における社会教育の課題』（日本の社会教育第43集）　東洋館出版社。

Ⅳ　生涯学習の現代的課題

少子化に対応した生涯学習

1　少子化の状況

　日本で1年間に生まれる子どもの数は1970年代の第2次ベビーブーム期以降減少を続け，2005年にはついに総人口が減少に転じました。一人の女性が出産する子ども数も減少しており，第1次ベビーブーム期（1947～49年）に4.0を超えていた**合計特殊出生率**は，1960年代に2.0前後となり，2003年には「超少子化国」と呼ばれる水準である1.3を下回る1.29を記録，2005年には1.26まで低下しました。その後はわずかに回復しているものの，**人口置換水準**の2.07にはほど遠く，低い水準にとどまっています。

2　少子化問題と国の施策

○個人の問題と社会の問題

　出産は基本的には個人や家族の私的な問題ですが，少子化が高齢化とあいまって社会全体に及ぼす影響が大きいことから，政府も1990年の**1.57ショック**以降，少子化対策を進めてきました。生産人口の減少と市場の縮小によって社会経済システムの基盤がゆらぎ，社会保障や税における負担増，経済成長の鈍化，地域社会の活力低下などから，総体的に国力が衰退するという危機感があるのです。

○少子化の要因

　要因としては，「晩婚化」，「晩産化」や「非婚化」の進行，夫婦がもつ子どもの数が減少傾向にあることがあげられます。背景には，結婚や生き方についての価値観の変化，経済的な不安，仕事と家庭・育児の両立への不安，子どもの成育環境への不安などさまざまな問題があり，それは年齢・性別や経済・就労状況等によっても異なります。したがって，どれか一つの政策を講ずればよいというものではなく，総合的な施策を展開していく必要があります。

○多分野にわたる少子化対策

　少子化対策では，「少子化の要因」と「少子化の影響」という局面への総合的な対応が必要です。政府も分野横断的な組織で取り組んでいます。
　1994年にエンゼルプラン，1999年に**新エンゼルプラン**策定，関連法も整備されました。2003年に次世代育成支援対策推進法と少子化社会対策基本法が成立，2004年には少子化社会対策大綱策定，その具体的実施計画として**子ども・子育**

▷1　合計特殊出生率
その年次の15～49歳までの女性の年齢別出生率を合計したもので，一人の女性が一生の間に何人子どもを産むかを示すように計算された統計的な数値である。

▷2　人口置換水準
人口を維持するために必要な出生率。国立社会保障・人口問題研究所が算出している。

▷3　1.57ショック
1989年の出生率が1966年の「ひのえうま」の年を下回る1.57まで低下したことから，以後「少子化」が社会問題として注目されるようになった。

▷4　新エンゼルプラン
「重点的に推進すべき少子化対策の具体的実施計画について」当時の大蔵・文部・厚生・労働・建設・自治の6大臣合意により策定。従来の施策に加えて，相談・支援体制の整備，母子保健医療体制の整備，「ファミリー・フレンドリー企業」（労働者の仕事と家庭の両立に配慮し，多様で柔軟な働き方の選択が可能な企業）の推進などが盛り込まれた。

て応援プラン▷5が決定されました。2010年には、子育てを担う親を支援するだけでなく、社会全体で子育てを支えようという視点で、子ども・子育てビジョンが策定されました。2012年には**子ども・子育て関連3法**▷6が成立、2015年度から子ども・子育て支援新制度によって、質の高い教育・保育、地域ニーズに応じた多様な保育を提供するための支援策が進められています。また、2019年には幼児教育・保育の無償化が実施されました。この過程で、固定的性役割分業の見直し、男性を含めた雇用環境の整備、子ども・若者の社会性や自立の促進、地域における子育て支援、生活環境の整備などを、国・自治体・企業・地域社会が一丸となって推進する「広範な少子化対策」へと拡充しています。

③「子育て支援」を超えた「生き方支援」へ

個人の生き方の自己決定は尊重されるべきものです。子どもを産み育てたいと望んだときに、それが夢をもって実現できる「誰もが暮らしやすい社会」でなければなりません。仕事と生活全般の調和（ワーク・ライフ・バランス）を図るには、人々の「意識」を変え、「社会システム」を再構築していくことが必要です。そのためには教育・学習と、福祉や労働、まちづくりなどさまざまな関連分野との連携・協力が大切です。

学習は、人々の意識を変革し、システムを動かす原動力となります。たとえば、男女共同参画やまちづくりのための地域学習や活動、ボランティアやリーダーの養成・研修、若者の育児体験・職業体験、企業内教育などが、男女の生き方の選択や行動につながるのです。

④ 子どもを育む地域社会づくり──子育ての社会化

核家族化が進んだ上に、近隣社会での支え合いが希薄になり、男性の育児参加も少ない状況で、母親のみの育児負担が大きいなど、家庭教育が困難な状況があります。子育ての「孤立化」や貧困、仕事との両立に疲れた親の存在は、育児能力の低下や虐待問題とも無縁ではありません。父親も含めて、家庭教育の支援は重要な課題です。子どもたち自身も少子社会でさまざまな影響を受けています。兄弟姉妹や遊び仲間が減少し、異年齢集団体験や共同生活・協力体験などの機会が少なくなっています。親の過保護・過干渉の傾向とも重なって、社会性を身につけ自立した人間に成長することが難しい環境なのです。

子どもたちに必要な体験を、地域で具体的な教育プログラムとして提供していくことは、これからの大切な課題です。たとえば、地域ボランティアの協力を得ながら、安全を確保しつつさまざまな活動の場を希望するすべての子どもに提供しようという**新・放課後子ども総合プラン**▷7の推進は、子どもの学習・体験の場であると同時に、親の育児負担や不安を軽減することにもなり、子どもを核とした新たなネットワークを築くことが期待されます。　　（大島まな）

▷5　**子ども・子育て応援プラン**
国が自治体や企業等とともに2005年度から5年間に講ずる具体的な施策内容と目標を掲げており、約130項目におよぶ総合的な計画。

▷6　**子ども・子育て関連3法**
「子ども・子育て支援法」、「認定こども園法の一部改正法（略称）」、「子ども・子育て支援法及び認定こども園法の一部改正法（略称）の施行に伴う関係法律の整備等に関する法律」の3法のこと。

▷7　**新・放課後子ども総合プラン**
2018年に策定された、全児童を対象とする総合的な放課後対策。2006年に少子化担当大臣の提案によってスタートした放課後子どもプランをさらに進めようとするもの。文部科学省と厚生労働省が所管する「放課後子供教室」と「放課後児童クラブ」を一体的あるいは連携して、原則としてすべての小学校区で実施する。

参考文献
日本家政学会4部会合同セミナー運営委員会　2003『少子化社会が提起する諸課題』日本家政学会4部会合同セミナー運営委員会。
社会政策学会　2005「少子化・家族・社会政策」『社会政策学会誌』第14号。
北九州市立男女共同参画センター"ムーブ"（編）2006『ジェンダー白書4──女性と少子化』明石書店。
内閣府　2014『平成26年版　少子化社会対策白書』。

Ⅳ　生涯学習の現代的課題

6　高度情報化に対応した生涯学習

1　情報化社会という概念

　今日，情報化が進んでいるといわれるようになって久しいですが，情報化が進んだ社会を（高度）情報化社会といいます。そもそも，情報化とは，一般に，情報技術が進展し，広く利用されるようになることです。情報化社会の定義はさまざまですが，「情報がモノと同等かそれ以上の価値をもつ社会」と説明されることが多いでしょう。

　情報化社会に関する議論は多く，林雄二郎『情報化社会』，ダニエル・ベル『脱工業社会の到来』，アルヴィン・トフラー『第三の波』などがあります。たとえば，トフラー（Toffler, A.）は，これまでに人類は二つの波を経験してきたといいます。第1の波は，1万年以上前の農業革命であり，農業社会が到来したことを指しています。次に，第2の波として，産業革命により，人類は工業社会へと到達します。そして，これから，情報革命による社会の変化の到来が第3の波として起こると述べています。事実，現代社会は，常に情報化が進んでいる社会であるといっても差し支えない状況にあると考えられます。

▶ 1　トフラー，A. 徳岡隆夫（監訳）1982『第三の波』中央公論社（Toffler, Alvin 1980 *The Third Wave.* Bantam Books）。

　したがって，今日，学習について考えるときにも，情報化は重要な問題となっています。たとえば，情報技術を活用した学習方法をいかに開発し，導入するかや，学習のために必要な情報をどのようにして得るかが具体的に議論されるテーマとして考えられます。情報技術を活用した学習方法については，学習方法の章（Ⅴ-6 参照）で検討していますので，ここでは，学習のために必要な情報を得ることに着目します。

2　二つの情報格差

　情報化が進展すれば，当然，情報のやりとりが重要になります。学習に関する情報のことを学習情報といいます。学習情報には，学習内容に関する情報と，学習案内に関する情報があります。生涯学習あるいは社会教育について議論されるときは，学習案内について議論されることが多いといえます。

　学習情報の活用を考えるときには，情報格差について考えなければなりません。情報格差は，デジタル・ディバイドと表現されることもありますが，デジタルに限らず，アナログの情報も捉える必要があります。情報格差とは，具体的にいえば，次の二つの問題を指しています。

◯ 地域間における環境の格差

情報格差の一側面として，環境によって得られる情報に差があることがあります。環境の格差については，情報通信に着目して解消が図られてきましたが，インターネットで得られない情報もあることを考えると，必ずしも問題が解決したわけではありません。とりわけ，学習情報を求めるのであれば，たとえば生涯学習センターや図書館のように，学習情報を提供する機関が質・量ともに整備される必要があります。

◯ 個人間における能力の格差

情報格差のもう一つの側面は，個人によって，情報を得る能力に差があることです。能力の格差については，情報を得られる人間とそうでない人間の格差が拡大しがちです。学習情報を適切に得て，活用できるかどうかで，学習の質が変わってきてしまうことを考えれば，能力の格差が学習において解消すべき問題であることは明らかです。

③ 情報リテラシーと学習

情報リテラシーは，情報の必要性を認識し，必要な情報を効率的に探索し，評価，活用する能力といわれています。いかにして，情報リテラシーを培うかという問題は，情報格差における能力の格差の側面と結びついています。

情報リテラシーを学習に即して考えますと，①学習（情報）の必要性を認識する，②学習情報を探索する，③学習情報を評価する，④学習情報を活用する，という四つの側面があるといえます。

学習情報の必要性を認識することは，すなわち，学習のニーズを自覚することであり，どのような学習（情報）が必要かを具体化していくことです。学習情報の探索では，どこから入手できるかを理解し，探索する方法を身につけておくことが重要です。学習情報の評価には，得た学習情報が正しいかどうかということだけではなく，自分のニーズと一致していたかどうかを判断することが含まれます。学習情報の活用は，学習情報が学習内容に関する情報の場合，学習そのものといえます。また，学習案内に関する情報の場合，学習の機会にアクセスすることを指していると捉えられます。さらに，情報の活用に当たっては，法律や倫理的な問題に配慮することが求められます。

情報リテラシーの涵養を図る教育は，情報リテラシー教育と呼ばれます。学校・家庭・社会で情報リテラシー教育をどのように展開していくかを検討することが求められるでしょう。また，社会教育では，具体的にいえば，公民館や図書館を中心として，いわゆる講座形式で情報リテラシーに関する活動が行われますが，その前提として，地域住民にとって，どのような内容が情報リテラシーとして必要かも検討すべきであると考えられます。

（仲村拓真）

▷ 2 ALA Presidential Committee on Information Literacy 1989 *Final Report*. ALA (American Library Association).

（参考文献）

ダニエル・ベル　内田忠夫 ほか（訳）上1975・下1975『脱工業社会の到来——社会予測の一つの試み』ダイヤモンド社。

林雄二郎　1969『情報化社会——ハードな社会からソフトな社会へ』講談社。

野末俊比古　2001「情報リテラシー」田村俊作（編）『情報探索と情報利用』（図書館・情報学シリーズ2）勁草書房。

Ⅳ　生涯学習の現代的課題

 消費生活に対応した生涯学習

消費者問題

　今日の生活から，消費という行為を切り離すことはできません。私たちは，普段意識していなくても，消費者という立場で生活をしているのです。消費者が購入する商品やサービス，取引などに関連して，不利益や被害（消費者被害）を受けることを総称して「消費者問題」といいます。消費者問題は，商品などを提供する企業（製造者・販売者）と消費者が，交渉力や知りうる情報量などの点において，対等ではないことに起因するといわれています。そこで消費者は，これまで，消費者被害を未然に防止するために自ら学習し，消費者団体を立ち上げるなどのさまざまな取り組みを行ってきました。

2　「消費者保護基本法」と「消費者基本法」

　国や行政は，企業を育ててわが国の経済成長を促す一方で，消費者を保護すべき弱者と位置づけてきました。1968年に制定された「消費者保護基本法」は，消費者の利益の擁護と増進について推進を図り，国民の消費生活の安定と向上を目的に制定されました。1960年代は，グローバル化の兆しがみられ社会構造の変化が始まり，工業技術の発達によって大量生産・大量消費・大量流通が可能になった時代ですが，わが国においては経済・社会の発展が優先され，公害問題が深刻化した時代でもありました。消費者保護基本法は，2004年に改正され「消費者基本法」となりました。この改正は国の消費者施策が，消費者保護から，消費者の権利の尊重と自立支援に方向転換したことの表れといわれています。消費者基本法では，消費者の権利として，①安全が確保されること，②自主的かつ合理的な選択の機会が確保されること，③必要な情報・教育の機会が提供されること，④消費者の意見が消費者政策に反映されること，⑤被害が生じたときは適切かつ迅速に救済されること，の五つが明記されました。同時に，消費者には，自主的に消費生活に関する知識を習得し，合理的に行動するよう努めることや，環境問題への配慮や知的財産の保全に努めることなどが求められています。消費者教育・学習の必要性が増しているといえるでしょう。

3　「消費者教育の推進に関する法律」

　2012年には，「消費者教育の推進に関する法律」が制定されました。これは，

深刻な消費者被害を防ぎ、公平で持続可能な消費社会を築くために必要な、自立した消費者の育成を目指す消費者教育を推進するための法律で、消費者教育の定義や基本理念、国や地方公共団体の責務などを定めたものです。

この法律では、「消費者市民社会」という用語を使って、一人ひとりの消費行動は、個人の欲求を満たす以上の意味をもつものであることが強調されています。そのために、これまで、ともするとバラバラに行われてきた消費者教育の実施主体が、連携していくことがより一層求められていることはいうまでもありません。生涯にわたるライフステージごとに、体系的な消費者教育の実践が目指されているのも、この法律の特徴です。

4 消費者庁の新設

消費者問題は複数の省庁が個別に対応することになっていました。農作物の規格・品質表示はJAS法により規定されているので農林水産省の管轄ですが、その加工や添加物に関しては、食品衛生法により厚生労働省の所轄となります。こうした縦割り行政の弊害は、トラブルへの対応が遅れて、消費者被害の拡大化、深刻化が防げないという結果を招きます。そこで、2009年に消費者行政の一元化のために、内閣府の外局として「消費者庁」が新設されました。ウェブサイト『消費者教育ポータルサイト』などをとおして、消費者教育に関する情報や教材の提供を積極的に行っています。

5 消費者教育の今後の課題

かつての消費者教育は、「賢い消費者」を育てることが目標とされてきました。今日でも、消費者として正しい商品選択が行えることは大切ですが、複雑になった現代社会の賢い消費者のあり方としては、それだけでは不十分だといえます。消費者自らが、主体的に消費生活をつくりあげていく必要があるのです。たとえば、売れ残りや期限切れ、食べ残しなどで、本来なら食べられるはずだった食品の廃棄（食品ロス）は、廃棄によって環境や資源にかかわる新たな問題を生み出していることを知る必要があります。また、地産地消やフェアトレードのように、消費行動を通じてお金の流れを変えることが、環境や経済に及ぼす影響について知ること・考えることや、将来世代の生活や国内外の社会情勢などにも配慮する視点をもって、よりよい選択ができる消費者の育成が望まれているのです。そのためには、あまり消費者として意識されることのない幼児期から消費者教育を開始し、生涯にわたり体系的、継続的に行っていく必要があります。まずは、すでにある消費者教育の全体を把握した上で、関連づけられそうな教育機会を検討し、それぞれの消費者教育の主体どうしが連携を図ることが重要です。

（本庄陽子）

▷1 消費者市民社会
「消費者行政推進基本計画」（2008年閣議決定）に登場したもので、明確な定義をもたぬ概念であったが、この法律で「消費者が、個々の消費者の特性及び消費生活の多様性を相互に尊重しつつ、自らの消費生活に関する行動が現在及び将来の世代にわたって内外の社会経済情勢及び地球環境に影響を及ぼし得るものであることを自覚して、公平かつ持続可能な社会の形成に積極的に参画する社会」と定義された。

▷2 農林水産省「平成21年度食品ロス統計調査」などによると、わが国の食品ロスは年間約500〜800万トンとされるが、これは年間の米生産量（平成24年850万トン）に匹敵する。

Ⅳ 生涯学習の現代的課題

8 男女共同参画社会に対応した生涯学習

▷1 「男女共同参画社会基本法」第2条の1。

▷2 男女格差を示す「ジェンダー・ギャップ指数」（世界経済フォーラムが公表）では、日本は世界153カ国中121位（2019）となっている。特に、政治、経済分野における格差が大きい。

▷3 1979年の国連総会において採択、日本は1985年にこれを批准（国家が承認すること）した。

▷4 1975年「第1回世界女性会議」（メキシコシティ）の影響のもとに、総理府に「婦人問題企画推進本部」が設置され、1977年に「国内行動計画」が策定された。また、1985年「第3回世界女性会議」（ナイロビ）の年に、「女子差別撤廃条約」批准、「男女雇用機会均等法」制定、家庭科教育の変革、「新国内行動計画」策定がなされた。1995年「第4回世界女性会議」（北京）の後、1996年に「男女共同参画2000年プラン」が策定されている。

▷5 **女性活躍推進法**
「女性の職業生活における活躍の推進に関する法律」。従業員301人以上の企業や国、地方自治体に、①女性就労者の活躍状況の把握・分析、②行動計画の策定・届出など、③情報の公表等を義務づけた。2025年度までの時限立法。

1 社会的理念としての「男女共同参画社会」

男女共同参画社会とは、「男女が、社会の対等な構成員として、自らの意思によって社会のあらゆる分野における活動に参画する機会が確保され、もって男女が均等に政治的、経済的、社会的及び文化的利益を享受することができ、かつ、共に責任を担うべき社会」であり、その実現は国の最重要課題の一つと位置づけられています。すなわち、現実には男女不平等社会であるということです。男女共同参画社会は、実態ではなく社会の理念目標なのです。

2 国際社会の動向と市民の学習活動

20世紀後半、女性政策に関する国連の取り組みは、世界各国に大きな進展をもたらしました。特に、1975年の国際女性年とそれに続く「国連女性の10年」以降の動きは、日本が女性問題を重要な政策課題として認識する契機となりました。国連の女子差別撤廃条約採択や世界女性会議に続いて、日本でも女性政策が進展しました。

このような国際社会の動向によって、女性問題は人権問題であり、地球レベルでの共通課題であることが認識され、日本においてもその解決のための行動が女性の学習活動グループを中心に広がっていったのです。NPOや市民グループの活動は、政策決定の過程に大きな影響を及ぼしてきました。

3 男女共同参画社会基本法の成立と社会の変化

1999年に男女共同参画社会基本法が成立しました。日本社会が本格的に「男女共同参画」理念を提案したのは、転機に立つ経済や社会問題のなかでその必要が生じたことが大きな理由でした。

◯経済社会の影響

1980年代にはバブル経済の勢いのなかで女性の就職機会は増え、「仕事も家庭も」がんばる女性が増えました。しかし90年代の不況期以降、企業は長時間労働を求めるなど労働者に厳しい状況が続きました。両立支援策も十分ではなく、多くの女性が「仕事か結婚か」を選択することになり、少子化や労働人口減少の一因となりました。状況を改善し、女性の社会進出を後押しするため、2015年に**女性活躍推進法**が制定されました。

○少子化と人口減少

合計特殊出生率[6]は，2005年には1.26まで低下しました。その後わずかに回復しているものの，依然として低い水準にとどまっています。低出生率と減少する生産年齢人口を目の当たりにして，政府はようやく仕事と育児などの家庭生活を両立させることができる社会を実現する方向に動き出したのです。人口減に歯止めをかけ，労働人口の減少を女性労働力で補うために，男女共同参画社会の実現を政策課題として掲げたのでした。

4 男女共同参画を支える生涯学習

社会の急激な変化のなかで，人々の生活も価値観も大きく変化しました。人生のいろいろな時期に，それぞれのニーズに応じた内容，方法・形態の学習が可能になることは，生き方の選択肢を広げます。生涯学習の理念と実践の広がりは，主体的に選択して行動する市民を多く生み出しました。男女共同参画にかかわる学習活動も，このような時代背景のなかで力を得てきたといえます。共同参画は生活のあらゆる領域にかかわるものであり，学習領域も多様です。

○「意識」を変革する学習

学習は変化をもたらしますが，伝統的な価値を再生産するものでもあります。法律をつくっても依然として女性のみに家事や育児・介護の負担が大きいのも，政策決定の場に女性が少ないのも，地域団体の役員に女性が少ないのも，固定的な性役割分業など，伝統や慣習にひそむ価値・意識があるからです[7]。家庭，地域社会や職場，ときには学校においてもこの価値を再生産してきました。したがって，変革のための意図的な学習が必要なのです。そのためには，頭で考えるだけでなく自ら行動し体験することが大切です。人間は現実の問題に直面しなければ自己の認識を変えないからです。子ども・若者にとっては学校教育の役割が大きいでしょう。女性にとっては，権利とともに責任をも担いながら自らに力をつけていくエンパワメント（empowerment）が重要になります。社会経済システムの基盤がゆるぎ，終身雇用制が崩れ，男性の過労死や自殺，離婚，介護離職などが問題となるなかで，社会も働き方を見直し始めました。共同参画は，男性にとっても豊かな生き方を模索するきっかけとなるものです。

○男女共同参画を支援するシステムづくり

阻害要因を取り除き，いろいろな場面に男性も女性も自らの意思で選択して参画できるような仕組みをつくっていかなければ，共同参画社会は実現しません。不利な状況に置かれてきた女性には**積極的改善措置**[8]も必要です。条例や**DV防止法**[9]などの法整備，NPOを含めた相談・支援や子育て・介護の支援体制づくりには，多分野の連携・協働が不可欠です。男女がともに仕事と生活（家事・育児・介護，地域活動，趣味など）の調和（ワーク・ライフ・バランス）を実現するための環境・条件整備が求められています。

（大島まな）

▷6 合計特殊出生率
⇒Ⅳ-5 参照。

▷7 ジェンダー・フリー（ジェンダーからの解放）という考え方がある。ジェンダーとは，生物学的な性に対して，文化的・社会的に形成された性のことをいう。

▷8 積極的改善措置
ポジティブ・アクション（positive action）ともいう。社会的な差別によって不利益をこうむっている集団に，一定の範囲で特別な機会を提供すること等により，実質的な機会均等を目指す暫定的な措置。

▷9 DV防止法
ドメスティック・バイオレンス防止法。「配偶者からの暴力の防止および被害者の保護に関する法律」の通称。

（参考文献）
大沢真理（編） 2000 『21世紀の女性政策と男女共同参画社会基本法』 ぎょうせい。
江原由美子 2000 『フェミニズムのパラドックス──定着による拡散』 勁草書房。
伊藤公雄・樹村みのり・國信潤子 2011 『女性学・男性学──ジェンダー論入門（改訂版）』 有斐閣。

Ⅳ　生涯学習の現代的課題

人権尊重を支える生涯学習

１　国際社会が追究する人権尊重の教育

　1990年の万人のための教育世界会議（タイ、ジョムティエン）で提唱された「万人のための教育」（EFA：Education for all）は、教育を基本的人権保障の一環に位置づけて、人々の基本的な学習ニーズをみたす基礎教育の実現を目指して初等教育の普遍化などを目標に掲げ、生涯学習と人間開発の推進を図ることを謳っています。このEFAのポリシーは、その後のさまざまな国際的教育政策において、理論的中核をなしています。

　第二次世界大戦以後の国際社会においては、教育を基本的人権の一つとして捉えてきた歴史があります。

　1948年に国連総会で採択された「世界人権宣言」では、その第26条において、すべての人は、教育を受ける権利を有すると宣言しました。さらに、1985年のユネスコ国際成人教育会議（パリ）では、学習権は、読み書きに加え、深く考え、創造する権利であり、人間発達や社会生活の向上を導くとともに、人間の生存にとって欠かすことのできない基本的人権の一つであるとしました。また、1994年の「平和・人権・民主主義のための教育宣言」（ユネスコ国際教育会議にて採択）では、教育は、人権の尊重に寄与するとしています。

　尊厳ある人間存在を目指す教育・学習は、今日の生涯学習における重要な柱の一つだといえるでしょう。しかし、注意しなければならないのは、「人間」と銘打つことで、すべての人々が同じ状態になることや、違いがなくなることを目指して学習することが提唱されているのではないということです。「平和・人権・民主主義のための教育宣言」においても述べられていますが、重要なのは、異なる人間同士が互いに尊重し合うことであり、生涯学習を通じて文化的アイデンティティの多様さと豊かさの価値を認識していくことでしょう。

　異なる文化や生活習慣に基づく考え方を尊重するということは、実際には容易なことではありません。1990年代に、冷戦後の世界の対立において、文化的相違ということが重要な鍵となっているとする「文明の衝突」論を提唱したハンチントン（Huntington, S. P.）は、国際社会において、異なる文化をもつ国同士が、相手を脅威と感じる度合いは、共通の文化をもつ国に対してよりもはるかに強いと述べました。ここで特に注目されている「文化」とは、「価値観」、「理想」、「規範」、「社会制度」、「何世代にもわたって重視されてきた思考

▷１　人権
「人権」とは、「人間が人間であるかぎりにおいて、だれにも譲り渡すことのできない権利」（堀尾輝久・河内徳子　1998）であり、1999年の人権擁護推進審議会の答申では、「人々が生存と自由を確保し、それぞれの幸福を追求する権利」と規定された。人権思想は18世紀近代社会の登場以降、展開してきた。人権概念は抽象的に把握される部分もあるが、現実的課題を踏まえて、より具体的に考えようとする試みもなされており、そのような流れのなかで「人権としての教育」の議論が展開されている。

様式」などの，私たち一人ひとりの認識や態度の基盤をなすものです。しかし，だからこそ，このような文化的違いを乗り越えて互いを尊重するに至るには，学習が不可欠であるともいえるのです。

❷ 近年の人権教育

1994年の国連総会では，1995年から2004年までを「人権教育のための国連10年」と定めました。この10年が終了した2004年には，国連人権委員会において「人権教育のための国連10年フォローアップ決議」が採択され，「人権教育のための世界計画」が提案されています。そこにおいて示された人権教育とは，すべての人々が「他者の尊厳への尊重と，すべての社会においてかかる尊重を確保するための手段及び方法を学ぶための長期かつ生涯的プロセスである」と定義され，「公平で持続可能な発展を促進し，紛争と人権侵害を予防し，参加と民主主義プロセスを強化することに貢献する」としています。

▷ 2 国連人権委員会 2004『人権教育のための国連10年フォローアップ決議』(外務省仮訳)。

このような国際動向を踏まえて，日本では，1995年に，内閣に人権教育のための国連10年推進本部を設置し，人権教育として，特に「女性」「子ども」「高齢者」「障害者」「同和問題」「アイヌの人々」「外国人」「HIV感染者・ハンセン病患者」「刑を終えて出所した人」等に関する課題を優先的に取り上げていく姿勢を示しました。

また，2002年には，「人権教育及び人権啓発の推進に関する法律」を制定し，学校，地域，家庭，職域等，さまざまな場を通した人権教育の推進について規定しました。

❸ 次世代に人権思想を継承するために

人権尊重の教育主張において，重要視されているのが「子ども（次世代）」です。子どもの人権尊重の教育には，二つの重要な課題があります。一つは，子どもの人権を守ることです。このために，「子どもの権利に関する宣言（子どもの権利宣言）」(1959年国連総会)，「児童の権利に関する条約（子どもの権利条約）」(1989年国連総会)などが採択され，守るべき子どもの権利に関して国際的な合意を形成する努力がなされています。さらに，もう一つは，人権尊重の思想を子どもたち次世代に継承していく生涯学習の実施だと思われます。

2007年以降，日本では，団塊世代の大量退職が問題視されていますが，その問題の一つは，団塊世代の人々が長い社会生活で培ってきた技術や専門的な知識などが，次世代に伝承されることなく現場から失われることだといわれています。特に深刻なのが，文字で書き残しておくことさえできない"暗黙知"の継承問題です。このことは，人類が長い年月をかけて培ってきた人権尊重という思想の真の意義を理解し次世代が継承していくための生涯学習の課題とも共通しているところがあるように思えます。

（西井麻美）

〈参考文献〉

人権教育のための国連10年推進本部 1997『「人権教育のための国連10年」に関する国内行動計画』。

松岡廣路 2003「人権問題と生涯学習」鈴木眞理・小川誠子（編著）『生涯学習をとりまく社会環境』学文社。

堀尾輝久・河内徳子（編）1998『平和・人権・環境 教育国際資料集』青木書店。

ハンチントン, S. 鈴木主税（訳）『文明の衝突と21世紀の日本』集英社新書。

日本社会教育学会（編）2004『現代的人権と社会教育の価値』東洋館出版社。

Ⅳ　生涯学習の現代的課題

環境問題に対応した生涯学習

大量消費から持続可能へ

　21世紀の今日，科学技術の進歩は，情報化の促進をはじめ，生産性の向上や流通の加速など，社会や生活のあり方を大きく変化させています。「大量生産大量消費」に代表される便利で物質的に豊かな生活を目指して，世界各国で開発が進む一方で，自然や社会の激しい環境の変化により，さまざまな問題や課題も生じてきています。地球温暖化や酸性雨などの自然環境問題の深刻化をはじめ，自然破壊とも密接な関係があるといわれるノロウイルスや新型ウイルスなどの感染症の蔓延，いきすぎた遺伝子操作による遺伝子汚染に起因するさまざまな社会問題など，複雑で，解決困難な問題が次々と生じているのです。

　このようななか，これまでの社会開発のあり方を根本から見直し，「将来の世代のニーズを満たす能力を損なうことなく，現在の世代のニーズを満たす」社会づくりを目指す「持続可能な開発」という考え方が提唱されました。さらに，2005年から2014年までを「持続可能な開発のための教育（ESD：Education for Sustainable Development）の10年（DESD）」とすることが，2002年の国連総会にて決定されました。これは，日本の発案で，46カ国が共同提案国となって提出したものであり，いわば日本は，リード国として，この政策に取り組む使命を負っているといえます。内閣府は，2006年に「わが国における『国連持続可能な開発のための教育の10年』実施計画」を策定しました。

　ESDの意味は，「持続可能な社会の実現を目指し，私たち一人ひとりが，世界の人々や将来世代，また環境との関係性の中で生きていることを認識し，よりよい社会づくりに参画するための力を育む教育」とされ，この実現には，天然資源の保全などの自然環境の課題だけでなく，社会環境の課題となっている「貧困削減」「公平（世代間，地域間，男女間）」「平和」「人権」「健康」「社会的寛容」などの達成も不可欠であるとされています。

　ESDを推進するためのリードエージェンシーには，ユネスコが指名され，国際実施計画が策定（2004年国連総会採択）されています。また，国連大学が，2005年から世界各地にESD推進の拠点RCE（Regional Centers of Expertise on ESD）を認定して，草の根的な活動推進の支援を国際的に行っています。初年度（2006年1月まで）には，8地域（岡山，仙台広域圏，トロント，統営，バルセロナ，ペナン，南太平洋，ライン・ミューズ）が認定されています。2014年には，

▶ 1　環境と開発に関する世界委員会（WCED）1987「われら共通の未来」。

▶ 2　国連持続可能な開発のための教育の10年関係省庁連絡会議　2006「はじまるＸはじめるESD」。

DESDを総括するESDに関するユネスコ世界会議が日本（名古屋，岡山）で開催され，生涯学習の推進を原則の中核として，2015年以降のESDを推進するグローバルアクションプログラムが採択されました。

2 環境教育の流れ

日本では，公害に関する学習が早くから学校教育に取り入れられましたが，さらに学校教育・社会教育の両領域で，環境保全や資源利用に関する学習や，体験活動などを通じて環境教育が進められてきました。1990年代には，『環境教育指導資料（中学校・高等学校編）』（1991年），『環境教育指導資料（事例編）』（1995年）が編纂されています。

国際社会では，1970年代に「人間環境宣言」（1972年国連人間環境会議にて採択），「ベオグラート憲章」（1975年国際環境教育会議にて採択），「トビリシ環境教育政府間会議における宣言」（1977年），1980年代には「ナイロビ宣言」（1982年ナイロビ会議にて採択）などが次々と出され，自然環境および社会環境の今日的課題を認識し，地球規模での倫理の実現を目指す環境教育の推進が提唱されました。

1990年代以降は，「環境と発展に関するリオ宣言」・「アジェンダ21──持続可能な発展のための行動計画」（1992年国連開発会議〔地球サミット〕にて採択），「テサロニキ宣言」（1997年「環境と社会に関する国際会議──持続可能性のための教育とパブリック・アウェアネス」にて採択）などが出され，2002年には，DESD提唱のきっかけとなった「持続可能な開発に関する世界首脳会議（ヨハネスブルグ・サミット）」が開催されるなど，「持続可能な社会づくり」をキーワードとして，教育や意識啓発を行っていく施策の検討がなされるようになってきています。

3 価値観の転換を迫るこれからの社会──「質」の時代に向けて

「テサロニキ宣言」は，「最終的には，持続可能性は，道徳的・倫理的規範であり，そこには尊重すべき文化的多様性や伝統的知識が内在している」と述べ，ユネスコは「DESDの基本的なビジョンは，誰にとっても教育から恩恵を受ける機会があり，持続可能な未来の構築と，現実的な社会転換のために必要な価値観や行動，ライフスタイルを学習する機会がある世界である」としています。また，2015年8月に国連で合意された「持続可能な開発目標（SDGs）」では，目標の一つに「すべての人に包括的かつ公平で質の高い教育を提供し，生涯学習の機会を促進する」（国連開発計画（UNDP）訳）が掲げられました。私たち一人ひとりに，多文化共生と生活の質（quality of life）を追求する価値観への転換が迫られていることを認識して，ホリスティック（全体的）に学習を進めることが，重要であるといってもよいでしょう。

（西井麻美）

▷3 阿部治・市川智史・佐藤真久・野村康・高橋正弘 1999 「『環境と社会に関する国際会議──持続可能性のための教育とパブリック・アウェアネス』におけるテサロニキ宣言」『環境教育』8(2)。

▷4 ユネスコ 2005 『国連持続可能な開発のための教育10年 国際実施計画』（外務省仮訳）。

参考文献

田中廣滋・田中嘉成・藪田雅弘 2006 『21世紀の環境と経済』（セブン&アイ・ホールディングス鈴木敏文代表寄付講座シリーズ） 中央大学出版部。

井上尚之 2002 『科学技術の発達と環境問題』東京書籍。

越智貢ほか（編） 2004 『岩波応用倫理学講座2 環境』 岩波書店。

Ⅳ 生涯学習の現代的課題

 文化・芸術活動と生涯学習

① 生涯学習社会における文化・芸術活動

「本当の豊かさとは何か」。この問いは，経済水準の向上，平均寿命の伸長，余暇時間の増大，価値観の多様化など，高度経済成長以降，人々のライフスタイルが変化するとともに，常に問われ続けてきた問いです。そのなかで，経済中心の社会から文化中心の社会への移行が提起され，文化・芸術活動へのニーズが高まってきました。「ものの豊かさからこころの豊かさへ」といわれるように，人々は所得を増大させるよりも家庭生活や休暇の過ごし方など，個々の生活の質（quality of life）をより問題にするようになったのです。

一人ひとりが自由時間を創造的に活用し，学び続ける生涯学習社会においては，学習を支える基盤として文化を捉える，あるいは，学習の成果として芸術活動を捉えるなど，「文化・芸術」と「学習」とは深い結びつきのあるものと考えられています。

② 文化・芸術活動を支える取り組み

こうした新しいニーズの出現と状況の変化に対応した，文化・芸術活動を支える取り組みにはどのようなものがあるのでしょう。

○法の整備

文化・芸術活動の振興を国の施策として推進する基本理念を定めたものに，2001（平成13）年に施行された文化芸術振興基本法があります。この法律では，戦前の文化統制に対する反省から，文化は人間にとって根源的な欲求であること，市民一人ひとりの自主性が重んじられるべきことなどが強調されています。

○さまざまなセクターによる支援

文化・芸術活動に対する公的支援としては，文部科学省の外局である文化庁をはじめ，各地方自治体，教育委員会，諸施設などにより，表3にあるようにさまざまな施策が実施されています。

これらのほかにも，カルチャーセンターなど民間施設による多彩な文化・芸術プログラムの提供，文化・芸術にかかわるNPO（アートNPO）や各種文化・芸術団体による支援や啓発，企業による**メセナ支援**[1]，アーティストや市民などによる制作・表現活動など，さまざまなセクターによる活動や相互のネットワークによって，文化・芸術活動は支えられています。

▷1 メセナ支援
「メセナ」とは，主に企業を中心とした民間による文化・芸術の振興活動のことを指す。背景には，企業も市民社会の一員として社会貢献を果たすべきであるという考えがある。

表3　公的機関における文化・芸術活動の支援の具体例

目　的	具体的な施策
文化・芸術活動の環境整備	文化ホール・美術館等の施設の設立・運営
文化・芸術活動の奨励・援助	公演の事業援助，芸術家への奨励金
参加と享受の機会拡充	芸術祭，プログラム，ワークショップの実施
文化財の保存と活用	アーカイブの整理・公開，文化財の保存・修復
国際交流	海外アーティストの招聘，国際展への参加

❸ 文化・芸術活動と生涯学習をめぐる近年の動向

以上にあげた取り組みのなかでも，近年では，生涯学習に関連して以下にあげるようなトピックに特に関心が集まっています。

○ 文化・芸術活動を通じたまちづくり

社会教育の領域ではこれまで，地域住民の生活文化の向上・地域活性化を目指すような学習活動が推進されてきました。これらは生涯学習政策に引き継がれ，地方分権化がすすむ近年では，個性的で豊かな地域づくりや，地域の活性化を通じた生涯学習の推進を図る目的から，地域の伝統文化の掘り起こし，音楽祭や芸術祭，ふるさと学習，一村一文化運動など，さまざまな文化・芸術活動を通じた「**生涯学習まちづくり**」が活発に行われるようになっています。

○ 文化・芸術活動の自由を保障する仕組み

生涯学習の基盤となる，自由な文化・芸術活動が損なわれないような支援の仕組みとして，政府から自立して活動に対する評価・提言を行う第三者機関の役割が注目されています。近年では文化ホールや**アート・センター**などの施設整備が整いつつありますが，「ハコモノ行政」と批判されるようなハードづくりへの傾斜を防ぎ，市民が自律的・主体的に活動できるよう提言する専門家集団組織である芸術評議会（Arts Council）の設置や，提言型のNPOが果たす役割の重要性が増してきています。

○ 学校教育との連携

学校週5日制や総合学習の導入以降，「学社連携」など，学校教育と社会教育が協力して子どもの教育に取り組める教育体制の整備が求められるなか，美術館における鑑賞教育やワークショップを通じた体験的な創作・表現プログラムなどへの需要が高まっています。児童を対象とした参加・体験型の学習方法として，また，地域と学校の資源をうまく結びつけ活用する方法として，文化・芸術活動は効果的な学習ツールなのでしょう。

以上いくつかの動向をあげましたが，これらに限らず，多様な学習を支える仕組み・環境として，生涯学習と文化・芸術活動がどのように結びつきうるのかを今後も幅広く検討していくことが重要でしょう。

（青山貴子）

▷2　生涯学習まちづくり
⇒ IV-3 側注参照。

▷3　アート・センター
（Arts Center）
美術・工作・陶芸・映像・演劇などができる，複合的な文化施設のこと。

▷4　Arts Council
Arts CouncilはJ. M. ケインズの提唱によりイギリスで設立された公的文化助成組織。政府から独立したcouncilの専門家集団が公的予算の配分を定めることで，芸術の自由を損なわずに国家による芸術支援が可能となる。

参考文献
岡本包治（編）1992『まちづくりと文化・芸術の振興──創造・継承・発展』（現代生涯学習全集第7巻）ぎょうせい。
中川幾郎　2001『分権時代の自治体文化政策──ハコモノづくりから総合政策評価に向けて』勁草書房。

Ⅳ　生涯学習の現代的課題

生涯学習と国際交流

国際機関から発せられた生涯学習の政策論・理念論

　現代的生涯学習論の嚆矢といわれるものに，①ポール・ラングランに代表される個人志向の生涯学習論，②エットーレ・ジェルピに代表される変革志向・集団志向の生涯学習論，③OECD・CERIに代表される労働志向の生涯学習論（リカレント教育論）の三つがあります。

　これらは，現在に至る生涯学習政策の潮流に影響をあたえてきたものですが，いずれも国際機関から発せられたものです。それを端緒とするなら，「生涯学習」とは元来，世界的に流通していく考え方であり，国際交流やグローバルと交差あるいは推進する概念といえます。

　ラングランは，1965年ユネスコ第3回成人教育推進国際委員会で生涯教育の意義について述べ[※1]，人生の初期の学校教育段階で，その後の人生を生きていくために必要な知識や技術をすべて詰め込んでしまうという発想は，もはや社会の要請にも自己実現のニーズにも応えうるものでなくなっているということを，問題提起しています。これは多くの国・地域に共通する問題です。したがって，生涯学習のためのよりよいシステムづくりや実践をつくっていくためには，地域間，国家間の交流はあって然るべき姿なのでしょう。

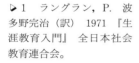

▷1　ラングラン, P. 波多野完治（訳）1971　『生涯教育入門』全日本社会教育連合会。

② 日本の生涯学習政策にみる国際交流の推進

○国際交流の推進の考え方

　日本においては，1974（昭和49）年中央教育審議会答申「教育・学術・文化における国際交流について」で，表4にあげた四つの目標に照らして各領域で「長期的視野に立って」「平常的に」「創造的な」国際交流が促されるべきであることが提示されています。

　同時に社会教育の領域では，青少年および勤労者を含む一般成人に対する国際性の啓培を推進するために，国際理解を深め，国際協調の精神をかん養する教育活動を促進する具体的な施策を計画することが求められています。ここでは，それまでの国際理解が観念的な理解にとどまる傾向があったことや実践的な交流の機会提供や支援の必要性が指摘されています。加えて，国際人材の育成に向けて，小・中・高等学校の教員および学校教育・社会教育・文化活動の指導者を，海外派遣事業に積極的に参加させる体制づくりが求められています。

表4 「教育・学術・文化における国際交流について」の四つの目標（1974年）

(1) 国際社会の一員としての日本の責務を自覚し、国際社会において信頼と尊敬を受けるに足る日本人を育成すること。
(2) 日本についての外国人の理解と、我が国民の諸外国に対する理解を深めること。
(3) 相互の接触から得られる理解と刺激によって、教育・学術・文化におけるそれぞれの発展・向上を図ること。
(4) 国際的な協力事業への積極的な参加を通じて、人類共通の課題の解決に寄与すること。

◯地域における国際交流の実践

広島市では、首都以外では初めての開催となった1994（平成6）年の広島アジア競技大会を契機に、その当時市内に63あった公民館を拠点とした「一館一国運動」を展開することで、草の根レベルの、地域の人と地域の人が主体的に文化交流をし、つながっていく仕組みがつくられました。1996（平成8）年には財団法人広島市ひと・まちネットワークが設立され、「市民」ベースの学びとまちづくりが循環していく仕組みと、それを推進する財団での専門職の雇用が整っていきます。

◯地域を超えて国を超えて広がる考え方

この事業がさらに興味深いのは、広島にとどまらず、全国さらには国際的な事業へと展開をしていくきっかけをつくったことです。1998（平成10）年に開催された長野オリンピックでは、「一校一国運動」として、長野市内の75の小中学校と75カ国が展開され、オリンピックから20年を経た調査においても調査対象者の半数がそのことをよく覚えていると答えています。

3 理解から協創のための国際交流へ

一つの市で起きた取り組みが、他市へ世界へと広がっていったという事実は、グローバル化がますます進むなかで、今後日本で「国際」をキーワードに政策展開や実践支援をしていく際に重要な要素をもっていると考えます。いま日本では、「地方創生」の旗印のもとで、その取り組みに着手をしています。じつは地域課題のなかには、社会課題とつながるもの、あるいは複数の地域間で共通の課題となっているものが少なくないのです。たとえば、少子高齢化を背景とした学校の統廃合と廃校舎の活用や人口減少に伴う過疎によるつながりの希薄化などは、日本各地でみられる現象です。それは日本に特有の現象かといえば、他国においても同様に抱えてきたことでもあるのです。しかも、他国のある地域では、その課題を逆手にとって魅力として見せていっているようなケースもみられます。

課題先進国である日本の地域における今後の国際交流は、相互の文化や歴史を理解した上で、互いに持続可能な地域であるための知恵の交換ができる関係づくりが必要となってきているのではないでしょうか。

（山川肖美）

▷2 松原明二「広島市ひと・まちネットワーク」『生涯学習研究e事典』(http://ejiten.javea.or.jp/) より引用。

▷3 インパクトを与えたこの国際交流事業については、「"The One School One Country"として、その後のシドニー、ソルトレーク、トリノ、北京といった、夏季・冬季の隔てないオリンピック大会でも継承されてきている」ことも付記されている。

▷4 海外の事例として、アメリカオレゴン州ポートランド市のMcMenamins Kennedy Schoolは1975年に閉校したのち、今では、ホテル・レストラン・温泉・映画館などがある複合施設として国内外から多くの人を惹きつける施設となっている。

参考文献

石坂友司・松林秀樹（編著）2013『〈オリンピックの遺産〉の社会学 長野オリンピックとその後の十年』青弓社。

Ⅳ　生涯学習の現代的課題

　安全・安心社会づくりの生涯学習

　安全・安心社会をめざしての教育の対応

　市民社会が成熟してくると，健康，生きがい，安全な社会づくりが意識されるようになります。2005（平成17）年度の『国土交通白書』は，国民の安全・安心を脅かす要因を分析し，地震，津波，火山噴火，水害，土砂崩れ等の自然災害に対して，どのように対応するべきかを取り上げています。自然災害や事件がもたらす社会システムの破綻は，この国土に住んでいる人たちの宿命のようなものです。この不安に対して，私たちは，生涯学習でともに学び，備えていかなければなりません。

　自然災害に対して，災害対策基本法（1961年）が国および地方公共団体の対処法を定めており，住民の訓練や啓発等の生涯学習的な部分も含まれています。2011年3月11日に起きた東日本大震災の発生は，教育の世界にも大きな影響を与えました。文部科学省は，同年7月に「東日本大震災を受けた防災教育・防災管理等に関する有識者会議」を設置し，その報告書のなかで，自然災害等の危険に際して，自らの命を守るため「主体的に行動する態度の育成」と「安全で安心な社会づくりに貢献する意識を高める教育」の必要性を強調しました。2013年に成立した「消防団を中核とした地域防災力の充実強化に関する法律」では，第21条に，防災に関する学習の振興が取り上げられ，学校教育および社会教育における学習の振興に必要な措置を講ずることとされました。

　安全・安心社会の構築に向けての生涯学習

　安全・安心社会を形成するためには，災害に対して「防災」，「減災」，「卒災」で取り組むことが必要です。「防災」は「小さな災害に対して被害をゼロにする」，「減災」は大きな災害に対して「被害をゼロに近づけるようにする」という意味で使われます。「卒災」は，「災害の経験や教訓をその後に活かすこと」として，災害と共存できるようになることをいいます。

　「防災」「減災」「卒災」と表現は少しずつ変わりますが，共通していることは，自分の生命は自分で守るという自助，地域社会での共助と協働の必要性であり，個々人と地域住民の災害への自覚が高まることが，地域の防災力を総合的に高め，そして「持続可能な」「災害に強い社会」をつくっていくことです。

　こうした社会づくりに有効なのが生涯学習です。その基本になるのは，防災

▶1　文部科学省　2013『社会教育における防災教育・減災教育に関する調査研究報告書』国立教育政策研究所　p.1.

▶2　菅原進一　2012「卒災教育の重要性」『UEJジャーナル』4, p.1.

教育でいわれる次の6点です。第1に防災の心や意識を育む，第2に危険を読む力をつける，第3に地域のことをよく知る，第4に防災の知恵や技能を磨く，第5に人のつながりをつくる，第6に減災につながる生活化を学ぶ，です。

▷ 3　前掲『社会教育における防災教育・減災教育に関する調査研究報告書』p.10.

③ 生涯学習としての災害教育

これらの学習課題は，地域の防災や安全にかかわる仕事をしている人やリーダーになる人に行う専門研修と，一般住民に対しての学級・講座での学びがあります。前者の例として静岡県吉田町の地域防災指導者養成講座カリキュラムから，どのような講義が行われているかを紹介しておきます。この講座は，自主防災組織，消防団，企業の防災管理者，行政職員，防災ボランティア，社会人，学生を対象にした講座で，週末の土・日を2回利用して計4日間，各日4科目の講義が行われています。

第1日目　「防災士の役割」「火災と損害保険」「災害発生のメカニズムと地震災害」「都市防災と耐震補強」

第2日目　「身近な対策と地域防災活動」「避難と避難所運営」「交通インフラと企業防災」「被害想定と再建・復興」

第3日目　「風水害と土砂災害対策」「噴火災害と防災対策」「災害情報と流言・風評」「訓練研修と予警報」

第4日目　「地震と津波のしくみと対策」「災害医療と緊急救助」「ライフラインと災害ボランティア」「防災行政」

これらの講義の題目をみると，およそ，災害に対してどのような学習が基本的に必要なのかを理解することできるでしょう。

次に，住民に対しての災害にかかわる生涯学習では，身近な地域の施設である公民館等で，自分たちの地域研究の一環として，災害や事件に関するケーススタディを行い，なぜ起きたのか，その結果がどのような影響を地域社会にもたらしたかを学習することが必要になります。自分たちの住んでいる地域の自然的・社会的環境を学んだ上で，伝承学習でその原因と結果を検討するなど，過去から学ぶことが必要です。

もうひとつ，教育の普及した今日，ものを根本から考える力を向上させることも必要です。地域での防災・減災の学習を掘り下げて深めて行くには，災害に対する対処療法だけでなく，災害という現象の発生のメカニズム，復旧支援，次にその災害が地域社会にもたらす金融，産業等の社会システムへの衝撃までを含めて，総合的科学的に学習することが卒災学習に繋がることになります。たとえば，「河川」について，その恵みと氾濫との相剋で悩んできて，古来から治水こそ大事な政治となってきました。このように，最新の学問成果に基づいて，自分たちの郷土の自然的・社会的環境を学習する機会が多様に開かれることが必要です。

（唐川伸幸）

▷ 4　事例，静岡県「吉田町地域防災指導者養成講座カリキュラム」，https://www.town.yoshida.shizuoka.jp/news/file/0784_1_%E5%8B%9F%E9%9B%86%E3%83%81%E3%83%A9%E3%82%B7.pdf（2016年3月8日参照）

参考文献
唐川伸幸　2012　「実践的危機管理教育と大学教育の連携」『UEJジャーナル』6, 1-6.
国土交通省　2006　『国土交通白書』ぎょうせい。
降旗信一　2015　「「災害時代」の公民館の可能性——「生きる連合体」と「跳ね返す力」」『月刊公民館』698, 10-15.
村木勝也　2015　「防災教育と公民館——あらゆる機会を通じて地域防災を」同上誌，4-9.

Ⅳ　生涯学習の現代的課題

生涯学習の成果の活用

① 生涯学習とその成果の活用

　学習成果の活用は、それ自体が学習の目的ですし、同時に学習者の学習意欲を向上させる手段でもあります。また、学習成果の活用が、新たな学習活動であるといった場合も少なくありません。生涯学習とその成果の活用は多元的に結びついているといえます。

　1992（平成4）年の生涯学習審議会答申「今後の社会の動向に対応した生涯学習の振興方策について」において、「人々が、生涯のいつでも、自由に学習機会を選択して学ぶことができ、その成果が社会において適切に評価されるような生涯学習社会」が今後の目指すべき社会像として提示されました[1]。社会の急激な変化や、それに伴う学習要求の多様化、また、学歴偏重社会の是正といった観点から、学校以外の多様な機会での学習の成果が適切に評価される必要性が認識されるようになったのです。あらゆる学習の成果が適切に評価される社会とは、あらゆる場面や方法で学習成果の活用が可能な社会でもあります。

② 成果活用の必要性

　学習成果の活用を促進するための基盤整備は、生涯学習推進施策において、主要な課題の一つとして位置づけられてきました。1999（平成11）年の生涯学習審議会答申「学習の成果を幅広く生かす――生涯学習の成果を生かすための方策について」では、生涯学習の成果を活用した社会参加が、個人の喜びであると同時に、社会の発展にとっても必要であるという認識のもと、学歴偏重社会イメージの是正や、生涯学習成果の活用の促進、学習成果を社会で通用させるシステムの必要性が謳われています。その上で、具体的な学習成果の活用の対象として、①キャリア開発、②ボランティア活動、③地域社会の発展、を取り上げています。

　ここでいう、キャリアとは、職歴ばかりでなく社会的な活動歴も含むものとされます。具体的には、産業構造の変化や雇用の流動化に対応することが迫られている勤労者に加え、高齢社会の到来を背景に高齢者にも学習成果を生かしたキャリア開発に取り組んでいく必要があると指摘されています[2]。また、ボランティア活動や地域社会の発展とのかかわりでは、これらが学習成果の活用の主要な場であると同時に、ボランティア活動や地域社会の発展のためには、学

▷1　2006（平成18）年に全面改正された教育基本法では、その第3条において、「生涯学習の理念」が謳われている。
⇒ Ⅰ-1 側注参照。

▷2　雇用保険法に基づく教育訓練給付制度などは、キャリア開発支援の具体的な方策といえる（⇒ Ⅵ-4 参照）。また、女性のキャリア開発という観点からも、国立女性教育会館をはじめとする地域の女性教育施設などで、女性のキャリア形成支援のための研修や情報提供が実施されている（⇒ Ⅹ-8 参照）。

習成果の活用とそれを通じた住民の社会参加が不可欠であるとしています。学習者の個人的要請のみならず，社会的要請という観点からも学習成果の活用を促進する必要が理解されてきたといえます。

③ 成果活用の促進のあり方

学習成果の活用を促進するには，まず成果を活用できる場や機会が存在することが前提として必要となります。具体的には，社会教育施設や福祉施設などでのボランティア活動や，教育委員会などが運営する人材バンクに地域住民の有志が登録され，地域の生涯学習の指導者として活動するといった例があります。[3]

また，学習成果の評価はその成果を活用するための重要な手段として位置づけられます。特に，生涯学習推進施策のなかでは，他者による評価の必要が注目されてきました。具体的には，各種講座の修了者に対して，修了証や認定証を交付するといったことに留まらず，**生涯学習パスポート**[4]といった，さまざまな学習機会に対応可能な総合性や通用性の高い評価・認証システムの構築が目指されてきました。

実際の成果活用のあり方を考える上で，その活用や評価方法の設定には，それぞれの学習の特性に応じた配慮が求められます。その留意点をいくつかあげてみましょう。

まず，学習の成果が誰，もしくは何のために活用されるかといった問題があります。学習には，その成果が，学習者自身に蓄積されていくタイプと，それとは対照的に，学習者をとりまく環境に還元されていくタイプとがあります。前者のような学習は，その成果が自己充実，自己実現のために活用されていると理解できます。先にあげたキャリア開発はこれにあたるでしょう。後者のような学習は，地域社会や企業の発展のためにその成果が役立てられるといった例があてはまります。

次に，学習の成果がいつ現れるかといった問題があります。学業や職業上で必要とされる知識や技能に関しては，短期間の学習によって成果が得られる場合も少なくありません。その一方で，いわゆる**現代的課題**[5]にかかわるような学習では，長期的な視野にたってその成果を見極めていく姿勢が重要といえます。

学習成果の評価との関連では，その形態・方法によっては，評価に馴染まない学習があるという問題もあります。指導者や，共に学習する仲間がいない個人学習は，基本的にその成果の他者評価が困難であり，評価の段階での工夫が求められます。

それぞれの学習の特性を考慮した上で，学習の過程でその成果の適切な活用のあり方が意識的に検討される必要があるといえます。

(大木真徳)

▷3 1988年に発足した茨城県日立市の「ひたち生き生き百年塾」では，公募により登録された市民が「市民教授」として，絵画や音楽，外国語といった趣味や教養の内容を中心とした講座を担当し，指導者として活動している。

▷4 生涯学習パスポート
1999（平成11）年の生涯学習審議会答申で提言された，生涯学習の評価・認証システム。欧米でのポートフォリオを参考にした，個人の生涯学習成果の記録票として，客観的な学習記録に加え，成果に対する自己評価も盛り込むことが意図された。自己評価を基本とする記載のため，第三者機関による認証システムの必要性も同時に指摘された。

▷5 現代的課題
1992（平成4）年の生涯学習審議会答申において，現代的課題とは「社会の急激な変化に対応し，人間性豊かな生活を営むために，人々が学習する必要のある課題」とされた。具体的には，生命，健康，人権，消費者問題，地域の連帯，高齢化社会，国際理解，環境などがあげられている。

(参考文献)
瀬沼克彰 2003 『地域を活かす生涯学習——行政主導から住民主導へ』ミネルヴァ書房。

V　生涯学習の多様な学習方法

学習方法の類型

① 多様な学習方法

一口に学習といっても，さまざまな方法があります。生涯学習では，学習する人も，場所も，目的も多様ですから，一人ひとりの学習者が，状況に応じて適切な学習方法を自ら選んでいくことが大切です。そのためには，一つひとつの学習方法がどんな特徴をもち，どのような内容や条件に適しているのかをきちんと把握しておく必要があります。

② 学習者の形態に注目した分類——集合学習と個人学習

学習方法は，さまざまな観点から分類することが可能ですが，学習者の形態（人数）に注目すると，複数の人が集まって行う学習（集合学習）と個人が一人で行う学習（個人学習）とに区別することができます。この分類は，1971年の社会教育審議会答申で紹介されてから，代表的な学習方法の分類としてしばしば用いられるようになりました。

同答申は，集合学習をさらに「学習のねらいや主題に応じて，希望者がそのつど自由に参加する集会的性格のもの」（集会学習）と，「参加者の集合が組織的であって，それ自体が教育的意義をもつ集団的性格のもの」（集団学習）とに区別しました（表5）。ここでは，参加者の間に相互作用がない形態が集会学習であり，参加者の間に相互作用があり，相互作用による学習が期待される形態が集団学習と考えることができます。実際には，集会学習と集団学習の中間的な形態もありますし，二つの形態が組み合わされることも少なくありませんが，学習形態ごとの特徴を整理する上では，有効な分類といえるでしょう。

歴史的にみると，第二次世界大戦後の学習活動は集合学習中心から個人学習中心へと変化してきたということができます。集合学習，なかでも集団学習は，新しい時代の民主的な学習方法として，戦後の社会教育のなかで中心的な位置を占めてきました。個人学習は，いわゆる「独学」などの形で古くから行われてきたものですが，生涯学習の方法として，その支援のあり方などが考えられるようになったのは，先の答申が出された1970年代以降のことです。個人学習が重視されるようになった背景としては，①高校や大学への進学率が高まり人々の基礎的な学力が向上したこと，②急激な社会の変化に伴い，人々の学習要求が多様化したこと，③情報や通信技術の進歩などにより，個人学習が可能

▷1　社会教育審議会答申 1971「急激な社会構造の変化に対処する社会教育のあり方について」。

▷2　学級・講座は，集会学習と集団学習が組み合わされることも多いが，一般的に集団学習に分類される。

表5　学習者の形態ごとの主な学習場面

個人学習	読書　通信教育　放送利用学習　図書館・博物館などでの学習
集合学習	（集会学習）講演会　音楽会　映画会 （集団学習）学級・講座　グループ・サークルでの学習

表6　活動形態ごとの主な学習方法と学習メディア

活動形態	具体的な活動	学習メディア
聞く	講義・講演　ラジオ・CDの聞き取り	音　声
見る	見学や観察　テレビや映画の鑑賞	映像・実物
読む	読書　新聞・雑誌等による知識の獲得	活　字
話し合う	討論や討議　カウンセリング	人
表現する	作文　演奏・劇の発表　美術・工芸等の創作	体　験
実践する	実験・実習　ボランティア活動　参加型学習	体　験

な環境が整ってきたこと，などをあげることができるでしょう。

③ 学習方法を類型化する視点

学習者の形態以外の側面に注目して，学習方法を整理することもできます。学習方法を整理する主な視点としては，以下のようなものがあります。

○指導者

生涯学習では，独学や図書館・博物館などでの学習のように指導者がいない学習形態もあります。また，集団学習では，各メンバーが指導者と学習者の双方の役割りを担っていたり，その時々で入れ替わることも多いです。指導者がいる場合にも，指導者と学習者の関係は多様です。生涯学習や社会教育の分野では，学校の教師のような「タテ」の関係の指導者よりも，自発的な学習を側面から支援する「ヨコ」の関係の指導者が望ましいとされてきました。

○活動形態

学習は，さまざまな活動の形態をとります（表6）。「聞く」「見る」「読む」といった活動はたいへんポピュラーな形態といえますが，一方的な知識の伝達によって学習が受動的になりやすい点に注意が必要です。このような考えから，生涯学習や社会教育の分野では，学習者の自発性や自律性を重視した「話し合う」「表現する」「実践する」といった形態が伝統的に重視されてきました。

○学習メディア

学習活動の形態に対応して，**学習メディア**による分類を考えることもできます（表6）。近年の情報技術の進歩によって学習メディアのあり方は大きく変化しました。新しい学習メディアが注目される一方で，**バーチャルリアリティ**などの新たな課題も生じています。また，いわゆる「参加・体験型」の学習など，コンピュータでは代替できない体験そのものを通じた学習の大切さも改めて認識されるようになっています。

（青山鉄兵）

▷3　学習メディア
知識・技能などの学習内容と人とを媒介するもの，およびそのための道具・装置など。

▷4　バーチャルリアリティ
コンピュータによってつくり出された仮想的な空間のなかにいるような錯覚を覚えること。仮想現実体験ともいう。

参考文献
平沢薫・日高幸男（編）1967『社会教育の技術』全日本社会教育連合会。
斎藤伊都夫・辻功（編）1975『社会教育方法論』第一法規。
赤尾勝己・山本慶裕（編）1996『学びのスタイル──生涯学習入門』玉川大学出版部。

Ⅴ　生涯学習の多様な学習方法

 学級・講座による学習

▶1　学級・講座は大学の授業形態が成人教育に応用されたものである。講座はケンブリッジ大学での大学拡張講座，学級はオックスフォード大学でのチュートリアル・クラス（tutorial class）の応用であるといわれている。

 学級・講座とは

　生涯学習の学習形態に，学級・講座方式による学習というのがあります。これは，集団学習の一つで，教室で学ぶということを基本にしています。

　学級（class, seminar）は，公民館や生涯学習センター等での婦人学級，青年学級，社会教育学級等にみられ，趣味，料理，語学等，小集団で親和性に富んで技術・技能の向上と触れ合いを重視する学習に活用されています。講座（a course of lectures）は，大学公開講座や高等学校開放講座等だけでなく，公民館や生涯学習センター，カルチャーセンター等のプログラムででも広く活用されています。それぞれの特徴を述べると次のようになります。

　◯学級について

　学級は，受講生が共通に追求するテーマを設定し，受講生と講師（チューター）が共に追究していく学習形態です。主役になるのは受講生で，受講生の発表を基に，全員で議論をし，論点を深めていきます。このため，受講生の人数は議論のできる範囲ということで少人数，少なくとも24人以下に設定されることになります。学級での議論の過程で，受講生は，自分の考えと他人の意見を比べて考え，自分の狭い考えから広い世界へと連れ出され，テーマについて理解を深めることができます。講師（チューター）の役割は，方向性を示すこと，基礎的知識を提供すること，調べ方・論証の仕方を指導することにあります。お稽古事の内容で学級が開かれる場合は，講師による講義，実演，個別指導というような組み合わせで進められることが多いようです。

　◯講座について

　講座は，幾つもの講義が集まって構成されています。一つのテーマを設定し，その主題に迫るためにさまざまな講義を体系的・組織的に編成して，講座の終了時には主題について知的理解が深まるように編成されています。講座は講師が主役で授業が進みます。社会人を対象とした講座では，原理的内容を生活場面と結びつけて講義すること，自立した学習者の育成を目指して，関連した読書による自己学習を奨励することなどを特色としています。一人の講師が最初から最後の講義まで担当するのが原則ですが，多面的なアプローチが必要なときには，複数の講師が担当する輪講の形式も用いられます。

2 学級・講座の編成

　学級・講座は，ともに一つの主題をめぐって複数の授業を継続して学習が行われます。学級・講座を編成するにあたっては，次のような手続きが求められます。

　第1は，主題設定です。どのような内容を扱うかということで，このためには，**顕在化された学習ニーズと潜在的な学習ニーズ**について，広く調査をすることが必要です。人々の学びたいというニーズの分析から，学習内容がある程度固まると，学級にすべきか，講座にすべきかを決め，さらに学級・講座の開設目的も明確にします。

　第2は，講師の選定です。講師はその分野の専門家であることが求められます。編成者は，選定された講師に対し講座開設の趣旨を話し，学級・講座で扱われる毎回の講義内容，教授法，推薦図書を書いたシラバスの提出を求めます。標準的な回数は週1回，平均10～12回で一区切りとなります。

　第3は，評価の問題です。学級・講座の評価は，受講生の集まりぐあい，出席状況によって判断されることが多いのですが，毎回の講義終了前に受講生がリアクションペーパーを提出したり，学習の定着度を調べるレポート提出，最後に満足度調査等も行い，次のカリキュラム編成に生かすということを行います。

3 学級・講座の発展のために

　学級・講座での学習は，生涯学習の成熟によりますます普及していくと思われますが，私たちが学級や講座の形で生涯学習を進めようとするとき，今後留意しておくべき点を三つ紹介しておきます。

　第1は，これからの生涯学習は生活を楽しむための学習だけでなく，自己実現を目指しての真摯な学習が発展していくものと思われます。このためには，社会人が大人の自学の方法（読む，調べる，発表する，議論する，書く）を学び直す必要があります。

　第2は，専門性をもった社会人を講師に養成し登用することが広がるでしょう。学級・講座では講師が重要な役割を果たしますので，従来の講師陣に加えて，専門性をもった社会人を講師に養成していけば，もっと多様なニーズに応えた生涯学習が展開できることになります。

　第3は，学級・講座を編成する専門家の養成が必要です。そうした人材は，文系，理系，芸術系の分野に造詣をもち，地域社会の教育資源にも精通した教養人であるべきで，社会的なニーズや人々の潜在的な学習ニーズに応えて，自在に学級・講座のプログラムを作成したり，評価したりする能力が求められるので，組織的専門的な養成が広がると思われます。

　　　　　　　　　　　　　　　　　　　　　　　　　　　　（香川正弘）

▷2　顕在化された学習ニーズ・潜在的な学習ニーズ
顕在化された学習ニーズとは，アンケート等で具体的に出てくる受講科目で，現実的な問題や一般に世のなかで広がっているものから表出されるものである。これに対し潜在的な学習ニーズは，顕在化された科目要望の背後にある学習ニーズである。

▷3　リアクションペーパー
大学等で講義の最後に，学生がその講義について自分の意見や感想や疑問を短時間で書いて提出するペーパー。これによって，教員は自分の授業の理解度を知ることができるし，学生は授業を振り返ることができる。生涯学習の学級・講座でもこの種のものが導入されている場合がある。

参考文献
香川正弘・三浦嘉久（編著）2002　『生涯学習の展開』　ミネルヴァ書房。
香川正弘　1995　『サラリーマンシニアを対象とした生涯学習の実験講座』財団法人シニアプラン開発機構。
鈴木眞理・永井健夫（編）2004　『生涯学習社会の学習論』　学文社。
宮坂広作　2002　『生涯学習の創造』　明石書店。

V　生涯学習の多様な学習方法

討議方式による学習

　伝統的な学習方法としての討議

　あるテーマについて話し合い，意見を交換することは，とても身近な学習の方法といえるのではないでしょうか。討議を通じた学習は，それが学習の方法として意識されない場合も含め，古くからさまざまな場所で行われてきました。

　たとえば，17，18世紀のイギリスで栄えたコーヒー・ハウスは，単にコーヒーを飲むための場所ではなく，多様な市民が集まり，コーヒーを片手に政治・経済・文学などを語り合い，情報交換をするための場所でもありました。コーヒー・ハウスは，当時のイギリスの市民にとって，討議を通じた学習の場としての意味をもっていたのです。また日本においても，1950年代に青年団を中心に展開された共同学習運動で，討議を通じた学習は中心的な位置を占めていました。地域や生活に関する問題の解決を目指した共同学習運動において，討議による学習は問題解決のための実践に直結するものと考えられていました。

　このように，討議は生活にとても身近な学習の方法といえますが，さまざまな会議の場面などでは，学習の方法として意識されないことも少なくありません。それぞれの討議が，より高い学習効果をもたらすものとなるよう，一人ひとりの学習者が討議を通じた学習の特徴や手法を知り，自覚的に用いていくことが重要です。

▷1　コーヒー・ハウスについては，小林章夫　2000『コーヒー・ハウス』講談社学術文庫に詳しい。

2　討議による学習の特質

　討議は集団学習の典型的な方法であり，参加者間の相互作用によって，知識や情報の獲得ではないさまざまな学習効果が期待されることが大きな特徴です。

　討議ならではの学習効果としては，①参加者の間の仲間意識を養うことができる，②学習意欲が継続しやすい，③一つの問題について多角的かつ合理的に考えることができる，④問題解決に向けて意見を交換し協力するなかで民主的な態度を養うことができる，⑤学習が態度や行動の変化に結びつきやすい，といった点をあげることができるでしょう。独学や講義と討議の違いをイメージすると，以上のような学習効果があることは想像がつくのではないでしょうか。

　しかし，討議法もそれだけで万能な学習方法ではありません。討議法には，①体系的な知識を効率的に学習するのには適さない，②参加者の知識や経験によって討議の内容が制限される，③技術の習得など，討議がなじまない学習課

題がある，④学習効果が参加者の人数に左右されてしまう（人数が多すぎても少なすぎても学習効果が期待できない），⑤雰囲気や人間関係がよくないと学習効果が下がる，などの限界もあります。討議をする際には，それがけっして万能な方法ではないということも，理解しておくことが重要でしょう。

3　討議の進め方

討議の限界を踏まえた上で，できる限り学習効果を高めるため，以下のような工夫がなされることがあります。

◯参加者
一般に討議法に最も適する人数は15〜20人程度であるといわれています。もちろん目的によってはこれ以外の人数で討議が行われることもありますが，人数が多すぎる場合は複数のグループに分けるなどの工夫がなされます。また，参加者の背景（能力，属性，生活環境など）が，ある程度共通していたほうが学習効果が高まるとされています。

◯進　行
人数がある程度多い場合，討議を効率よく進めるため，司会者を決めることが多いようです。そのほかにも目的に応じて助言者，記録者，観察者（オブザーバー）などの役割を置くこともあります。

◯雰囲気づくり
雰囲気が固いままでは，自由な討議はできません。そのため，最初に自由な雰囲気をつくるための活動（アイスブレイク）などを行うこともあります。また，椅子の配置や机の有無などによっても討議の雰囲気は変わるものです。討議を行う際には，討議の場のつくり方にも配慮する必要があります。

◯他の学習方法との組み合わせ
討議だけでは学習できない部分を補うため，講義や実習などの他の学習方法と組み合わせて討議を行うことが効果的です。学級・講座などでは，しばしば他の学習方法と討議が組み合わされたカリキュラムが組まれます。

4　大人数で行う討議法

特に大人数で討議を行う場合の主な方法として表7のようなものがあります。たくさんの人が集まる場合，参加者がそのまま意見を出し合っても，議論をまとめることは難しいでしょう。これらの方法は，大人数での討議を効率的に行うための工夫だといえます。

（青山鉄兵）

参考文献
土井利樹・吉川弘・小山忠弘・福留強・後田逸馬・蛭田道春　1998　『集合学習の展開』（生涯学習テキスト3）　実務教育出版。

表7　大人数で行う討議法の種類

レクチャー・フォーラム	一人の専門家の講演の後，全体で討議を行う方法
シンポジウム	複数の専門家の講演の後，全体で討議を行う方法
パネル・ディスカッション	数人が代表で討議した後，全体で討議を行う方法
バズ・セッション	小グループごとに討議を行い，結果を報告した後，全体で討議を行う方法
ブレーン・ストーミング	とにかく自由に意見を出し合うなかで，新しいアイディアを見つけていく方法

V　生涯学習の多様な学習方法

参加・体験型による学習

1　参加・体験型の学習が求められる背景

「参加」や「体験」を通じた学習は，近年になって注目されるようになった新しい学習方法です。

もちろん，これまで「参加」や「体験」を重視した学習方法がなかったかといえば，そうではありません。現在，「参加・体験型」と呼ばれている学習のスタイルの多くは，「参加」や「体験」といった言葉は使われなかったとはいえ，生涯学習や社会教育の分野で古くから行われていたものです。近年になって「参加」や「体験」といったキーワードが注目されるようになるにつれて，そうした学習方法の意義が改めて強調されているということなのです。

生涯学習の分野で「参加」や「体験」といったキーワードが注目されるようになった背景には，伝統的な学校教育のあり方への強い批判がありました。ここで批判された伝統的な学校教育の特徴は，①教師から生徒への一方的な働きかけ，②知識の伝達を最優先にした学習内容，の2点にまとめることができます。つまり，「参加・体験型」の学習とは，学習者を受動的な存在として捉え，いわゆる「詰め込み」型の教育を前提としてきた伝統的な学校教育に代わる新しい学習のスタイルとして注目されているのです。一方的な働きかけを反省し，学習者の自発性や自律性を重視することが学習の「参加」的要素であり，知識の詰め込みを反省し，学習者自身の体験を通じた気づきや感覚を重視することが学習の「体験」的要素であるということができます（表8参照）。「参加」・「体験」の要素をもった学習のスタイルは非常に多様ですが，生涯学習の分野で特に「参加」・「体験」と関連するトピックとしては，①学習方法としてのワークショップと，②青少年の体験活動の二つをあげることができるでしょう。

2　参加型学習の方法としてのワークショップ

ワークショップは，演劇や美術，まちづくり，環境教育などの分野で実践されてきた「参加型学習」の代表的な方法であり，「参加型学習＝ワークショッ

▷1　ワークショップ
中野民夫は，ワークショップを「先生や講師から一方的に話を聞くのでなく，参加者が主体的に論議に参加したり，言葉だけでなくからだやこころを使って体験したり，相互に刺激しあい学びあう，グループによる学びと創造の方法」と説明している（中野民夫　2001『ワークショップ』岩波新書　p. ii）。

表8　伝統的な学校教育と参加・体験型学習の関係

〈伝統的な学校教育での学習〉		〈参加・体験型の学習〉
一方的な教授	→	双方向的な学習　（「参加」的要素）
知識伝達の優先	→	体験を通じた学習（「体験」的要素）

プ」とされることもあります。ただし，具体的な活動内容や進行方法などが決められているわけではなく，「参加」（しばしば「体験」も）を重視した学習方法の総称として「ワークショップ」という言葉が使われています。

　ワークショップでしばしば行われるものに，「アイスブレイク」と「ふりかえり」があります。「アイスブレイク」とは，主にプログラムの最初で，参加者の緊張をほぐし，自由な雰囲気をつくるための活動のことであり，「ふりかえり」は，主にプログラムの最後に，参加者同士が感じたことを話し合い，各自の経験したことを自分なりに意味づけるための活動のことを指します。どちらも，参加者がワークショップに主体的に参加できるようにするための仕掛けであるといえます。近年では，「アイスブレイク」や「ふりかえり」を効果的に行うための手法も数多く開発されています。

　ワークショップの進行役はファシリテーターと呼ばれます。英語で facilitate とは「促進する」という意味ですから，ファシリテーターは学習を「促進する人」という意味です。学習者を教え，導く従来型の指導者ではなく，主体的な学習を側面から援助する役割であることが示されているのです。

3 青少年の体験活動への注目

　近年，子どもの「体験不足」が指摘されるようになりました。子どもの育つ環境が変化するなかで，今の子どもたちは，自然のなかでの活動のような昔の子どもが身近にしていた体験をすることが難しくなっています。そのような体験不足が，子どもの自立心や社会性の成長の邪魔をしているのではないかと心配されているのです。特に近年では，テレビやパソコン・スマートフォンなどを通した間接的な体験の増加により，五感を使った直接的な体験が不足しているといわれています。

　そうしたなかで，子どもたちに体験活動を提供する必要性が指摘されています。このことは，以前の子どもであれば自然にしていた体験も，社会が意図的に用意してあげなければ体験できなくなってきたということでもあります。このような体験としては，自然体験，生活体験，集団体験，職業体験などがあげられることが多く，青少年教育施設や青少年団体には，このような体験を子どもたちに提供していく役割が期待されています。

　とはいえ，何かの活動をすれば，それだけで子どもが成長するというわけではありません。同じ活動をする場合にも，その活動の仕方によって子どもへの影響も変わるはずです。ですから，単に体験活動を推進するだけでなく，活動をより効果的に行う方法を開発し，そのための専門的な支援ができる指導者を養成することも重要な課題です。これは，青少年の体験活動に限らず，ワークショップも含めたいわゆる「参加・体験型」の学習に共通する課題だということができるでしょう。

（青山鉄兵）

参考文献
廣瀬隆人・澤田実・林義樹・小野三津子　2000『生涯学習支援のための参加型学習のすすめ方──「参加」から「参画」へ』ぎょうせい。

Ⅴ　生涯学習の多様な学習方法

5　実技・実習型による学習

① 実技・実習型による学習の意義と特徴

学習者が，実物に触れたり実地に身を置きながら学ぶ方法として，実技・実習型による学習があります。この学習方法は，「実」の字に示されるように，講義や討議といった机上での理論学習とは違い，学習者がある学習課題について「実際に」何らかの経験をすることによって，理解を深め，知識・技術を習得する方法です。「習うより慣れよ」という諺にもあるように，直接経験したものは知識・技能の確実な定着を促します。また，「まずやってみる」ことが学習の動機づけにつながることもあります。

「なすことによって学ぶ」（Learning by Doing）といわれるように，学習過程における経験の重要性は，学校という場所や時間にとらわれず，多様な経験を通じた学習機会を提唱する生涯学習の理念において強調されています。経験による学習は，日常生活で生じる具体的な学習課題を，実践を通じて解決することに価値が置かれています。実技・実習型による学習は，知識だけでなく行動を，原理よりも現実の課題解決を求める経験重視型の学習方法のなかでも，「実物」「実地」「実際」など，特に「実」に着目した学習方法といえるでしょう。

② 実技・実習型による学習の具体的な場面

実技・実習型による学習とは，具体的にどのような学習を指すのでしょうか。歴史的には，たとえば20世紀の初頭にアメリカのマサチューセッツ州の農業学校で実施された「プロジェクトメソッド」は，実技・実習型による学習の先駆とされています。そこでは生徒が学校で学んだ農業知識・技術を家の農場で実地に活用するという，生活と結びついた学習方法がとられました。実際的な活動を通じて課題を解決するこうした学習方法は，日本でも**4 Hクラブ**など農村の青少年クラブとして移入され，農村における諸問題を自発的に解決していく社会教育活動として成果をあげました。

現在でも，社会教育・生涯学習の現場では，実技・実習型による学習はじつに多彩に展開されています。

たとえば博物館などでは，実物を用いた実演実習や機材を用いた理科実験学習が盛んに行われていますし，「ハンズ・オン」と呼ばれる，展示品を実際に触ったり感じたりしながら理解を深める体験的・双方向的な学習方法が活発に

▷1　4 Hクラブ
19世紀末のアメリカで，農業教育の需要の高まりとともに展開されはじめたクラブ活動。4つのH，すなわちHands（手）Head（頭）Heart（心）Health（健康）を用いて農業に関する課題を達成することが目指された。

行われています。施設外に目を向ければ，たとえば「実地」を重視した学習方法として，社会科見学や現地でのフィールドワーク，巡検（excursion）などをあげることができます。

技術の訓練・習得に関しては，自動車教習所の運転実習はわかりやすい例でしょう。また，料理・手工芸・絵画・彫刻・陶芸・クラフトなどの多種多様な実習プログラムが，公民館から民間のカルチャーセンターまで官民問わずさまざまな施設で提供されています。あるいは消費者センターなどでの，生活に関する実習教室の開催や商品実験テストなど，暮らしの悩みや相談に即した事業を思い浮かべることもできるでしょう。そのほか，個人教室における茶道・花道・舞踊，スポーツ施設における体育実習やレクリエーションなど，具体例をあげれば枚挙に暇もないほどです。

以上のように，実技・実習型による学習は，日常生活に必要であったり身近であったりする知識や技術が，直接的な経験から効果的に習得できるという特質があることから，取り立ててその方法が意識されずとも，親しみやすい学習形態として日々の暮らしに多彩なかたちで位置づいているといえるでしょう。

3 実技・実習型による学習の課題

実技・実習型による学習の問題点としては，学習者が技術の習得に終始してしまい，学習の目標を軽視しがちであることがあげられます。また，この学習方法は学習内容が生活次元に限定される傾向がある，経験の目的が曖昧になる，学習内容の系統性に欠けるとの批判もあります。せっかく経験を通じて身につけたことも，それのみで終われば単なる趣味や手習いのようなものになってしまいます。「理論→実技→検証」，「目標・課題→実習→振り返り」など，一連の学習過程のなかに実技や実習を適切に位置づけ，経験による学習と理論による学習を，偏ることなく統合していくことが重要でしょう。

また，学習関心が広がりにくいことなども批判される点の一つですが，たとえば，食品における農薬の問題，流通の仕組みと物価の問題など，身近な生活課題を，経験による学習を通じてより広い関心へと拡大していくことが期待されます。近年盛んな環境学習などは，身近な問題意識からより広域な環境問題への意識へつながり，生活への向き合い方を変えていくという意味で，実技・実習型による学習は有効な学習方法であるといえるでしょう。

とはいえ，それぞれの学習場面に応じて，実技や実習という方法が有効であるかどうかを再検討することも大切です。学習者は自分がこれらの経験を通じて何を達成したいのかを意識し，課題の設定や学習計画に積極的に参加していくことが求められます。学習者が自分の学習計画や学習方法に常に客観的に向き合い，主体的に選択していくことが重要であるといえましょう。

（青山貴子）

V 生涯学習の多様な学習方法

 メディア活用型による学習

1 メディアとは何か

　メディアを活用した学習を考える前に，そもそも，メディアとは何かを理解しておく必要があるでしょう。メディアとは，簡単にいえば「情報を伝達する手段」です。たとえば，図書は文字や画像を，CDは音声を，テレビは動画を情報として伝えるメディアということができます。

　メディアを活用した学習の特徴は，メディアそのものの特性に関係しています。各メディアの特性は，どのような内容をどのような方法で伝達するか，によって判断できるといえます。

　内容については，文字，画像，音声，動画が考えられます。たとえば，語学学習のためのテキストには，CDが付属していることがあります。語学学習では音声情報が重要ですが，図書では音声を伝えられないために，音声を伝えるメディアであるCDが付属しているのです。

　方法については，空間的な制約（どこからでも発信・受信ができるか），時間的な制約（いつでも発信・受信ができるか），方向の制約（一方向か，双方向か）を考える必要があります。たとえば，固定電話は，電話が備え付けられた場所でしか発信・受信ができないのに対し，携帯電話は，電波が届くかぎり，どこからでも発信・受信ができるので，固定電話より携帯電話の方が空間的な制約が小さいといえます。

　メディアを活用した学習では，インターネットが着目されます。これは，インターネットにアクセスできる端末があれば，どこからでも，好きなときに情報の受信・発信ができ，双方向のやりとりも難しくないからです。また，内容の観点からみても，文字，画像，音声，動画のいずれも伝えることができるため，優れているといえます。

2 メディアの種類と学習

　学習には，多種多様なメディアが活用されます。メディアの分類の仕方はさまざまですが，ここでは，印刷メディア，非印刷メディア，ネットワークメディアに分けて，それぞれがどのように学習に活用されるかを考えます。

○印刷メディア

　図書，雑誌，写真，地図，楽譜などが該当します。印刷によるため，伝えら

▷1　不特定多数に情報を伝達するメディアをマス・メディアといい，特定の個人に情報を伝達するメディアをパーソナル・メディアという。一般に，メディアというとき，マス・メディアが想定されることが多い。

れる内容は，基本的に文字か画像のみです。印刷メディアの登場によって，多くの人が異なる場所，異なる時間に，同じ内容の学習をすることが可能になりました。また，近年，電子技術の発達によって，印刷メディアは，内容はそのままに（あるいは新たな内容が付加されて），非印刷メディアに変換されるようになってきたことは，学習のあり方にも影響していると考えられます。

◯非印刷メディア

CD，DVDなどが該当します。情報技術を活用した学習方法をeラーニングといいますが，CDやDVDなどによって，ネットワークを介さないeラーニングは，スタンドアロン型と呼ばれます。非印刷メディアは，音声や動画も伝えられますが，利用するために機器が必要なものがあり，機器の活用方法を習得しなければならない場合があります。なお，彫刻，絵画，剥製等の博物館資料も非印刷メディアといえますが，これらは，他のメディアでは代替しがたく，学習において重要なメディアといえます。

◯ネットワークメディア

ネットワークを通じてやり取りができるメディアをネットワークメディアといいます。ネットワークを介したeラーニングを，オンライン型と呼びます。印刷／非印刷メディアに対して，内容が蓄積されないまま更新されるため，流動的であるといわれます。いわゆるパソコンに限らず，スマートフォンやタブレットの普及によって，利用が拡大しているといってよいでしょう。

❸ メディアの活用による学習の可能性

技術の進展によるさまざまなメディアの登場に伴い，メディアを活用した学習も変化を遂げてきています。たとえば，電子書籍の登場によって，学校教育の現場では，電子教科書の活用が検討されています。また，ネットワークメディアを活用することにより，学習も空間的・時間的な制約を受けにくくなりました。たとえば，MOOCや放送大学による通信教育は，同じ時間・同じ場所に集まらなければいけないという大学の授業の前提を覆すものです。

ただし，メディアを学習に活用するには，その前提として，**メディア・リテラシー**の涵養が求められます。たとえば，新聞を学習に活用するならば，新聞というメディアについて理解し，適切に活用できるようにしておかなければならないでしょう。

また，メディアを活用した学習を考えるには，クロンバック（Cronbach, L. J.）が提唱した**適正処遇交互作用**（ATI）に留意すべきです。ある事例で学習に効果的であったとみなされるメディアが，常にほかの人にとっても効果的かはわかりません。メディアを活用した学習を検討するには，メディアそのものを理解した上で，活用する個人についても理解する必要があるといえるでしょう。

(仲村拓真)

▷2 MOOC
大規模公開オンライン講座。⇒ V-7 参照。

▷3 メディア・リテラシー
メディアを適切に活用する能力をメディア・リテラシーという。特に，マス・メディアを批判的に読み取る能力を指すことがある。情報リテラシーと同様であるとみなされることもあるが，よりメディアそのものに着目した概念であるといえる。

▷4 適正処遇交互作用
Aptitude‐Treatment Interaction：個人の能力や適性と学習方法には相互作用があるため，個人によって，効果的な学習方法は異なるというもの。

参考文献
菅谷明子 2000 『メディア・リテラシー──世界の現場から』 岩波書店。
海野敏 2013 「メディアと知識資源」 根本彰（編）『図書館情報学基礎』（シリーズ図書館情報学1）東京大学出版会 pp. 43-93。
マクルーハン, M. 栗原裕（監訳）1987 『メディア論──人間の拡張の諸相』 みすず書房。

Ⅴ 生涯学習の多様な学習方法

7 遠隔教育による学習

1 遠隔教育とは

遠隔教育とは、学習者と支援者が「遠隔＝離れている状況」にあって、郵便やインターネットを介して行われる教育です。通信方法が郵便に限られた時代には「通信教育」といわれましたが、通信手段・ICTの進展とともに「遠隔教育」という用語が広く使われるようになりました。学校通信教育から成人の趣味教養、子どもの自宅学習までさまざまな遠隔教育が実施されています。遠隔教育が読書などの独学やメディア情報検索と異なる点は、教育の機会を提供する側の実施主体が目的や計画をもつ教育の仕組みであることです。そのため、組織的な学習支援が行われ、卒業・修了といった認証が行われることもあります。

遠隔教育は教室のような同一空間で学ぶ**対面教育**とは違い、時間割・学年・学習年限などにとらわれることが少なくなります。生徒が学習環境と時間の多くを選択できる、学習者中心の教育といえます。遠隔教育はその柔軟な形態から、通学をしない「オルタナティブ（代替的）な学校教育」としての側面や、仕事をもつ人でも学びやすい「自律的な生涯学習支援」の側面があります。

遠隔教育は、印刷技術や近代郵便制度の発展に伴って19世紀中頃から各国で発達します。たとえば広大な国土をもつアメリカやオーストラリアでは、遠距離の通学事情から必要とされました。

2 学校通信教育

○ 高等学校通信教育

通信制高校では、レポート作成、添削、試験、面接指導（スクーリング）により卒業単位数を修得して全日制高校と同じ卒業資格が得られ、大多数の学校が単位制をとっています。第二次世界大戦後に、勤労青少年の教育機会拡充として公立高校通信教育が始まります。私立高校でも全日制高校に通信課程を併置するようになり、その後、「通信制独立校」や全国規模で学生を募集する「広域通信制高校」が数を増やしていきました。

現在は、通信制高校での学習を支援する民間教育機関「サポート校」へのニーズもあります。また2002年の構造改革特別区域法制定以降は、公立、学校法人立に加えて株式会社立の通信制高校も開校されるようになりました。

▷1　ICT
Information and Communication Technology：情報通信技術。

▷2　対面教育
実際に教師や学友と顔を合わせて学ぶ教育。遠隔教育と対面教育を組み合わせた形態の教育をブレンディッド教育という。

▷3　日本の通信教育の先駆けは、江戸期の国学者本居宣長が、遠方に住む門人との書簡の交換によって添削や質疑応答を行った指導であるといわれる。

▷4　平成26年度学校基本調査によると、通信制高校の独立校は98校、併置校は133校あり、約18万4000人の生徒が学んでいる。

○大学通信教育

　大学通信教育は，1886（明治19）年に東京専門学校が大学教育開放の目的で校外生への制度を設けたことに始まります。大学講義を編集した「講義録」を配布して質問も受け付けましたが，実際には学生の自習にとどまりました。

　戦後1947（昭和22）年制定の学校教育法により，通信制大学は正規の大学となります。私立大学が通学制に大学通信教育課程を併設し，その後通信制のみの大学も開校されました。1998（平成10）年には通信制大学院も認可され，現在は大学院修士課程・博士課程が設置されています。

　イギリスでは1969年に国立通信制大学「オープン・ユニバーシティ」が設立されています。日本の放送大学は「特別な学校法人」である放送大学学園が運営する通信制大学で，1985（昭和60）年に開校しました。

3 社会通信教育

　社会通信教育とは学校教育法に基づく通信教育を除いた通信教育を指し，学校のカリキュラムにかかわらずに学べる特徴があります。社会教育法第50条に示された通信教育の規定「通信の方法により一定の教育計画の下に，教材，補助教材等を受講者に送付し，これに基づき，設問解答，添削指導，質疑応答等を行う教育」は，学校通信教育にも当てはまる学習プロセスです。

　成人に向けた社会通信教育では，資格取得や語学などのキャリア形成，歴史文学や園芸などの趣味教養，絵画などの実技指導を伴う講座も行われ，生涯学習支援のツールになっています。近年は「学習成果を社会に活かす」という生涯学習の理念に基づき，学習指導員やコーディネーター養成のための講座が設けられ地域貢献も目指されています。また，子どもに向けても，学習塾の添削指導やオンライン指導などが幼年期から行われています。

4 eラーニングとオープンエデュケーション

　eラーニングを用いた遠隔教育の特徴は，第1に，印刷テキストの学習教材に加えて，音声・映像を含むマルチメディア教材を使用できるようになったこと，第2には，テレビ会議やオンライン学習フォーラムのように，インターネットを介した双方向のやりとりが同時に可能になったことです。そのため，近年の遠隔教育は対面教育ときわめて近い感覚で学ぶことができます。

　さらに，ICTを使って高等教育を一般に公開するオープンエデュケーションが国際的に加速しています。2010年頃から，大学の講義をオンライン配信するMOOCが始まりました。学習者はインターネット上で教員との質疑応答や学習フォーラムにも参加でき，試験に合格すると認定証が与えられます。通学課程の大学において学生があらかじめオンライン講義を視聴し，授業内ではこれについて議論をする「反転授業」も行われています。

（内山淳子）

▷5　平成29年度学校基本調査によると，通信教育による大学には約16万2000人，通信制大学院には約4000人，通信制短期大学には約2万500人（いずれも正規の課程のみ）が学んでいる。

▷6　eラーニング
electronic learning：インターネットやデジタル教材を用いた学習。

▷7　MOOC
Massive Open Online Course：大規模公開オンライン講座。学習者は受講登録をし，課題や宿題も課されるパッケージ化されたオンライン教育で，アメリカの大学で開始された。主に「コーセラ」などの民間機関を通じて全世界に配信され，日本国内での組織化も進められている。

（参考文献）
　白石克己　1990　『生涯学習と通信教育』　玉川大学出版部。
　佐藤卓己・井上義和（編著）　2008　『ラーニング・アロン——通信教育のメディア学』　新曜社。
　重田勝介　2014　『オープンエデュケーション——知の開放は大学教育に何をもたらすか』　東京電機大学出版局。

V　生涯学習の多様な学習方法

独学型スタイルの生涯学習

1　独学とは何か

　独学とは，特定の教育機関や指導者に頼らず，個人の努力によって進める学習のスタイルと理解できるでしょう。こうした独学によって大成した人物は，学問，商業，芸術などのさまざまな分野で少なくありません。

　独学の社会的な意義が一般に認められるようになったのは明治時代からといえます。明治維新を経て，社会的な上昇移動が身分を問わず広く可能となった社会では，中等・高等教育を享受できない人々が，立身出世の思想に支えられ，盛んに独学に取り組むようになります。そこでは，すでに，「**講義録**」という独学のためのテキストが登場しています。また，同じく明治時代に盛んになった，日常生活での善行や規律ある行動による人格の向上を目的とした「修養」の実践も，読書などの独学と結びついていました。

　現代社会においては，独学はさらに多様な方法で展開されています。たとえば，図書やテレビ，ラジオといったメディアを用いた学習や，図書館や博物館といった施設を利用した学習があげられます。また，パソコンの普及によるインターネット利用者の増加は，「**ｅラーニング**」といった新たな学習形態を可能にしました。

　独学を行う場合，学習者は，このように多様に存在する学習方法のなかから，学習の目的や，時間・費用といった学習を進める上での制約などを考慮し，適当な方法を主体的に選択していく必要があります。つまり，独学とは，学習方法に対応した多様な学習機会を学習者自身が統合し，独自の学習スタイルを確立していく過程とも考えられます。「**自己主導的学習**」といった学習のあり方がしばしば指摘されるように，概して学習者の主体性が重視される生涯学習にあっては，独学は理想的な学習のあり方の一つといえるでしょう。

2　独学の現代的意義

　独学に似た言葉に「**個人学習**」があります。これは，複数の人々が集まって学習を進める「集合学習」との対比で用いられ，個人，つまり一人で進める形態である点が強調されます。通信教育のようなメディアを介した指導に依拠する学習も個人学習に含まれる点などを考えると，個人学習は独学よりもやや広い概念であり，個人学習の範疇に独学が含まれるといった理解が妥当といえる

▷1　たとえば，植物学者の牧野富太郎（1862-1957）がいる。牧野の自伝には，小学校中退ながらも，純粋な知的探究心に支えられ，独学で研鑽を積んでいった自身の姿が記されている。牧野富太郎　2004　『牧野富太郎自叙伝』　講談社学術文庫。

▷2　講義録
現在の中央大学や早稲田大学の前身となる専門学校などによって，校外生を対象とした通信教育を目的に，1880年代から発行されるようになった講義テキスト。後に中学教育を対象とした「中学講義録」なども多く発行される。在学生のためだけでなく，広く学外での利用にも供したのが特徴的で，正規の学校に通うことのできない人々の独学媒体として活用された。

▷3　ｅラーニング
⇒V-7 参照。

でしょう。

　個人学習の必要性が大きく指摘されるようになったのは，1971（昭和46）年の社会教育審議会答申「急激な社会構造の変化に対処する社会教育のあり方について」からだといわれています。そこでは，人々の学習要求の多様化や個性の伸張を図るといった観点から，個人学習の必要性が今後ますます増大するとし，教育放送，社会通信教育，社会教育施設の充実による個人学習の促進が目指されています。現代の多様化した学習要求には，従来主流をなしてきた講座や学級といった集合学習のみでは対応しきれないという認識のもと，個人学習の必要性が喚起されてきたのです。

　自分の学びたいことを，時間や場所に縛られずに自由に学べる個人学習および独学といった学習のスタイルは，さらなるライフスタイルの多様化が予想される現代社会において，重要な生涯学習の方法として，その意義がより一層高まっていくといえます。

３　独学支援のあり方

　その一方で，それぞれの学習要求を十分に満たすような独学は，誰にでも容易にできることではありません。事実，独学においては，学習の過程で試行錯誤しなければならないことが多く，時間的，労力的な損失が大きいことが問題として指摘されることがあります。また，客観的な判断や評価を欠くために，結果として得られる方法や内容が，独りよがりになってしまうという傾向も独学の問題として指摘されます。独学を支援するということについても考えてみる必要があるのかもしれません。

　個人学習に関しては，生涯学習推進施策のなかで，「学習情報提供」や「学習相談」といったサービスでの支援が想定されてきました。こうした支援方法は，独学においても，同様に想定することが可能です。また，資格制度のような，独学の成果が適切に評価されるシステムが用意されていることも，独学を支援する上で重要になってきます。

　さらに，研究者などの独自の「勉強法」や「読書法」，いわば「独学の方法」を紹介した図書が，これまでに数多く出版されています。独学を進める上で，そのような図書も参考になるのかもしれません。しかし，そのような独創的と評価される学習方法も，実際の学習における試行錯誤という本人の経験を踏まえた上で考案されたということを改めて確認しておく必要があります。学習における効率を向上させる支援の必要性を認める一方で，学習者が主体的に独自の学習スタイルを確立していく過程として，独学を捉えるならば，学習の過程で試行錯誤をすること自体にその意義を見出すこともできるのではないでしょうか。

（大木真徳）

▷4　**自己主導的学習**
(self-directed learning)
ニーズの分析から，目標の設定，計画の選択・実行，成果の評価にいたるまで，学習プロセスの全体に学習者自身が主体的に関与する学習のあり方。「自己決定学習」，「自律的学習」などと訳されることもある。アメリカの成人教育学者ノールズらによって提起された。Knowles, M. S. 1975 *Self-Directed Learning : A Guide for Learners and Teachers.* Cambridge, The Adult Education Company.
⇒ III-1 参照。

▷5　**個人学習**
⇒ V-1 参照。

▷6　学習情報提供や学習相談を主な事業の一つとする施設に，生涯学習推進センターがある。具体的な活動の様子は，X-4 を参照。

参考文献
梅棹忠夫　1969　『知的生産の技術』　岩波新書。
加藤秀俊　1975　『独学のすすめ──現代教育考』文藝春秋。
竹内洋　1991　『立身・苦学・出世──受験生の社会史』　講談社現代新書。

Ⅴ　生涯学習の多様な学習方法

ワークショップの技法と生涯学習

1　ワークショップという学習法

　ワークショップは，参加者が主体的に参加して行う学び合いや創造の活動で，共同性や体験性を重視した学習法と捉えることができます。今日，生涯学習はもとより，演劇や舞踊，美術，音楽などの芸術活動，まちづくりや施設づくりの合意形成，企業の人材育成や組織改革，商品・サービスの開発の現場など，社会のさまざまな場面で導入されています。

○ワークショップの構成

　ワークショップには2時間前後の1回限りのものから，複数回にわたるものまでいろいろな形があり，参加者が経験するプロセスも多様です。しかし多くのワークショップには，4段階程度の構造がみられます。最初の段階では，参加者の緊張を解き，場を整える「仲間づくり」が行われます。それに続いて，参加者がお互いはもとより自己についても理解を深め，それぞれの経験や能力，個性をもち寄る「個の探求と表出」のワーク，参加者の多様性を共有した上で「統合・すり合わせ」を行うワークが行われ，最後にそれまでの過程と成果を整理し咀嚼する「ふりかえり」へと進みます。ここには，参加者がスムーズにそのワークに参加し，次第に関与と学びを深め，終了時にはプロセスの確認と何らかの成果の共有へと至る，参加と関与，学習の軌跡が設計されています。

○ワークショップと生涯学習

　アメリカで開発されたこの学習法が日本に導入されたのは，第二次世界大戦後の連合国の占領期における教育の民主化政策に遡ります。従来，日本の社会教育では，体験に基づく学習を重視する姿勢や共同学習・集団学習の伝統のもとに活動が展開されてきました。高度経済成長期を経て社会構造が変化するなか，社会教育自体の焦点が次第に集団から個人へと移り，この伝統が停滞した時期もありましたが，1990年代以降それがワークショップとして再びさかんになっていると捉えることもできるでしょう。

2　ワークショップの特徴

　ワークショップはそれぞれの分野で独自に展開されているため，その構成や構成要素である一つひとつのワークも目的に応じて多様です。しかし，そこにはいくつかの共通した特徴があります。

▷1　ワークショップという言葉には，もともと，作業場，工房といった意味がある。

▷2　アメリカでの起源には，クルト・レヴィンのグループ・アプローチ，カール・ロジャーズらによるエンカウンター・グループの流れがある。

▷3　日本初のワークショップは，1947（昭和22）年8月に各都道府県の教育委員会の教育長等に対して実施された，教師の研修・意識改革を目的とした研修会だといわれている。

◯ 体験性，主体性を重視する

ワークショップでは，参加者一人ひとりの身体性や情動などを大切にします。自らの身体を用いて思考と身体をつなげていくようなワークが意識的に組み入れられています。そこには，「為すことによって学ぶ」（Learning by Doing）というデューイ（Dewey, J.）[4]の経験主義[5]の思想がみられます。

また，参加者の主体性を重んじるのもワークショップの特徴です。進行役となるファシリテーターは，参加者に何かを教える講師や教師ではなく，参加者の主体的な活動を促す役割を担います。

◯ 参加自体が学びである

自分とは異なる考え方，経験をもつ参加者が形成する集団では，参加者の多様性が新たな発想や創造性豊かな活動をもたらします。課題解決・合意形成の場面では，この多様性が軋轢や葛藤を生むこともありますが，ワークショップではそれも学習の資源と考えます。つまり，ワークショップという場で形成される一時的な集団への参加それ自体が，すでに何らかの学びを生起させていると捉えることができるのです。このように，参加者どうしの関係性が学習の資源となるため，ワークショップで参加者が得る学びは，その時・その場の条件が生み出すものになります。ワークショップが正解よりも「納得解」を，結果よりもそこに至るプロセスを重視するのは，こうしたことによります。

◯ 学習環境を整える

このように，参加者自身の経験や知識，そして参加者どうしの関係性が学習の資源となるため，一人ひとりがその場にどう参加し自己を表出するかは，学習の質に大きく影響します。そのため，参加者がリラックスして活動できるよう，作業テーブルや椅子の配置，明るさの調整，音楽の使用といった学習環境の整備を重視します。また，参加者全員が等しく，安心してワークに参加できるよう，時間配分や意見出しを円滑に行うための小道具も用いられます。

3　ワークショップの課題

従来の講義形式の学習法と対比されることの多いワークショップですが，万能な学習法ではありません。知識や情報を効率よく体系的に学ぶには，従来の講義形式の学習形態が有効なこともあります。これらの学習法は補い合うものであると考える必要があります。

近年，ワークショップの技法への関心の高まりから，本質を欠いた技法ありきの「ワークショップ」も見受けられます。常に目的にふさわしい学習法を吟味し，その上でワークショップが有効であると判断されてはじめて採用するという姿勢が必要でしょう。

（安斎聡子）

▷4　ジョン・デューイ（1859-1952）。20世紀のアメリカの思想の主流，プラグマティズムの提唱者，教育思想家。シカゴ大学内に実験学校を開設し，子どもたちが主体的に取り組む実践の場から知識を得て成長していくことを目指した。

▷5　デューイの経験主義　学習者の自発性，日常生活における問題解決能力の育成，協同的な活動などを重視した，学習者を中心に据える教育思想。デューイはこうした学習経験を通じて，民主主義社会の一員としての能力が養われると考えた。

参考文献
苅宿俊文・佐伯胖・高木光太郎（編）2012 『まなびを学ぶ』（ワークショップと学び1）東京大学出版会。
中野民夫　2001 『ワークショップ――新しい学びと創造の場』　岩波新書。

V 生涯学習の多様な学習方法

プレゼンテーションの技法と生涯学習

1 プレゼンテーションとはなにか

プレゼンテーションとは，一般に，発表や提案，提示，披露，実演，紹介などを意味し，日本では特に企業活動において商品やサービス，アイディア，計画などを顧客や消費者に対して提案・発表することを指してきました。近年，社会教育などの場面においてもこの言葉が聞かれます。そこには「人が人に対して口述や身体表現を用いて表出する」という共通点があるようです。

2 学習者にとってのプレゼンテーション

○学習の成果を披露する

学習者にとって最も基本的なプレゼンテーションは，発表会を代表とする学習成果の披露でしょう。2012年の『生涯学習に関する世論調査』では，最近1年程度の間に行った生涯学習として，「趣味的なもの」をあげた人が「健康・スポーツ」に次いで第2位（約26％）になっています。また，『平成23年度社会教育調査』でも，公民館の学級・講座のうち，「趣味・けいこごと」が45％，「音楽実技（合唱・演奏・演劇等）」「ダンス・舞踊」「芸能（日舞・詩吟・民謡等）」が約17％を占めています。こうした活動の多くが，発表会という学習成果の披露の機会をもつことが想定されます。実際に，文化ホールや公民館，生涯学習センターの貸館事業を利用して，さまざまな芸術文化団体が発表を行っているほか，市町村で開催されている「文化祭」や「公民館祭」なども，発表の機会となっています。

学習者が発表会などに参加することは，それを一つの目標として学習活動に積極的に取り組むきっかけとなると同時に，成果を発表することで次への課題を見出し，学習意欲を確認するということにつながります。また，その成果の発表に触れた他者の学習意欲を喚起することも期待できます。

○学習の成果を社会に還元する

学習者が学習の成果を社会に還元するプレゼンテーションの機会として，博物館ボランティアによる展示解説があります。博物館ボランティアは一般的に，トレーニングの期間に展示が扱っているテーマや資料，来館者との対応などについて基本的なことがらを学び，その過程を終了したのちに展示解説というプレゼンテーションの活動に参加します。展示解説を通じて，その成果を他の来

館者の学習資源として提供することにより，他者の学習を促すのです。

　また，講話という形で学習の成果を社会に還元している活動があります。たとえば広島平和記念資料館では，被爆体験をもつ証言者のほか，被爆の実相や証言者の体験について学習した伝承者が，来館者に対して講話を行っています。講話では，プレゼンテーション用の画像や，語り方が工夫され，いかに来館者にわかりやすく伝えるかが吟味されています。多くの図書館が実施している「読み聞かせ」や「お話会」といった活動でも，活動の前提として，ボイストレーニングや選書の仕方，絵の見せ方などの学習が行われています。

　プレゼンテーションという日常的な実践の場が，他者の学習資源となっているだけでなく，プレゼンテーションを行う側にとっても，学習意欲の維持と学習活動の継続を促す機会となっています。

③ 運営者にとってのプレゼンテーション

　施設の運営者にとっても，プレゼンテーションが重要な活動であることを示す事例があります。その一つが島根県の「『地域力』醸成プログラム[1]」です。この事業では，県内の公民館から公募した「地域力」を醸成する企画提案を，公開の企画プレゼンテーション大会で審査していますが，この準備過程でプレゼンテーションの技法が進んでいます。また，プレゼンテーションの場が，県内の公民館が相互にその取り組みを理解する機会ともなっています。

④ 生涯学習におけるこれからのプレゼンテーション

●知の循環型社会とプレゼンテーション

　2008年の中央教育審議会の答申「新しい時代を切り拓く生涯学習の振興方策について～知の循環型社会の構築を目指して～」では，「各個人が，自らのニーズに基づき学習した成果を社会に還元し，社会全体の持続的な教育力の向上に貢献する」ことの必要性が示されました。学習者にとって，学習成果の還元の場でプレゼンテーションを意識する機会は，いっそう増えることが予想されます。また，施設の運営者にとっても，地方自治体の財政難などを背景に，外部資金の調達など，プレゼンテーションの場面が増える可能性もあります。

●学習テーマとしてのプレゼンテーションの技法

　プレゼンテーションの技法は，プログラムの構成や演出，会場づくり，司会進行，語り方，パソコンを使った画像提供のスキルやビジュアル資料の作成など多岐にわたり，その習得自体が社会教育の学習テーマになりうるものです。技法の追求に偏ることなく，本来の学習の質の向上とともに，バランスを図った学習が求められているといえます。

（安斎聡子）

▷1　2007（平成19）年から2012（平成24）年にわたって実施された事業。モデル公民館になると，助成を受けることができる。公民館の運営者に加えて地域の利用者も参加し，企画提案の説明や郷土芸能の実演などの多様なプレゼンテーションが行われた。島根県教育委員会「『地域力』醸成プログラム」。http://www.pref.shimane.lg.jp/education/kyoiku/syougai/chiikiryoku/（2015年8月31日参照）

参考文献
宮入恭平（編著）2015『発表会文化論──アマチュアの表現活動を問う』青弓社。

Ⅵ　行政による生涯学習の振興

国レベルでの生涯学習振興策

国の生涯学習振興方策

1971（昭和46）年の社会教育審議会答申「急激な社会構造の変化に対処する社会教育のあり方について」をはじめとして，1981（昭和56）年の中央教育審議会答申「生涯教育について」や，1985（昭和60）年から1987（昭和62）年にかけて臨時教育審議会がまとめた第一次から第四次にわたる答申など多くの答申等に基づき，国においてはこれまで生涯学習の振興を図るさまざまな施策が展開されてきました。

生涯学習の分野・領域はきわめて幅広く，したがって人々の生涯学習を学習者の視点に立って振興しようとする国の生涯学習振興方策も非常に多様に展開されています。文部科学省が所管する施策はもとより，文部科学省以外の省庁が行う施策のなかにも生涯学習に資する関連施策がたくさんあります。国民の生涯学習を振興するためには，こうした生涯学習関連施策の充実を図るとともに，関係機関・団体や関係省庁との連携協力を行う体制の整備など，生涯学習の基盤整備がきわめて重要になってきます。

2　生涯学習の基盤整備

○推進体制の整備

1988（昭和63）年7月，文部省（現・文部科学省，以下同じ）の機構改革が行われ，従来の社会教育局を改組・拡充し，新たに生涯学習局が設置されました。これにより，新しい局では，家庭教育，学校教育，社会教育，スポーツや文化活動にわたる生涯学習の振興に関する総合的な施策の企画・調整を行うとともに，民間の教育事業の振興や，関係省庁との関連事業との連携協力を積極的に進めていくことになり，総合的な生涯学習振興方策の展開を図るための体制整備が図られました。2001（平成13）年1月の省庁再編により，文部省は文部科学省となり，生涯学習局は生涯学習政策局に再編され，現在も生涯学習の振興に関する関係省庁との連絡・調整にあたっています。

○いわゆる生涯学習振興法の制定

1990（平成2）年，中央教育審議会は「生涯学習の基盤整備について」を答申しました。この答申を受けて，文部省は生涯学習の総合的な振興を図るため必要な法制化を図り，同年6月29日に「生涯学習の振興のための施策の推進体

制等の整備に関する法律」（生涯学習振興法，以下同じ）が交付され，7月1日から施行されました。生涯学習振興法は，生涯学習の振興に資するための都道府県の推進体制の整備や，地域生涯学習振興基本構想等について規定し，生涯学習の振興に寄与しようとするもので，わが国における生涯学習に関する初めての法律であり，その後の生涯学習振興に一定の役割を果たしています。

○生涯学習審議会の設置

生涯学習審議会は，生涯学習振興法制定時の第10条の規定により設置されたもので，これまで社会教育審議会において調査審議されていた事項に加え，学校教育，社会教育および文化の振興に関し，生涯学習に資するための施策に関する重要事項を調査審議し，これに関し必要と認める事項を文部大臣または関係行政機関の長に建議等を行うことができる機関でした。この審議会は1990年1月，当時の文部大臣から「今後の社会の動向に対応した生涯学習の振興方策について」の諮問を受け，臨時教育審議会答申の具体化に向け審議を開始しました。

この審議会の審議内容は，文部省，教育委員会の所管する事柄が中心ではありましたが，審議する内容が各省庁や地方公共団体の部局の仕事にも及ぶため，生涯学習審議会の幹事として14省庁の局長クラスの幹部が任命され，関係省庁の施策を踏まえた調査審議が行える体制になっていました。

2001年1月の省庁再編により，生涯学習審議会は中央教育審議会に統合され，中央教育審議会生涯学習分科会として新たに発足しています。また，生涯学習審議会幹事会も中央教育審議会幹事会として引き継がれ，現在10府省庁の局長クラスの幹事が文部科学大臣から任命されています。

3 関係省庁の生涯学習振興施策

生涯学習という概念にはあらゆる学習が含まれます。したがって，教育行政を担当する文部科学省以外にも，多くの省庁において生涯学習関連施策が展開されています。内閣府が担当する地方創生，少子化対策・青少年育成支援，交通安全の推進や消費者教育の充実などの施策，総務省が担当するICTメディアリテラシー育成などの施策，厚生労働省が担当する子ども・子育て支援，職業能力開発や社会福祉の充実などの施策，農林水産省が担当する農業技術や林業技術の改善などの施策，経済産業省が行うキャリア教育関連の施策，環境省が担当する環境教育関連施策など，幅広い分野・領域で生涯学習関連の施策が展開されています。

今後，わが国において生涯学習社会を構築していくためには，文部科学省をはじめとする関係省庁の生涯学習振興施策の一層の充実を図るとともに，横の連携，すなわち省庁間のネットワークも重要な課題であるといえます。

（馬場祐次朗）

▷1　内閣府，警察庁，総務省，財務省，文部科学省，厚生労働省，農林水産省，経済産業省，国土交通省，環境省の10府省庁。

参考文献
香川正弘・宮坂広作　1994　『生涯学習の創造』ミネルヴァ書房。
生涯学習・社会教育行政研究会　2015　『生涯学習・社会教育行政必携（平成28年版）』　第一法規。

VI 行政による生涯学習の振興

2 文教行政による生涯学習支援

1 生涯学習支援施策の転換

文部科学省は，教育の振興および生涯学習の推進を中核とした豊かな人間性を備えた創造的な人材の育成，学術，スポーツおよび文化の振興ならびに科学技術の総合的な振興を図ることなどを行うことを任務とする行政機関です。文部科学省ではこれまで，生涯学習の振興を支援するため，公民館，図書館，博物館など社会教育施設の整備充実や，多様化・高度化する学習需要に応じた学習機会の提供，社会教育主事等指導者の充実などに取り組む地方公共団体に対し，補助金等を交付し，その推進を図ってきました。これらの社会教育関係の補助制度は，1990年代に入ると，官と民，あるいは国と地方の役割分担の見直しなどの観点から，すべて廃止されています。

2001（平成13）年の省庁再編以後，文部科学省が行う生涯学習支援施策は，政策提言に資する重点的なモデル事業の展開へと大きく転換が図られます。

2 最近の生涯学習関連施策をめぐる動向

○学校，家庭，地域住民等の連携を推進する事業と家庭教育の充実を目指した事業

文部科学省では，これまでも**全国子どもプラン**をはじめさまざまな施策を展開し，一定の成果をあげてきました。最近では，放課後や週末に，学校の余裕教室や公民館等身近な施設を活用して，子どもたちに学習活動やさまざまな体験活動の機会を提供する「放課後子供教室」を展開し，放課後等における子どもたちの安心・安全な居場所づくりに大きな成果をあげています。本事業は，2014（平成26）年7月に新たに策定された「**放課後子ども総合プラン**」に基づき，今後，厚生労働省が推進している「放課後児童クラブ」（学童保育）と一体的な運営を図ることが目指されています。また，地域住民が学習した成果を生かし，ボランティアとして学校の授業の補助，部活動の指導等を行う「学校支援地域本部」や，地域の豊かな資源を活用した土曜日の教育活動の推進に取り組むところも増えています。こうした事業の展開にあたっては，多くの地域住民が子どもたちにかかわることから，地域の教育力向上にもつながっています。さらに，青少年が自立への意欲を高め，心と体の相伴った成長を促進するため，自然体験をはじめ体験活動の機会の充実とともに，子どもたちを有害情報から守る啓発活動の充実や読書活動の推進等に取り組まれています。

▷1　全国子どもプラン
1999（平成11）年度〜2001（平成13）年度までの緊急3カ年計画。子どもたちの多彩な活動を総合的に推進。建設省，環境庁，農林水産省，林野庁，通商産業省，中小企業庁，水産庁など他省庁と連携した事業も展開。

▷2　放課後子ども総合プラン
⇒ IV-5 参照。

また，少子高齢化や都市化，核家族化の進展を背景として，家庭教育を取り巻く環境が大きく変化するなか，改めて家族の会話やコミュニケーションを通じた家族のきずなづくり等を推進する「楽しい子育て全国キャンペーン」や，今後の家庭教育支援のあり方を考える「全国家庭教育支援研究協議会」の開催等の施策が展開されています。また，子育てに悩みや不安を抱える家庭への支援の充実を図るため，地域住民や専門家による家庭教育支援チームの活動支援や，家庭教育を支援する職場環境づくりに取り組む企業への応援等に積極的に取り組む地方自治体もあります。

◯**学校教育における生涯学習関連施策──初等中等教育および高等教育における重点施策**

学校は生涯学習の基礎を培うところであり，生涯学習の推進を図る上できわめて重要な役割を担っています。特に，初等中等教育においては，生涯にわたる学習を主体的に行うことができるよう，必要な基礎的，基本的な能力と，自ら学ぶ意欲・態度を養うことが期待されています。近年，OECDの「生徒の学習到達度調査」(PISA)の影響等もあり，わが国においても世界トップレベルの学力水準を目指して現在，学力向上のための取り組みが重点的に展開されています。また，「地域とともにある学校づくり」を目指し，学校運営に保護者や地域住民の意向を反映させるため，学校評議員や学校運営協議会（**コミュニティ・スクール**）など，学校を核とした地域力強化の仕組みづくりの施策に取り組むところも増えてきています。さらに，特別支援教育の充実や，各学校段階を通じた体系的なキャリア教育・職業教育の推進など今日的な課題への対応も図られるとともに，教える側の教員の資質能力の向上と指導者の充実についても取り組まれています。

大学等高等教育機関は，生涯学習機関として，人々に多様な学習機会を提供しています。文部科学省ではこれまでも，放送大学の整備充実や，大学院等への社会人の受け入れの推進，公開講座の開設等さまざまな施策を展開し地域住民の多様化・高度化する学習ニーズに対応してきています。また，今日，社会構造の変化やグローバル化の進展するなか，成長分野等における中核的専門人材を養成するため，社会人等の学び直し教育プログラムの開発・実証にも積極的に取り組んでいます。

◯**科学技術，スポーツ，文化の振興における生涯学習関連施策**

科学技術の一層の推進を図るためには，科学技術に関する理解と意識の醸成が不可欠であり，そのため文部科学省では，独立行政法人国立科学博物館や日本科学未来館の整備充実等が図られています。また，国民の誰もが身近にスポーツに親しむことのできる生涯スポーツ社会の実現に向け，総合型地域スポーツクラブの育成にも取り組んでいます。さらに，小さなうちから本物の舞台芸術に触れたり，伝統文化を学んだりする子どもの文化芸術体験活動の推進も図られています。

（馬場祐次朗）

▷3 このほかIEA（国際教育到達度評価学会）の行う「国際情報教育調査」も影響している。

▷4 コミュニティ・スクール
学校運営に保護者や地域住民等の意見を反映させる制度。委員は教育委員会から任命される。2004（平成16）年度から導入されている。

(参考文献)
文部科学省 2014 『平成26年度 文部科学白書』国立印刷局。
（雑誌）『社会教育』財団法人全日本社会教育連合会。

VI 行政による生涯学習の振興

厚生行政による生涯学習関連施策

　社会福祉と生涯学習とのかかわりは深いといわれます。個々の生き方や人生課題を幅広く問う生涯学習活動が連帯や共生といった社会福祉の基本理念に通ずるからです。近年，厚生労働省は，包括的ケアにより福祉問題への対応を模索しています。こうした包括的アプローチは，人々の問題を他人事としないことを基本とし，個々の生き方や考え方を尊重する実践のことです。福祉社会の形成において，生涯学習活動が必須課題となっています。

① 厚生行政による生涯学習支援

　1995（平成7）年に施行された高齢社会対策基本法（前文）には，高齢者を含む国民一人ひとりが生涯にわたって真に幸福を享受できる社会を築いていくために，雇用，年金，医療，福祉，教育，社会参加，生活環境を不断に見直し，人々に適合させることが重要であると謳われています。人々の生命を護り，生活を支えることを第一義的な目的とする厚生行政では，育児学級，子育て支援，母親クラブ，食育，健康教育，保健衛生指導，生きがい講座などの多様な取り組みの支援と助成が行われています。その背後には，子どもの相対的貧困率の上昇（16.3％，2014年），保育所待機児童の問題（2万3167人，2015年），発達障害・愛着障害・精神障害などの今日的課題が存在します。とりわけ，生活習慣病や介護の予防を目的とした「健康日本21」による「健康づくり」実践は特徴的です。さらに，近年では長寿社会の到来に伴い，"アクティヴシニア"が増加するなか，ビジネスやまちづくりなどの新たなステージで活躍する高齢者層が拡大しているため，こうした先進的な活動の紹介や，横の連携の強化などにより，高齢者が生き生きと輝く社会づくりが一層目指されています。「在宅福祉・地域福祉の時代」といわれる昨今，人々が長年培ってきた豊かな知識や経験を活かし，社会的役割を果たしていくことが望まれます。

② 「認知症施策推進総合戦略」（新オレンジプラン）と共生社会の推進

　一方，団塊世代（1947〜49年頃に生まれた世代）が一気に高齢者となり，要支援・要介護の割合が急速に高まっていることが危惧されています。「認知症有病率等調査」（厚生労働省，2013年6月）によれば，認知症高齢者数は約462万人であり，65歳以上の人の認知症有病率は約15％といわれます。また，高齢者の4人に1人（約400万人）がその予備軍であることも指摘されています。認知

▷1　厚生労働省　2014「平成25年国民生活基礎調査」参照。

▷2　厚生労働省　2015「保育所等関連状況取りまとめ（平成27年4月1日）」参照。

▷3　子育てと介護の同時進行「ダブルケア」に直面する人たちを支え，負担軽減を図ろうと，横浜市内の当事者や経験者が奔走しています。情報収集，小冊子づくり，サポーター養成などを行う最新の実践として，全国化が望まれています。

症で最も多いのがアルツハイマー病です。この病気は，記憶と関係深い海馬と呼ばれる脳の一部とその周辺が萎縮し，物忘れ，判断力低下が必ずみられるもので，家族介護者のほか，多くの関係者による支援が必要となります。

　このような状況に対し，厚生労働省では，2015（平成27）年度予算のうちの約161億円を「認知症施策推進総合戦略」（新オレンジプラン）に計上することを発表しました。「医療・介護等の連携」，「認知症予防・治療の研究開発」，「認知症高齢者に優しい地域づくり」を3本柱とし，認知症高齢者の生活支援の強化を図ろうとしています。なかでも，「認知症高齢者に優しい地域づくり」では「共生社会の推進」という考えの下，正しい知識と理解をもって認知症患者・家族を支援する**認知症サポーター**[4]の養成（800万人目標），徘徊等に対応できる見守りネットワークの構築，詐欺などからの消費者保護の推進など，生涯学習にかかわる内容となっています。誰もがなり得る可能性のある認知症ですが，全国の高齢者が認知症になっても，生涯安心して暮らせるまちづくりを目指すべく，コーディネーターや協議体を通じた地域の支援体制づくりや援助者の知識・技術向上のための研修会開催などが鍵となっています。

　加えて，ホームヘルプ（訪問介護）やデイサービス（通所介護）の介護予防給付が全国一律基準から地域支援事業へと移行しており，内容の充実化が図られています。住民ボランティアによるゴミ出し等の生活支援サービスのほか，コミュニティ・サロンの運営，住民主体の運動・交流の場の設定など要支援者・要介護者を地域住民たちで支え合っていこうとする取り組みは重要です。生活支援や見守りなどの役割遂行は，支援者にとっても生きがいや存在価値を再認できる手がかりになる場合があるため，こうした取り組みは「互助」の実践といっても過言ではありません。

③ 「幸齢社会」を目指した生涯学習の推進

　他方で，2008（平成20）年末において，介護保険制度における支援や介護を要しない高齢者は65歳以上では約8割，75歳以上でも約7割となっており，高齢者の自立度は概して高い状況にあります。こうした福祉・介護施策の直接的なサービス対象とならない層に対し，生きがいの創出，個人の自立，社会での協働，新たな縁の構築，世代間交流，健康維持，介護予防など多様な支援をするのが生涯学習の一つの役割です。反面，圧倒的多数の高齢者が将来的に不安を抱いているのが健康と介護に関する問題です。高齢者にとって生涯学習は生きがいにつながる重要なものであり，生きがいをもつことで，心身ともに健康の保持・増進が可能となり，疾病予防や介護予防につながることが期待されます。生涯学習を通じて，元気で魅力ある「幸齢者」になり，地域の生活課題の解決に向けて活躍することを通じて，「幸齢社会」を実現することが期待されます。

（中嶌　洋）

▷4　認知症サポーター
身近な地域や職域において，認知症患者およびその家族に対し，できる範囲で無理なく手助けをする人のこと。2015年6月現在で約634万人のサポーターが，地方自治体主体で養成されており，その主な担い手は，自治会，老人クラブ，民生委員会，家族会，防災・防犯組織などに所属していることが多い。

参考文献
香川正弘・三浦嘉久（編著）2002『生涯学習の展開』ミネルヴァ書房。
神奈川新聞社「ダブルケア支えます」『神奈川新聞』2015.8.29.
厚生労働省（編）2013『平成25年度　厚生労働白書』日経印刷。
厚生労働統計協会（編）2014『国民の福祉と介護の動向・厚生の指標』**61(10)**。

VI　行政による生涯学習の振興

4　労働行政による生涯学習関連施策

1　労働と生涯学習

◯欧米における生涯学習の意味

欧米においては，社会・経済環境の変化等に対応するために必要となる学習活動を「生涯学習」の中心と捉えてきました。具体的には，「技術革新→産業・職業構造の変動→再教育・再訓練の必要性」という意味で「生涯学習」の重要性が議論されてきました。つまり，「生涯学習」による人的資本の高度化（職業能力開発）という意味が強いものでした。[1]

◯日本における生涯学習の意味

一方，わが国においては，スポーツ，文化，趣味，教養といった分野が生涯学習の中心として議論がなされ，職業能力開発という欧米では中心的な分野が欠落しているという大きな特徴を有しています。

その理由としては，生涯学習振興政策といった場合に，主として教育行政当局によって推進されてきたことや，職業能力開発の中心は企業内教育であったことから，行政の直接的な支援策が乏しかったことなどが考えられます。

2　労働行政と生涯学習

◯縦割り行政の弊害

わが国において生涯学習がスポーツ，文化，趣味，教養を中心に議論されてきた背景として，職業的な分野については企業内教育訓練が中心であったことに加え，縦割り行政の問題も大きいと考えられます。具体的には，職業的な部分は労働行政，教養的な部分は文部行政が担当することとなり，官庁の組織では，前者は旧労働省（現・厚生労働省），後者は旧文部省（現・文部科学省）が担当していました。[2]

◯キャリア形成と生涯学習

しかし，生涯学習の範囲に本来の職業能力開発の分野まで含めると，労働行政においても厚生労働省職業能力開発局が中心となりさまざまな生涯学習支援策が実施されています。

最近では，単に技術・技能の習得という狭い職業能力開発という意味だけではなく，生涯のキャリア形成という観点から生涯学習を捉えています。[3]

▷1　詳しくは，市川昭午 1980「生涯教育論の登場と我が国における展開」NIRA生涯教育研究委員会『日本の生涯教育──その可能性を求めて』総合研究開発機構を参照のこと。

▷2　1990年に施行された「生涯学習振興法」は旧文部省の所管であり，都道府県庁や市町村においても教育委員会などの部署が中心となり生涯学習政策を実施している。

▷3　「生涯学習」という用語は労働行政ではほとんど用いられていない。こうしたことからも，日本的文脈で生涯学習を捉えていることや縦割り行政の問題などがあることがわかる。

3 労働行政における生涯学習支援の内容

○ 事業主が行う能力開発への支援

労働行政においては，企業が行う能力開発に対して，金銭面での助成，情報提供などを行っています。具体的には，企業が雇用する労働者に対して職業訓練を実施したり，職業能力開発休暇を付与したりした場合に，賃金および費用の一部を**キャリア形成促進助成金**として助成をしています。

○ 労働者などの自発的な能力開発への支援

わが国の場合は，労働者の職業能力開発に対しては企業の役割が大きいですが，労働者の自発的な取り組みも一層重要となっています。具体的には，**教育訓練給付金制度**を活用し，労働者自らの教育訓練に対してその費用の一部を助成しています。

また，ホワイトカラー労働者の能力開発のための**ビジネス・キャリア制度**などを実施しています。

○ 公的職業訓練の実施

国および都道府県が主体となり，公共職業訓練施設を設置するとともに，これら施設で実施される公共職業訓練を運営しています。

また，訓練を公共職業訓練施設だけではなく，専修学校・事業主・事業主団体等の民間職業訓練機関に委託し，実施しています。

○ 職業能力評価制度

職業に必要な能力を一定の基準によって評価することは，労働者の職業能力の向上につながるだけではなく，その活用にあたっての指針となるものです。労働行政においては，**技能検定制度**，ビジネス・キャリア制度などの普及・促進に努めています。

4 今後の課題

労働行政においても，欧米的な意味での「生涯学習」が実施されていますが，知識基盤社会への移行，経済・社会構造の急激な変化，少子・高齢化の一層の進展などを考慮すると，その役割はますます重要であるといえます。一方，日本的な意味での「生涯学習」（スポーツ，文化，趣味，教養などが中心）の役割が小さくなるというわけではなく，むしろ，欧米的な意味での労働行政における「生涯学習」と日本的な意味での教育行政における「生涯学習」との連携・融合が重要な課題になっているといえるでしょう。

（亀野　淳）

▷4　キャリア形成促進助成金
企業内における労働者のキャリア形成の効果的な促進のため，その雇用する労働者を対象として，職業訓練の実施，自発的な職業能力開発の支援，職業能力評価の実施またはキャリア・コンサルティングの機会の確保を行う事業主に対する助成金。

▷5　教育訓練給付金制度
一定の条件を満たす労働者や離職者が自ら負担して厚生労働大臣の指定する教育訓練を受講し修了した場合に，その教育訓練に要した費用の一部を助成金して支給される制度。

▷6　ビジネス・キャリア制度
ホワイトカラー労働者に必要な専門的知識の段階的・体系的な習得支援とその評価を行う学習支援システム。

▷7　技能検定制度
労働者の技能を検定し，国が公証する制度。都道府県知事や指定試験機関によって実施されている。

VI 行政による生涯学習の振興

経済産業省・総務省による生涯学習関連施策

経済産業省による生涯学習支援

○教育産業の振興

経済産業省（以下，「経産省」）の任務は民間の経済活力の向上等を中心とする経済および産業の発展です（経済産業省設置法第3条）。民間の経済活力の向上を目的としてさまざまな生涯学習支援を行っているということになります。カルチャーセンター，英語塾・学習塾，お稽古事（教養・技能教授業）等の教育文化産業は，「特定サービス産業」としてその振興のための施策が行われています。

生涯学習の振興のための施策の推進体制等の整備に関する法律（1990年成立）は文部科学省とともに経産省が所管する法律となっています。生涯学習の振興のために民間教育産業の活性化が不可欠であること，また教育産業以外の民間産業における生涯学習支援にも期待したものです。生涯学習の基盤整備に民間がどう貢献できるかがテーマでした。具体的には「地域生涯学習振興基本構想」（第5条）がありますが，残念ながらこれまで事例はありません。

○産業人材の育成

近年，経産省では「産業人材の育成」に力を入れ，文部科学省など関係省庁と連携しながら産業を支える人材育成を進めています。

表9 社会人基礎力の3つの能力・12の要素

分 類	能力要素	内 容
前に踏み出す力 （アクション）	主体性	物事に進んで取り組む力
	働きかけ力	他人に働きかけ巻き込む力
	実行力	目的を設定し確実に行動する力
考え抜く力 （シンキング）	課題発見力	現状を分析し目的や課題を明らかにする力
	計画力	課題の解決に向けたプロセスを明らかにし準備する力
	創造力	新しい価値を生み出す力
チームで働く力 （チームワーク）	発信力	自分の意見をわかりやすく伝える力
	傾聴力	相手の意見を丁寧に聴く力
	柔軟性	意見の違いや立場の違いを理解する力
	情況把握力	自分と周囲の人々と物事との関係性を理解する力
	規律性	社会のルールや人との約束を守る力
	ストレスコントロール力	ストレスの発生源に対応する力

出所：経済産業省 2007 「『社会人基礎力』育成のススメ」。

2006年に経産省は「社会人基礎力」を提唱しました（表9）。

「社会人基礎力」とは「職場や社会の中で多様な人々と共に仕事をしていくために必要な基礎的な力」のことであり，「これまで大人へと成長する過程で『自然に』身に付くと考えられていた」これらの能力が，「今，『意識して育成しな

ければいけない』ものになったとしています[1]。つまり，教育・学習の課題になったということです。大学等の高等教育機関でこの考え方が広く受け入れられ，経産省でも大学における育成・評価モデルの開発を進め，授業内容・方法や教育プログラムが研究され実践されています。

社会人基礎力は就職するために必要な能力のように受けとめられていますが，本来「社会の中で」とあるように成人の中核能力（キー・コンピテンシー）にもつながるものです。

2 総務省による生涯学習支援

○ 地方創生戦略と生涯学習

総務省は旧郵政省・自治省等が統合してできた省庁です。このため，生涯学習支援との関連でいえば，ICTの活用による生涯学習支援とコミュニティ行政としての生涯学習支援の大きく二つがあります。**コミュニティ・センター**[2]と公民館は実際には同じことをしているのではないかなど，これまでコミュニティ行政と生涯学習行政の中核を担う社会教育行政がどう違うかが問われてきました。近年では公民館を廃止し建物はそのままにコミセンとして新設したり，社会教育担当部局の首長部局への統合を行う市町村も出てきました[3]。

深刻な人口減少社会が目の前にあり，「地方創生」を目的に2014年に「まち・ひと・しごと創生法」が成立，全省庁が一体となった取り組みが進められています。同法では都道府県・市町村にも創生戦略を策定することを求めています。今後，地域における生涯学習支援はこの「地方創生」という目的にどれだけ貢献できるかが問われ，実現すべき政策や事業が選択・立案されていきます。

○ 地方創生人材の育成と活動支援

地方創生の要は人材です。総務省では人材力活性化研究会を立ち上げ，①個々の人材力の育成・強化，②人材力の相互交流とネットワークの強化，③人材力を補完するための支援を柱に取り組みを進めています。

①については，地域づくりにかかわるすべての人を「地域づくり人」とし，「リーダー」，実際の事業や取り組みの担い手である「プレーヤー」，自分のできる範囲内でリーダーやプレーヤーを支える「サポーター」といった人材像を設定し，先進事例の収集・提供とともにそれぞれを対象とした研修カリキュラムの開発や育成講座を全国で実施しています[4]。

2009年度から始まった「地域おこし協力隊」[5]は③にかかわる取り組みです。一定年月（おおむね1年以上3年以下），実際に地域で生活し市町村の非常勤職員として，教育や観光などの地域協力活動に取り組む人材を広く全国から募集・派遣するもので，2014年現在444自治体で約1500人が隊員として活動しています。総務省は自治体に対して隊員募集や活動のための経費について財政支援をしています。

（伊藤康志）

▷1 表9の出所に記載の他，経済産業省 2010 『社会人基礎力 育成の手引き』 河合塾，等を参照。

▷2 コミュニティ・センター
高度経済成長に伴う都市部の人口増加・地方の人口減少により，これまでの伝統的な地域社会が衰退するなか，地域におけるコミュニティ再生の拠点として，旧自治省が建設費助成等により全国的に整備を進めた集会施設。施設事業として公民館と重なる部分も多い。略して「コミセン」といわれるが，地区センター，町民センターなど呼称は自治体によってさまざまである。コミュニティ政策のはじまりについては，国民生活審議会調査部会コミュニティ問題小委員会報告 1969「コミュニティ——生活の場における人間性の回復」等を参照。

▷3 大桃敏行・背戸博史 2010 『生涯学習——多様化する自治体施策』 東洋館出版社，等を参照。

▷4 総務省・人材力活性化研究会 2012 「地域づくり人の育成に関する手引き」。

▷5 地域おこし協力隊
http://www.iju-join.jp/chiikiokoshi/

VI 行政による生涯学習の振興

 都道府県レベルでの生涯学習行政

知事と教育委員会

都道府県が行う事務の最高責任者は知事です。市町村の最高責任者は市町村長ですが、これらを普通地方公共団体の長（以下、「知事等」という）といいます。知事等は当該普通地方公共団体の事務を管理、執行します（地方自治法第148条）。また、職員を指揮監督する権限を有しています（同法第154条）。さらに内部組織を設け、自らの権限に属する事務を分掌させることができます（同法第158条）。普通地方公共団体には、こうした知事等をトップとした組織のほか法律の定めるところにより、執行機関として委員会が置かれます（同法第138条の4）。教育委員会はその一つ（同法第180条の8）で、その他、選挙管理委員会、人事委員会などが置かれます。

2 生涯学習行政における知事と教育委員会の役割

臨時教育審議会が「これからの教育委員会の行政は、生涯学習体系への移行に積極的に対応し、（略）地域における教育行政として、知事部局等とも連携しつつ、公共部門とそれらの一体的・総合的な展開を図る必要がある」と指摘しているとおり、生涯学習の振興にあたっては、教育委員会が中核的な役割を果たしています。と同時に、生涯学習に関する事務は、教育行政の分野だけではなく社会のあらゆる教育機能との連携が重要な要素となることから、知事等の権限にかかわること、具体的には健康、福祉、保健、労働、環境、まちづくりなどの関連行政分野との連携があげられます。

3 都道府県生涯学習審議会

「生涯学習の振興のための施策の推進体制等の整備に関する法律」（生涯学習振興法）では、都道府県に生涯学習審議会を置くことができる（第10条）とされていますが、必置ではないので35都道府県（平成27年度）に設置されています。また、同条第2項では「都道府県の教育委員会又は知事の諮問に応じ、当該都道府県の処理する事務に関し、生涯学習に資するための施策の総合的な推進に関する重要事項を調査審議する」となっていて、教育委員会や知事の諮問に応じて審議することができます。実際には、教育委員会の所管事項を中心にして、関連する知事部局とどう連携協力を図るかについて審議するのが一般的

▷1 臨時教育審議会「教育改革に関する第四次答申」（1987年8月）。

です。たとえば，静岡県においては知事および教育委員長の両名で諮問があり，2013（平成25）年7月に答申がなされています。ここでは，施策を推進するに当たっての留意事項等として「教育委員会と首長部局」および「県と市町」における役割を整理し連携を推進することをあげています。特に首長部局で実施している住民の生活課題や地域づくりの課題との関連性の高い生涯学習活動を視野に入れて連携を図るよう，情報共有を図るシステムの構築，相互の後援や共催事業の実施などの具体的施策を提言しています。

生涯学習審議会答申は教育委員会と首長部局の連携を密にするとともに，教育振興基本計画との関連を十分視野に置きながら策定されることになります。

▷2 「『有徳の人』づくりを目指して～これからの静岡県における教育施策の方向性について～」

▷3 なお，2006（平成18）年に改正された教育基本法第17条第2項に基づき，静岡県では2011（平成23）年3月に教育振興基本計画を策定。計画はおおむね10年先を見通して県の教育の目指すべき姿を示したものだが，答申策定に当たっては，本計画にみられる施策の現状と課題を意識したものとなっている。

④ 教育委員会における生涯学習行政

教育委員会の事務や権限については，「地方教育行政の組織及び運営に関する法律」（以下「地教行法」という）によって詳細に規定されていますが，生涯学習に関して明文化した規定はありません。したがって，生涯学習のために学校の教育内容はどうあるべきか，あるいは生涯学習のために図書館の運営にはどのような工夫が必要なのかといった"生涯学習の観点"からの施策をどうするかということが生涯学習行政の要諦となります。前者については，子どもたちの個性や能力を伸ばし，生涯にわたってたくましく生きていくための基礎能力を培うという観点から，「総合的な学習の時間」を活用し，企業などの事業所にお願いしてインターンシップ（職場体験学習）を行い，勤労意欲を高めることなどが考えられます。また，後者については住民の学習要求の多様化等に対応するために，関係の図書館等と連携し資料の分担収集を図ったり，図書以外の資料を充実しサービスの向上に努めることなどが考えられます。

なお，2014（平成26）年に「地教行法」が改正され，新たに「総合教育会議」が設置されることになりました（第1条の4）。本会議は，地方公共団体の長および教育委員会が構成メンバーとなっているので，今後，教育行政の展開に当たっては，首長部局との連携が一層進展することも期待されます。

⑤ 広域行政主体としての都道府県の役割

市町村合併や大規模市の政令指定都市への移行等に伴い，都道府県の役割が改めて問われています。**補完性の原理**によれば，市町村が担わない事務を都道府県が担うことになるので，その意味では都道府県が市町村行政を支援する施策として，たとえば市町村の生涯学習施策を担う人材養成のための研修事業や市町村の参考に資するモデル事業などが考えられます。

（山本裕一）

▷4 地方制度調査会答申「道州制のあり方に関する答申について」（2006年2月）参考。

▷5 補完性の原理
⇒VI-7 本文参照。

Ⅵ 行政による生涯学習の振興

 市町村レベルでの生涯学習行政

1 市町村第一主義

　地方制度調査会答申「今後の地方自治制度のあり方に関する答申」（2003年11月）は、「今後のわが国における行政は、国と地方の役割分担に係る『補完性の原理』の考え方に基づき、『基礎自治体優先の原則』をこれまで以上に実現していくことが必要である」と指摘していますが、ここでいう「補完性の原理」とは、「まず基礎自治体を優先し、ついで広域自治体を優先し、国は広域自治体も担うことがふさわしくない事務事業のみを担うという考え方」であるとされています。この考え方からもわかるように、基礎自治体である市町村が第一義的な責任をもって行政施策を展開することになります。

▷1　地方自治制度研究会 2004『地方自治』第674号 p.15.

　生涯学習行政の中核を担う社会教育行政について、中央教育審議会は「市町村は、住民の最も身近な行政機関として、住民ニーズ等を的確に把握し反映する立場から、地域の特性や住民ニーズに根ざした多様な社会教育行政を推進することが求められている」と指摘しており、直接、住民と顔を接しながら仕事を進めることが特徴となります。このため、住民の要望を的確に把握し、柔軟かつ時に迅速に対応することが求められます。

▷2　中央教育審議会答申「社会の変化に対応した今後の社会教育行政の在り方について」（1998年9月）。

2 基本構想

　市町村行政の特徴をなす取り組みとして、「基本構想」の策定があります。かつては、地方自治法の規定により策定が義務づけられていました（旧地方自治法第2条第4項）が、2011（平成23）年の改正により規定が削除されました。これによって策定は任意となりましたが、行政運営に当たって引き続き重要な役割を果たすことに変わりはありません。実際には、総合計画と称するおおむね10年程度を実施期間とする長期計画のなかで、基本構想、基本計画、実施計画といった構成になっているのが一般的です。基本構想の具体的内容については、旧地方自治法は何も規定しておらず、市町村の実情に応じ創意と工夫に満ちた構成と立案が可能となっています。

　「基本構想は、市町村又は市町村の存する地域社会の将来の目標及び目標達成のための基本施策を明らかにし、基本計画及び実施計画の基礎となるべきものである。基本計画は、基本構想に基づき、各行政部門の施策を組織化、体系化して調整し、施策の総量及び根幹的事業を明らかにして施策の大綱を示すも

のである。実施計画は，基本計画に定める施策を具体化し，詳細に実施の方法を定め，財政的裏付けを明らかにする」とされています。

東京都三鷹市が策定した生涯学習計画「三鷹市生涯学習プラン2022」(2012年3月)では，「三鷹市基本構想」および「第4次三鷹市基本計画」の生涯学習に関する施策を具体的に実施するための個別計画として位置づけ，市の生涯学習施策を総合的に推進することとしています。特に，教育委員会所管の事業だけではなく福祉，健康，防災などの分野を含め，学んだ成果を地域全体の活性化につなげていこうとする方針が明らかにされています。また，「健康福祉総合計画」や「緑と水の基本計画」など他の個別計画との調整を図ることにも取り組んでいます。このように，市町村においては基本構想や基本計画を核として，他の行政部局との調整を図りながら施策化が図られています。

3 公民館の存在

市町村の生涯学習行政において，欠かせないのが公民館の存在です。公民館は社会教育法第20条に目的が規定され，第21条において市町村が設置することが規定されています。また，地方教育行政の組織及び運営に関する法律第30条において，公民館は教育機関として位置づけられ，同法第32条において教育委員会が所管することになっています。このように公民館は，教育委員会所管の施設として定期講座の開設等の事業を実施（社会教育法第22条）するとともに，運営方針として営利目的，特定の政党の利害，特定の宗教等への支援などの事業を行ってはならない（同法第23条）とされ，さらに館長（必置）や主事などの職員（任意設置）が置かれています（同法第27条）。また，館長の諮問機関として公民館運営審議会も置くことができるとされています（同法第29条）。

文部科学省の調査によると，公民館は全国で1万4171館（2015年10月現在）設置されており，1999（平成11）年度の1万8257館をピークに減少してきています。いわゆる平成の大合併により地域環境は大きく変化し，また，情報化の進展への対応，NPOなど新たな公共を担う団体や人々との連携・協力，子育て支援など地域レベルだけでなく全国的観点から取り組むべき課題への対応，さらに施設の老朽化への対応，指定管理者制度の導入という新たな制度による職員の配置など，公民館をめぐっては，多くの課題が存在しています。

また，ひと口に市町村といっても，市立の公民館と町村立のそれとは事情が異なります。専任の公民館主事を置く公民館数は，市（区）立3039館（30.0％）に対し町村立は488館（12.0％）で，18.0ポイントの差があります。これが理由かは不明ですが，「市に比べ町村における学習活動が見劣りしている傾向にある」との指摘があり，地域創生がわが国の重要課題となるなか，地域づくりの核となる公民館がさらに活性化する手立てを講じていく必要があるでしょう。

（山本裕一）

▷ 3 木村仁・城野好樹（編）1982『都市政策新時代の都市政策（第1巻）』ぎょうせい p.136.

▷ 4 「三鷹市生涯学習プラン2022」三鷹市ホームページより。http://www.city.mitaka.tokyo.jp/c_service/031/031827.html（2016年1月3日参照）

▷ 5 文部科学省 2015『平成27年度社会教育調査報告書』国立印刷局。

▷ 6 同上書。

▷ 7 国立教育政策研究所社会教育実践研究センター 2007「平成18年度公民館における学級・講座等の実態に関する調査研究報告書」p.178.

Ⅵ 行政による生涯学習の振興

8 生涯学習に関する行政計画

1 国の行政計画

　教育基本法第17条を受け，政府が教育の振興に関する施策についての基本的な計画（**教育振興基本計画**）を策定しています。この政府が定める計画のなかに生涯学習に関する行政計画も盛り込まれています。教育振興基本計画策定の必要性や基本的な考え方は，2003年にまとめらた中央教育審議会答申で提言されています。これまで教育全体に関する政府の（明確な法的根拠のある）計画というものはじつはなかったのです。もちろん，時々の重要課題や特定の領域に対応した個々の計画はありましたが，これらは目的を一にした個々の**施策**を集めたもので，「政策パッケージ」ともいわれています。

　一方で，2002年度から政策評価制度が導入され，**PDCAサイクル**のP（Plan）に相当するものが定められています。「文部科学省の使命と政策目標」です。生涯学習政策については以下のとおりです。

> 《政策目標1　生涯学習社会の実現》
> 　国民一人一人が，生涯にわたって，あらゆる機会に，あらゆる場所において学習することができ，その成果を適切に生かすことのできる社会を実現する。
> 　施策目標1－1　教育改革に関する基本的な政策の推進等
> 　施策目標1－2　生涯を通じた学習機会の拡大
> 　施策目標1－3　地域の教育力の向上
> 　施策目標1－4　家庭の教育力の向上
> 　施策目標1－5　ICTを活用した教育・学習の振興

　これら施策目標を達成するために具体的な事業等が立案・実施されています。各施策が政策目標達成のためにどれだけ効果（アウトプットやアウトカム）があったかを事後評価し，その評価結果が事業の改善や新たな施策に反映されていきます。

2 地方の行政計画

○生涯学習推進計画と教育振興基本計画

　社会教育行政については，都道府県・市町村が社会教育計画を定めています。

▶1　**教育振興基本計画**
教育の振興に関する基本的な方針および講ずべき施策その他必要な事項についての政府の基本的な計画。おおむね5年を計画期間とし2018（平成30）年に第3期計画が閣議決定，公表された。

▶2　「新しい時代にふさわしい教育基本法と教育振興基本計画の在り方について」。

▶3　**施策**
目的を共有する行政活動（制度改正，予算，事業など）の一定の固まりのこと。「政策」は各施策の上位に位置する当該行政が目指す方向性のこと。

▶4　**PDCAサイクル**
「企画立案（Plan）」「実施（Do）」「評価（Check）」「反映（Action）」を主要な要素とするマネジメント・サイクル。これにより政策の不断の見直しや改善，国民に対する行政の説明責任の徹底を図る。

社会教育委員や社会教育主事の最も大きな仕事の一つです。

現在では生涯学習行政が首長部局を巻き込んだ自治体全体の行政となるため，生涯学習推進計画等の名称で策定されるようになってきました。一方，教育基本法では，各自治体も国の教育振興基本計画を参考に，その地域の実情や課題に応じた教育振興に関する基本計画を定めるよう努めなければならないとされ，現在，45都道府県・58指定都市・中核市，全国の市町村の約6割で基本計画が策定されています。自治体によっては，自治体が策定する教育振興基本計画（の生涯学習に関する規定）をもって，生涯学習推進計画等に代えているところも増えてきました。都道府県では25府県が「生涯学習に関する計画等を策定せずに，教育全般に関する計画等を策定し，そのなかで生涯学習について規定」しています。

▷5 「生涯学習振興計画等の策定状況」文部科学省調べ。およそ4割の市町村では生涯学習推進計画等を別に策定している。

◯地域の総合計画と教育行政

自治体の行政全般にわたる政策・施策等をまとめた包括的・横断的な計画は一般に総合計画とされています。かつては地方自治法で策定の義務づけ等がされていましたが，現在は自治体が抱える地域特性や課題に対応した自由な体系・構造で策定されています。このなかに当然，教育に関する計画も含まれます。たとえば青森県では今後5年間にわたる「県行政全般に係る政策及び施策の基本的な方向性を示す」ものとして「青森県基本計画」を策定しています。このなかの教育に関する部分が県教育振興基本計画となっています。

地域社会の課題がますます複雑化・総合化するなかで，生涯学習支援も含めた教育行政も独立して計画・実施されるより，行政全体のなかで議論し構想化した方がよいという判断だと思われます。一方，長野県では教育振興基本計画とは別に教育委員会が策定者となり「長野県生涯学習基本構想」をまとめています。

③ 計画による行政の課題

あらゆる行政が実効あるものとなるためPDCAサイクルが重要となることは論を俟ちません。計画の体系は評価の体系でもあります。経験則という「計画」のもと行政が行われることは避けなければなりません。また，「やりっぱなし」で成果を問わない行政も許されません。ただ一方で計画自体が目的化・硬直化してしまい，計画したので実行しなくてはいけないという轍に入ってもいけません。そのために政策評価制度があるのですが，生涯学習という人の内面にかかる行政の効果について，どれだけ測ることができるかはまだこれからの課題です。

（伊藤康志）

Ⅶ 民間団体・機関による生涯学習支援

1 子ども・少年団体による生涯学習活動

 変化する子ども・少年の集団の形

　子ども・少年とは，一般に幼児から小学校児童，中学校生徒である義務教育年限の15，16歳までの男女を指すと考えられています。

　わが国では古来「7つまでは神のうち」といわれ，7歳になると共同体の一員とみなされて「子供組」に入る地方がありました。子供組とは地域の年中行事などを行う年齢差のある子ども集団で，年長の少年が大将となり，遊びながら年少者の世話もしていました。大人は見守りながらも口出しはせず，言わば子どもの自治が行われた集団です。15歳になると子供組から抜けて「若者組」の最年少になり，地域社会での役割を担う一人前になっていきました。

　近代学校が登場した明治期を経て，第二次世界大戦後に6・3制の義務教育制度が整うと，子どもの生活は学校中心になります。高度経済成長期以降は，都会では野原や路地などの自由な遊び場が姿を消し，きょうだい数は減って子どもが大勢の異なる年齢集団で遊ぶ機会は少なくなっていきます。さらに，PCゲームやスマートフォンの普及は，少年期のコミュニケーションや集団形成に大きな影響を与えました。地域社会の治安にも心配事が多くなり，子どもたちは放課後も学校や塾に安全な居場所を求めるようになっています。

　少年期は，数人でグループを組んで遊び，互いに認め合うことで社会性が育まれる年代です。ところが，現代の子どもの生活は文字や映像を介した間接経験によって情報を得たりやり取りをしたりすることが多く，五感を使って思い切り遊びや喧嘩をするような身体経験が乏しくなっています。子どもたちは次第に「空間・時間・仲間」を失っていったともいわれます。

2 子ども・少年団体とは

　子ども・少年団体とは，学校教育と行政社会教育を除いた子どものための学習支援団体を指します。このような団体は「子供組」のように子どもだけで活動する集団ではありません。はじめは支援者である大人たちによって意図的に創り出され，子どもの相互的な学習や体験活動が行われます。活動が継続するうちに，子どもたちが活動に主体的に参画していくことが期待されています。

　民間（民）とは行政（官）に対して使われる言葉です。近年は，公教育制度が未整備だった時代とは異なる問題が起こってきました。学歴偏重社会から生

▷1　子供組は基本的に男子で構成された。日本の民俗社会における子どもの育ちは，柳田国男　1976『こども風土記・母の手毬歌』岩波書店，大藤ゆき　1968『児やらい』岩崎美術社に詳しく書かれている。

▷2　1970〜80年代の子どもの遊びの変化については，たとえば，仙田満　1992『子どもとあそび――環境建築家の眼』岩波書店を参照。

▷3　ロジャー・ハートは，子どもの活動参加が大人主導から子ども主導へと進化していく8段の「参画のはしご」を構想し，最初の3段（操り参画→お飾り参画→形だけの参画）のうちは「非参画」であるとする。

涯学習体系への移行を提唱した1980年代の臨時教育審議会答申のなかでは、民間の活力を生かした学習支援の重要性が指摘されています。

民間団体は、企業などの営利団体と、公益法人やNPO法人などの非営利団体とに分けることができます。子ども・少年の学習支援を行う民間営利団体には教育産業である学習塾やお稽古事があります。伝統的な子ども・少年の民間団体の多くは非営利団体といえます。

③ さまざまな子ども・少年団体

戦前・戦後に地域で興った子ども・少年団体の役割は、すべての子どもの健全な育ちを保障する児童福祉の側面と、学校では行えない学びを支援する「学校外教育」という社会教育の側面をもっていました。「子ども会」はその両面の歴史をもつ代表的な地域子ども団体で、地域社会が安定していた時代に学区内などの子どもを集め、野外活動、祭り、スポーツ等の機会を提供してきました。

昨今、近隣社会の変化は激しくつながりが乏しくなっているといわれます。しかし、子どもにとって身近な地域の仲間は重要な人間関係であることに変わりはありません。「スポーツ少年団」「青少年育成会」「おやじの会」も、子どもの活動を支援する地域団体です。子どもを中心とした活動は支援者である親や地域の大人にも意識変化をもたらす学習機会となり、家庭教育の支援や地域の親睦が図られるきっかけになることがあります。

さらに、新たな活動の場を創るという子ども支援団体も組織されています。たとえば1970年代に東京都世田谷区で市民による羽根木プレーパークの活動に始まった「冒険遊び場づくり」は、現在では全国に広がっています。

④ 学校と連携した子ども民間団体の活動

公立の小・中学校では、2002年以降は学校週5日制が実施されてきました。ところが、その後の子どもたちの放課後や土曜日の過ごし方は、学校施設（余裕教室や運動場）を活用した、学校と地域住民・大学生などから組織される民間団体との連携による支援が不可欠になっています。

2014年には、国の「放課後子ども総合プラン」が策定され、文部科学省が実施するすべての子どもを対象とした「放課後子供教室」事業と、厚生労働省の所管で民間事業者に運営委託されることが多い「放課後児童クラブ」（学童保育）事業との連携・一体化が図られています。さらに、クラブ活動や補習授業への民間営利・非営利団体（学習塾やスポーツクラブ・PTAなど）の参入を進めている学校もあります。住民ボランティアの支援で成り立つ「地域学校協働本部」や「コミュニティ・スクール」（学校運営協議会制度）も増加傾向にあり、子どもの活動に対して身近な人々の協力が望まれています。　　　（内山淳子）

▷4　冒険遊び場（プレーパーク）とは、子どもが「自分の責任で自由に遊ぶ」場とされ、市民団体や自治体によって運営されている。

参考文献
ハート，R.　南博文（監修）IPA日本支部（訳）2000『子どもの参画――コミュニティづくりと身近な環境ケアへの参画のための理論と実際』萌文社.

VII　民間団体・機関による生涯学習支援

 青年・若者団体による生涯学習活動

1　青年期の意識

　子どもから大人への移行期である青年期は，心の自立が始まる「第二の誕生」（ルソー『エミール』）といわれます。実際に，義務教育を終えた後は高校・大学への進学，就職といった選択肢が増えます。それらを自分自身で選び取っていくこの時期は，人生で初めての岐路といえるでしょう。また，2015年に選挙権年齢が18歳以下に引き下げられ選挙権が得られたように，青年期には社会参加に責任をもつ立場になります。さらに，年下の者や子どもの世話をする側に回る準備期間でもあるのです。

　内閣府が日本を含む7カ国の若者を対象に行った意識調査「平成25年度我が国と諸外国の若者の意識に関する調査」では，日本の若者は諸外国に比べて自己肯定感が低く，規範意識が高いという結果が出ています。一方でこの調査では，学校生活・職場生活への満足度や家族といるときの充実感が高い若者ほど自分への満足度が高いという関連がみられました。

　現代はIT機器を通じて豊富な情報が即時に入手でき，自分の考えも容易に発信することができます。同時に，若者の集団離れが指摘されています。また，高学歴化するとともに社会的自立が急かされない社会においては，自我同一性の模索期（モラトリアム）が長期化しているともいわれます。

2　青年期の団体活動

　青年期の団体活動は社会的な意味をもつことが多くなります。各々の団体に活動目的がありますが，参加すること自体が多様な関係性を築いていく経験になります。信頼できる仲間と活動を共にするなかでは，考え方の違いが生じたり，集団のなかでの個人の役割や責任を感じたり，協力する楽しさを感じたりするでしょう。それは，一人の世界では発見できない自分との出会いでもあるのです。

◯地域を基盤とした青年・若者団体

　日本の青年・若者団体の源流は，「若者組」にさかのぼるといわれます。地域共同体での防犯・消防・行事執行などの役割を担い，「若者宿」をもつこともありました。第二次世界大戦下の大日本青少年団は軍事目的に利用されましたが，戦後には民主的な「青年団」による活動が行われます。アメリカで研究

が深められたグループワークの技法は，日本の社会教育に取り入れられました。それらは自らが直面する課題をもち寄って話し合う「共同学習」と呼ばれる地域青年団体の方法論として発展し，農村青年たちが集った「青年学級」などで用いられました◁1。戦後の都市では，生活困窮者と同じ地区に暮らしながら生活改善を共に行う社会事業として学生セツルメント運動も盛んになりますが，高度経済成長期以降には活発ではなくなっていきます。また，非行などの問題をかかえる青少年を支援するBBS活動は海外でも行われており，地域社会に求められている青年団体の活動の一つです◁2。

◯ 国際的な青年・若者団体

海外で発祥した以下のような青少年団体は，国際的な民間非営利組織です。それぞれの団体は社会的使命をかかげ，活動を継続していくための指導者育成が行われています。

ボーイスカウトは1907年の英国の少年キャンプに始まりスカウト運動として全世界に広まった青少年活動で◁3，日本には明治末期に伝わりました。班制を基礎に各年代の自発性を尊重したプログラムをもち，野外教育，社会奉仕活動等に取り組んでいます。ガールスカウトは大正期に「日本女子補導団」が女学校を中心に組織され，国際交流活動，リーダー養成活動等を行っています。

YMCAは英国で1844年に結成され，日本では明治期に東京基督教青年会が設立されたことに始まります。人道主義に基づく国際理解と平和教育を理念として，キャンプ活動をはじめとした野外教育やスポーツなどが行われています。

❸ 青年・若者による新たな団体活動の展開

昨今では，ボランティア活動への認識の広がりから，若者が自主的にNPO法人等を組織して企画・運営・実施を行う民間団体が増えています。

活動内容は，貧困など困難な生活環境にある子どもたちへの学習支援，リサイクルを推進する環境保護活動，災害復興支援，文化・スポーツの振興，青少年の自然体験活動など多岐にわたります。情報公開にインターネットを活用し，地域の成人団体とも連携して活動をしています。

若者による自主団体は，意欲的ではあってもまだ実社会との関係に乏しく，活動継続が困難な場合があるため，団体育成には中間支援組織の役割が重要になります。中間支援組織とは，NPO法人・サークル・ボランティア団体などの広報やコーディネート，行政機関との連携促進，支援を必要とする人々と活動団体とのマッチングなどを行う支援機関のことです。市区町村の「青少年活動センター」といった公共の施設がこの役割を果たす地域が多く，施設を運営する民間団体は，青少年の文化活動や就労支援などのプログラムも提供しています◁4。学校から社会への移行期でもある青年期には，試行錯誤が可能な活動の場と，その支援が求められています。

(内山淳子)

▷1 第二次世界大戦後に盛んになった地域青年団や自主サークルを単位とした勤労青年による職業技能・一般教養などの学習活動は，1953年の青年学級振興法制定以降には市町村の国庫補助事業「青年学級」として行われた（1999年に廃止）。

▷2 BBS活動（Big Brothers and Sisters Movement）は，日本では更生保護を支える民間団体として法務省の管轄となっている。

▷3 英国陸軍の軍人ベーデン‐パウエルが，1908年に少年の指導書『スカウティング・フォア・ボーイズ（少年のための斥候術）』を出版し影響を与えた。2015年には4年に一度162ヵ国から会員が集まる「第23回世界スカウトジャンボリー」が日本で開催された。なお，ボーイスカウトは性別を問わず入会できる。

▷4 厚生労働省が推進する「地域若者サポートステーション事業」を中心とした活動。

参考文献
田中治彦（編著） 2001 『子ども・若者の居場所の構想』 学陽書房．

VII 民間団体・機関による生涯学習支援

 成人団体による生涯学習活動

1 成人とは

一般に「成人」とは、一人前になっていることを前提としています。個人の生き方が多様化した今日、年齢による区分は難しいので、ここでは、青年期以降の壮年期・向老期までを成人として捉えています。社会的・経済的な自立をはじめ、職業人・家庭人・社会人としての役割を果たしながら、来るべき高齢期への備えを進める段階です。社会活動の中核を担う世代であり、職場での責任や役割の増加に家庭での役割が重なり、ストレスの高まる世代といえるでしょう。充実した人生を謳歌する一方で、現役からの引退や子どもの独立などに喪失感や不安を感じる世代でもあります。

2 成人団体の類型と特徴

成人団体に限りませんが、団体には、地縁や血縁に基づいてつくられるものと、特定の目的や関心のためにつくられるものがあります。地縁に基づく団体は、地域にかかわることについて、総合的に取り組む活動をしている民間団体で行政とのつながりが深いことの多い団体です。こうした成人団体には、自治会、町内会、婦人会／女性会、消防団、PTA、(子ども会の) **育成会**▷1、おやじの会、文化協会、体育協会などがあります。安定した活動がなされ、継続性志向をもつ団体といえるでしょう。地縁による網羅性が高いために、一定数の会員を集めることは可能なのですが、そのなかに自発性が低い会員や明確な目的意識をもたない会員が多くなりがちであることが指摘できます。

特定の目的のために自発的に結成された団体とは、消費者団体、各種の支援団体、**NPO／NPO法人**▷3やボランティア団体、自主グループやサークル、職業別に結成された団体などとても多様です。活動目的が一致した会員が集まって結成される団体は、自発的に参加する会員で構成されるので、目的達成に向けた活発な活動が可能です。結成される当初は特に小規模なことが多く、スピーディーな動きや柔軟性に富む活動が行えます。こうした団体の特徴としては、活動の目的はもちろんのこと、団体の規模、運営方法、会員の構成、活動の内容や継続性などに大きな差異があるということでしょう。

▷1 育成会
子どもたちが自ら行う「子ども会」の活動をバックアップするために、子ども会とセットになっている成人の団体のこと。

▷2 ⇒ VII-1 も参照。

▷3 NPO／NPO法人
Non-Profit Organization の略で、非営利組織のことを指す。「特定非営利活動促進法」(NPO法)により法人格を取得したNPOはNPO法人になる。
⇒ VII-7 参照。

3 成人団体の活動内容

　地縁を基にした団体の活動をPTA（Parent-Teacher Association）を例にみると，PTAは，児童・生徒の保護者と教員が会員となり，子どもの教育などについて協力しあう目的で，学校単位に組織される団体のことを指します。活動内容は地域や学校ごとに異なりますが，自治体や警察など地元の諸機関と協力して，子どもの健全育成に役立つ活動をすることは共通しています。PTAには，**家庭教育学級**を実施しているところもあるように，保護者や教員の学習の場をつくる役割や，会員の学習の向上を目指す機能もあるのですが，このことはほとんど意識されていないのが現状でしょう。地域の生涯学習の拠点として学校を位置づけて活動する事例など，PTAのあり方から検討を重ね，活動に工夫をこらし，その取り組みが成功しているところも多く存在しています。また，今日では，学校支援地域本部の活動やコミュニティスクールの導入などで，学校と家庭と地域の連携がますます重要視されていますが，これらの活動の基盤として新旧のPTA経験者が担う役割は大きいといえるでしょう。

　一方，特定の目的のために結成された団体であるNPOは，団体ごとに活動内容は大きく異なります。たとえば，「NPO法人えひめ子どもチャレンジ支援機構」（2006年設立）は，現職・元教員や社会教育行政関係者，公民館関係者，自治会関係者など約100名の会員が青少年のチャレンジ活動を支援する活動を行っています。また，綾瀬市の「ドリームプレイウッズ」（2002年）や，「NPO法人プレーパークせたがや」（法人設立は2005年。活動のはじまりとなった羽根木プレーパークは1979年から実施）のように，実体験の乏しい子どもたちに，禁止事項を極力設けず自由に遊べる冒険遊び場を提供している団体もあります。

4 成人団体の今後の課題

　社会や人々の意識の変化によって，地縁団体の役割は縮小したといわれます。地域課題の存在は，かつてほど意識されなくなったとはいえ，すべてが解決したわけではありません。地域の教育力の低下などは，地域住民が連携して取り組むべき喫緊の課題の代表でしょう。このような取り組みに，地縁団体が担う役割の意義が理解されながら，敬遠されるのはなぜなのでしょう。一つには，会員の自主性・自発性に基づく活動よりも，団体の統制を重視してきた団体のあり方があるでしょう。会員の固定化や高齢化は，新しい会員の参加で解決していくことが望まれます。そのためには，一人ひとりの個性や柔軟な発想が活かせる団体であることが大切です。

（本庄陽子）

▷4　学校ごとに組織されるPTAのことを「単位PTA」という。

▷5　**家庭教育学級**
教育委員会などが家庭教育に関する学習を行う機会を計画的に提供する事業のこと。受講する保護者などは，一定期間グループで，継続して学習する。2003年に国からの補助金は廃止され市町村など各自治体の管轄になった。

▷6　千葉県習志野市立秋津小学校PTAと秋津コミュニティの事例が有名だが，他にも特徴あるPTA活動の事例を集めた事例集が日本PTA全国協議会などから発行されている。

▷7　「職・食・触」の三つのショクを合言葉に，職場体験プログラムの開発，食への関心を高める体験活動，青少年ボランティアの体験交流会等，青少年が自ら企画・実践するさまざまな活動を支援している。

▷8　どちらも「自分の責任で自由に遊ぶ」ことをモットーとして活動している。ドリームプレイウッズ（神奈川県綾瀬市）は，野菜作りやキャンプ等の野外活動を支援。プレーパークせたがや（東京都世田谷区）では，子どもの「やってみたい」を応援し，大人も一緒になって遊びを楽しめる場となっている。

参考文献
吉田昇・碓井正久・田辺信一（編）　1973　『人間のための教育5――成人』日本放送出版協会。
宮坂広作　1979　『PTA再建』明治図書出版。

VII　民間団体・機関による生涯学習支援

女性団体による生涯学習活動

 女性の教育・学習の歴史

　第二次世界大戦以前のわが国では，女性の地位は著しく低く，社会的活動に女性が直接かかわることはほとんどなかったといってよいでしょう。一般に女性は，家父長制によって封建的な「家（イエ）」にしばられ，職場への進出もままならない状況に置かれていました。参政権はおろか，相続権も親権ももたない存在でした。長いあいだ女性は，家政の担当者として位置づけられ，女性自身も「内助」という言葉で表されたアンペイドワークを，女性の当然の義務として心得てきました。それは，男女には生物学的な差異があるのだから，社会的役割にも違いがあるという思想を前提とした考え方が背景にあったからです。「良妻賢母」のように，女性本来の役割は，家を整え，子を産み，子を育てることにあるとする思想に基づいて描かれた女性の理想像は，女子教育の目標となっていました。家庭教育，社会教育の場においてはもちろん，公的な学校教育の場においても，女子に対する教育は男子のものとは内容も就学期間も異なるものでした。戦後は，急激に進められた民主化により，制度上の男女平等は保障され，達成されてきているのですが，実質的な女性差別などの「女性問題」は完全に払拭されたとは言い切れず，これまでの歴史を踏まえた学習の必要性はなくなってはいないのです。

女性団体の歴史と現状

　日本における最初の女性団体は，「日本キリスト教婦人矯風会」（1886年結成：以下，カッコ内は結成・設立の年）といわれます。その後，「日本女医会」（1892年），「愛国婦人会」（1901年），「新婦人協会」（1919年）などが結成されましたが，これらは主に中産知識階級の女性による団体であり，一般女性の参加はほとんどみられなかったといいます。昭和に入り，「大日本連合婦人会」（1930年），「大日本国防婦人会」（1932年）など官製の団体が結成されて，一般女性の組織化が進んでいきました。それらが，1941年の「婦人団体統合に関する要綱」に基づいて解散を命じられると，かわって結成された「大日本婦人会」が全国の女性を動員して戦争協力に駆り出す役割を果たしました。

　第二次世界大戦終戦後は，民主主義社会の始まりによる女性の解放，男女平等の理念に基づき，民主的な組織づくりを目指す女性団体が次々に誕生してい

きました。今日では，全国地域婦人団体連絡協議会＝地婦連（1952年），主婦連合会＝主婦連（1948年），地域の婦人会／女性会，職業別の女性団体などの他にも，町内会の内部にある女性部会や，女性ネット Saya-Saya（2000年）のように DV 被害者の支援活動を行う NPO 法人など，さまざまな活動理念と目的をもった女性団体が結成されて活動しています。

③ 女性団体の性格

女性団体に限らず，団体は，地縁・血縁を基にしたものと，特定の関心や目的に基づくものとの二つに分類することができます。地縁・血縁を基にした女性団体とは，地域に活動基盤をおく地域の婦人会／女性会が代表例でしょう。また，PTA や子ども会の育成会などは，厳密な意味では女性団体ではありませんが，実際に活動を担う会員の多くが母親であることを考えると，地域で活動している女性団体に近い性格をもっている団体だとみることができます。地縁に基づく団体は，広く地域の問題に総合的にかかわる団体として，その活動は安定していて継続性に優れています。しかし，この安定と継続性は，明確な目的意識をもたない会員の存在や活動内容の固定化を招くことにつながり，団体の役割の縮小化や会員の減少が問題となっています。若い世代の参加が減少し，多くの団体は会員の高齢化を招いています。

一方，特定の関心や目的に基づく団体は，職業別の女性団体や DV 被害者や女性特有だとされる疾病患者の支援団体などがあたるでしょう。特定の目的のために自発的に結成された団体は，スピーディーな活動が可能です。一つの目的のために NPO や小グループを立ち上げて活動するような迅速な動きは，新しい団体活動の形といってよいでしょう。活動の全国組織化や継続性を希望しないのであれば，目的が達成されれば解散することもありうるわけです。

④ これからの女性団体の方向

かつてのように，女性だけに課せられた課題は徐々に減少してきているといえるでしょう。たとえば，**ワーク・ライフ・バランス**の問題は，1980年代に仕事をもつ女性の問題として登場したものですが，今では男性女性を問わずすべての人が，働き方と暮らし方を見直すべき問題として認識されるようになりました。もちろん，今日でも**マタニティ・ハラスメント**のように，女性だけが被害を受けている問題はなくなったわけではありません。育児休暇や介護休暇なども，依然として女性が深くかかわる問題です。

人々の価値観や生き方が多様化した今日，家庭のあり方，家族のかたち，女性のライフスタイルもまた多様化しています。「女性だから」「母親だから」という共通点があっても，それだけで一つになれるものではないでしょう。一人ひとりの個性や考え方が活かせる団体であることが大切です。　　　（本庄陽子）

▷1　地域の婦人会・女性会の全国組織である全国地域婦人団体連絡協議会は，会の目的を，「本会は地域婦人団体の連絡協議機関としてその共通の目的である男女平等の推進，青少年の健全育成，家庭生活並びに社会生活の刷新，高齢化社会への対応，地域社会の福祉増進，世界平和の確立などの実現につとめること」と定めている。

▷2　ワーク・ライフ・バランス
ワーク（仕事）とライフ（仕事以外の生活）の調和と充実を図り，個々のニーズに合わせて両立可能な働き方・生き方を選択できるような考え方と，その実現に向けた取り組みを指す。

▷3　マタニティ・ハラスメント
妊娠・出産した働く女性に対して，業務に支障が生じるという理由をつけて，精神的・肉体的な嫌がらせ行為を行うこと。略称，マタハラ。出産後の女性の就労継続を妨げる要因の一つにもなっている。労働基準法や男女雇用機会均等法などに違反するケースも多々あるとされる。

▷4　女性が深くかかわる問題を解決するためには，女性が声をあげることは必要だが，女性だけの問題として抱え込んではいけない。

参考文献
全国地域婦人団体連絡協議会　2003　『全地婦連50年のあゆみ』。
柏木惠子・高橋惠子（編）　2008　『日本の男性の心理学――もう１つのジェンダー問題』　有斐閣。

VII 民間団体・機関による生涯学習支援

5 高齢者団体による生涯学習活動

1 高齢者団体の特徴

　高齢期は，体力，気力，知力などの衰えが加速する時期とみられることが多いですが，実際には個人差が大きく，日常の生活ですぐに支障がでることはむしろ少ないのです。高齢期は，一方では周囲からの手助けを必要とする時期であるのですが，また一方では，働き盛りには実現しづらかった社会的活動に積極的にかかわり，生きがいに満ちた日々を過ごせる時期でもあります。

　生涯学習活動にかかわる高齢者団体は，おおむね60歳以上の人々によって組織されるものをいいます。実際は，退職後の60代後半以降の人々で構成されることが多いです。高齢者グループ，サークルなどとも呼ばれます。規模に大小はありますが，いずれの団体も，それぞれに目的や目標をもち，組織をもち，活動や事業の計画をもっています。

　団体に属する高齢者の基本的特徴は，アクティヴであることです。団体に自主的に参加し，積極的に人間関係を広げ地域にかかわろうとしています。彼らはよりよい自分に変わろうとし，よりよく社会を変えようとしています。

　高齢者団体には，二つのタイプがあります。一つは同好・同志の親睦団体系。もう一つは生涯学習や地域活動の支援団体系です。

2 高齢者の親睦団体

　公民館は全国に約１万5000館あり，ほとんどの公民館で学習サークルが自主的に活動を進めています。会員は話し合い等により活動日を決め，指導者を決め，継続的に活動を進めています。活動は，美術，文芸，料理，茶・華道，手芸，ダンスなど多岐にわたっています。図6を見てください。サークル全体の約４割が高齢者の比率が高いサークルです。高齢者人口の増加とともに，今後も公民館サークルには多くの高齢者の参加が見込まれます。

　また，地域には，高齢者の生きがいと健康づくりを目的とした「老人クラブ」という団体があります。会員資格はおおむね60歳以上となっています。老人クラブで高齢者は，健康学習，シニアスポーツ，趣味活動，ボランティア活動などにいそしんでいます。また高齢者は地域リーダーのための研修講座にも参加しています。

　多くの自治体では，高齢者のための学習の機会を設けています。高齢者大学，

▷1　老化の進行が軽い「元気高齢者」の時期を前期高齢期（75歳までがめやす），老化が進むなかで健康の維持が課題となる時期を後期高齢期（75歳以降がめやす）と呼ぶことがある。

▷2　文部科学省社会教育調査。2011年10月現在，公民館は全国で１万4681館，類似施設も含めると１万5399館となっている。

▷3　全国の単位老人クラブ（約11万団体）を束ねて連携・協調を図っているのが公益財団法人・全国老人クラブ連合会（全老連）である。2014年３月現在，会員数は約630万人。

生きがい大学，シニアカレッジなど，名称はさまざまです。これらの「大学」を主管する部局は，生涯学習を推進する立場からは教育委員会，健康づくりや介護予防の立場からは福祉部局がなることが多いです。

これらの課程を修了した人たちが自主的に同窓会や同期会をつくり，定期的に集まって学習や地域活動をしている例が多くみられます。出身の高齢者大学の事業企画を手伝ったり，学習アドバイザーの役を引き受けたり，地域でボランティアをするなど，彼らの自主的な活動が目を引きます。

こうした活動の発展のためには，団体リーダーの存在が欠かせません。活動についての企画力，人間関係の調整力，人間的な度量などを備えた高齢者の新しいリーダー像が求められています。

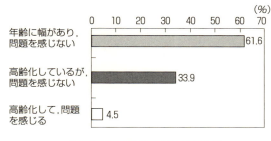

図6　サークル会員の高齢化

出所：野島正也　2005　『公民館サークル活動における参加者像と運営実態』（文教大学生活科学研究第27集）。

③ 高齢者の活動を支援する団体

高齢者の活動を支援する団体は，必ずしも高齢者だけで運営されているわけではありませんが，実際には，団体メンバーの多くが高齢者である例は多いです。いくつか例をあげてみましょう。

多くのNPO法人が，「新しい公共」を求めて全国に活動を展開中ですが[4]，そのなかには，高齢者の活動支援を事業の中心に据えた団体があります。事業例をあげれば，高齢者対象のパソコン指導，スイミングやウォーキングの指導，料理や手芸の指導，高齢者ふれあいサロンの運営などがあります。

地域には，高齢者の希望と能力に応じて就業の機会を提供するシルバー人材センターという団体があります[5]。入会は原則60歳以上です。この団体では，会員の技能や技術を高めるために各種講習会が開かれています。高齢者が就く仕事の内容には，育児支援サービス，子どものための学習教室，パソコン教室，中高年英語教室など，生涯学習の支援に関したものが含まれています。

エルダー旅倶楽部は，エルダーホステル（Elderhostel）方式を核として，旅行と学習を組み合わせた宿泊型の学習事業を進めています[6]。エルダーホステルは，若者を対象としたユースホステル運動にヒントを得てアメリカで始まりましたが，日本でもその活動が広がっています。多くの高齢者が，国内外で学ぶ楽しさと出会いの喜びを分かち合っています。

アメリカには**全米退職者協会**という全国的な高齢者自立支援組織があり[7]，高齢者の生涯学習を積極的に進めています。日本にはこのように大規模な非営利組織はありませんが，今後，各団体が連携・協力の関係を深めるなかで，より強力な学習支援のネットワークが築かれるものと期待されます。　（野島正也）

▷4　行政まかせでなく，個人や団体が主体的に地域活動に参加し，協力して，地域が必要とする公共的サービスを提供している。

▷5　全国に1300あるセンターの中核組織は公益社団法人全国シルバー人材センター事業協会（全シ協）である。加入会員数は全国で約73万人（2013年）。

▷6　1986年に豊後レイコ氏らによって創設された日本エルダーホステル協会の事業を引き継いだもの。運営はNPO法人グローバルキャンパス（2004年設立）。

▷7　**全米退職者協会**
American Association of Retired Persons (AARP)。

VII 民間団体・機関による生涯学習支援

 地域団体による生涯学習活動

1 さまざまな地域団体

　地域団体とは、一定の地域に住む人々が、共通の目的を持つことによって組織される団体と理解できます。地域団体には、さまざまな性格の団体が含まれますが、同じ地域に住んでいるという関係がより重要になる場合は、地縁団体と表現することもできます。たとえば、町内会のような組織は、その代表的なものになります。また、青年、女性、子ども、高齢者のように、その地域に住む特定の世代や性別によって構成される団体もあり、それぞれ、青年団、婦人会、子ども会、老人クラブといわれたりします。これらの団体は、地域活動を通して、それぞれの地域の自治や振興に貢献しています。

　さらに、地域団体のなかには、社会奉仕を目的として、地域単位で組織されるような団体もあります。そうした組織は、特定の目的をもとに組織されるという点で、町内会や青年団といった組織と比べて、地縁団体としての性格は弱くなりますが、具体的な活動はそれぞれの地域ごとに展開されています。たとえば、国際的な社会奉仕団体にロータリーやライオンズがありますが、日本を含めた世界各国の国内で地域ごとにクラブが組織され、ボランティア活動等を通した地域社会への奉仕が目指されています。**ロータリー・クラブ**は、地域の職業人が中心になって組織されますが、同じように、地域の青年経済人によって構成される組織として**青年会議所**があります。青年会議所では、会員の研修や交流に加え、地域社会への貢献も活動の主要な目的とされています。

　町内会をはじめとする伝統的な地域団体に加えて、いわゆるNPO法人のなかにも、まちづくりや地域振興を目的に地域で活動をしている団体があります。組織のあり方、設立の経緯、活動の目的や対象などが異なる、さまざまな地域団体が活動をしていることがわかります。

2 地域団体での学習

　地域団体が、それぞれの地域で活動をするにあたっては、その団体を構成する人々の間で学習が必要とされる場合がほとんどといってよいでしょう。地域の人々に学習機会を提供すること自体を活動の目的としている地域団体も多いです。特に、地域の人々が共有する地域課題や公共的課題に取り組むうえで、地域団体は重要な学習の場として機能してきたといえます。地域での教育や学

▶1　ロータリー・クラブ
1905年にアメリカのシカゴで創立されたクラブが起源とされる社会奉仕団体。その後、世界各国で地域単位のクラブが誕生し、国際的な普及を果たす。日本では1920年に初めてのロータリー・クラブが東京で設立されている。

▶2　青年会議所
20歳から40歳までの青年経済人から組織される団体。「明るい豊かな社会」の実現を理想とし、交流事業や社会奉仕活動を通した指導者の育成などを目的とする。1949年に創立された東京青年商工会議（1950年に東京青年会議所に改称）が日本で最初のものとなる。

習を担う存在として，地域団体が大きな役割を果たしてきたことになります。

　青年団，婦人会，子ども会などは，社会教育の領域において重要な役割を担っており，社会教育法で規定される**社会教育関係団体**の代表的なものとして位置づけられてきました。これまでの教育活動の実践の蓄積も豊富といえます。たとえば，青年団では，1950年代に，**共同学習運動**といわれるような，地域の身近な生活課題に取り組むための，話し合いを中心とした学習活動の実践が展開されました。そうした実践からもわかるように，地域団体での学習は，地域の人々の日常生活のなかで生じる学習課題や学習要求に対応するかたちで組織されることが一つの特徴といえます。地域団体の性格によって，当然，そこで取り上げる学習内容にもちがいがでますが，防災や健康・福祉，環境，子育て，地域振興などに関する具体的な課題が地域団体のなかで学習されています。

　地縁団体としての性格が強い地域団体は，農村社会のように，地域での人間関係が濃密で，日常生活を送る上で人々の協力が欠かせないような地域や時代において，教育や学習支援で果たす役割がより大きくなるといえます。実際，高度経済成長を経て社会の都市化や工業化が急速に進展する前は，地縁的な地域団体が果たしていた役割がいま以上に大きかったといえます。

③ 地域団体の抱える課題

　ところが，社会状況が大きく変化した現在，そうした地域団体のあり方にも変化が生じています。地域団体の活動の多くは，地域の人々が同じ課題を共有するということがその前提になっているといえます。都市化やライフスタイルの多様化が著しい現在の社会においては，地域における人間関係の希薄化が社会的課題とされています。そのような状況では，そもそも地域の人々が一緒に活動するとか，地域の課題を共有するといった機会自体が少なくなってきており，地域団体の活動の前提や基盤となるものが揺らいでいるといえます。団体によって程度の差はありますが，参加者の減少や活動の停滞は，多くの地域団体が抱える問題になっています。特に，過疎化が進んだ地域の青年団では，活動を担う青年の減少により，その存続が危ぶまれるような状況があります。地域的な紐帯を前提とする，いわゆる伝統的な青年団というのは，すでに存在するのが難しくなっているのかもしません。むしろ，現在，地域の青年によって組織される団体は，サークルや同好会のように共通の趣味や関心をもとに，地域での人間関係の構築を目的としているものが多くなっているといえます。

　社会状況の変化を反映して，あらためて地域団体の役割に対する期待が高まっている状況もあります。そこでは地域団体の活動を通した人間関係の構築や地域の活性化が期待されており，行政やNPO等の民間団体による地域団体支援の取り組みも展開されています。そのなかで，地域団体のもつ教育や学習の場としての意義も再評価されているといえます。

　　　　　　　　　　　　　　　　　　　　　　　　　　　（大木真徳）

▷3　社会教育関係団体
社会教育法第10条で，社会教育関係団体とは，「法人であると否とを問わず，公の支配に属しない団体で社会教育に関する事業を行うことを主たる目的とするもの」とされる。

▷4　共同学習運動
1953年に制定された青年学級振興法に反対するために，日本青年団協議会により推進され，青年団を中心に展開された学習運動。

Ⅶ　民間団体・機関による生涯学習支援

 NPOによる生涯学習活動

 NPOとは

　NPOとはNon Profit Organizationの略語で，一般に民間非営利組織と呼ばれ，政府によるコントロールを受けない，市民が連携した，営利を目的としない組織的団体で，社会的使命（ミッション）の達成を目的に，社会的，公益的活動を行う団体を指します。したがって，最も広義には公益財団法人や公益社団法人や法人格をもたない社会貢献活動を行う任意団体を含みますし，最も狭義には法人格をもつNPO法人のことを意味します。

　わが国でもたとえば町内会などの地域団体，子ども会や青年団，婦人会などの地域を基盤とした生活団体，さらに興味や関心などを基に集まるサークルなどがかねてから存在していましたが，市民が対価を求めずに自発的に行う地域的な活動や社会的な活動が大きく注目されるようになったのは1995（平成7）年に発生した阪神・淡路大震災の際のボランティア活動が契機だと考えられています。このときの活動は個人や任意の団体・グループによったものが多かったため，活動の継続や定着に障壁や課題があることが認識され，1998（平成10）年に「特定非営利活動促進法」（通称「NPO法」）が制定されました。

　NPO法では，「特定非営利活動」とは，保健・医療・福祉の増進や社会教育・まちづくりの推進，学術・文化・芸術・スポーツの振興等を図る活動であって，不特定かつ多数のものの利益増進に寄与することを目的とするものをいいます。これらの活動を主目的とする団体で都道府県知事等による設立の認証を受けたものを，「特定非営利活動法人」（通称「NPO法人」）といい，2014（平成26）年には全国で5万団体を超えています。団体により規模，活動の分野・内容，活動エリアなど多様な実態がありますが，全国各地で多種多彩で独自の活動を展開し，20年弱の間にかなり定着してきているといえます。

2　NPO活動と生涯学習の関係

　NPO活動と生涯学習の関係には深いものがあります。

　一つには，生涯学習・社会教育の推進を目的にするNPO活動です。たとえば，総合的な生涯学習講座，単発型の講演会，子ども対象イベント，学習成果発表会，学習情報紙発行など，多様な事業の企画・運営に取り組み，地域住民の学習活動への参加を促す活動を行います。行政や社会教育施設，またカルチ

ャーセンター等の民間教育事業者とは異なる立場で生涯学習・社会教育の推進者の役割を担っています。

二つには，NPOのミッション達成のための学習促進です。たとえば，河川浄化を目的とするNPOの場合，住民に河川汚染を理解してもらうために，上流から河口までの水質変化調査を通じた学習機会を提供することがあります。これは，河川の浄化という自らの活動の目的や価値観に共感し，社会の課題解決に向けて一緒に考え，行動する人々を増やすために行われるもので，「現代的課題」の学習機会提供となっています。また，NPOそれぞれのミッションに関する学習内容の教材作成や，ボランティア等の人材育成の活動に取り組むNPO活動の例もあります。

また，NPOに属する個人に着目すれば，①NPO活動に必要な知識・技術を習得する学習，②学習の成果を生かす実践のNPO活動を通じての学習，③NPO活動を継続するために必要な，さらに専門的な知識・技術などの学習という視点が考えられ，それぞれの学習は個々人の生涯学習の活動としても取り組まれます。このように，NPOと生涯学習は，NPO活動の面と活動に取り組む個人の面のいずれにおいても密接な関係があります。

3 NPOと生涯学習行政との連携への期待

活動を通じて個人の自己実現と社会的課題の解決を同時に進めることを目指すNPOは，地域社会におけるコミュニティの弱体化が進むなかで，新たな地域社会づくりの主体として，また，地方分権が進むなかで，地域の個性や主体性を発揮し，行政，企業と並ぶ第3のセクターとして考えられています。

生涯学習・社会教育の分野でも，NPO活動と生涯学習には密接な関係があることから，たとえば2008（平成20）年の中央教育審議会答申「新しい時代を切り拓く生涯学習の振興方策について」では，生涯学習・社会教育行政の今後のあり方の一つとして「様々な学習機会の提供や学習活動の実施等において，NPO，中間支援組織および民間事業者等の民間団体の果たす役割が大きく，地域の実態等に応じて行政が民間団体等との積極的な連携を進めることが大切」で，そのための仕組みづくりが重要であると提言されるなど，生涯学習社会の実現に向けてNPOには大きな期待が寄せられています。

非営利活動の観点で近年法制度が整備されたNPOの活動と生涯学習は先述のとおり密接な関係があります。しかしながら，生涯学習・社会教育は学習者の自発性や主体性の尊重を原則としますから，"市民の自主的・自発的な集団が人々の教育・学習に寄与する"という観点に注目して考えることがより重要です。とすれば，NPOだけでなく，サークルなどの目的的団体や，子ども会などの地縁団体の存在や活動にも同様に意味があると考えることができるでしょう。

（稲葉　隆）

参考文献
鈴木眞理　2004　『ボランティア活動と集団』　学文社。
山岡義典（編著）　2005『NPO基礎講座（新版）』ぎょうせい。
宮入賢一郎・森田真佐男　2007　『図解　NPO法人のつくり方・運営のしかた』　日本実業出版社。
山内直人・田中敬文（編）　2013　『NPO白書2013』　大阪大学大学院国際公共政策研究科NPO研究情報センター。
内閣府　「NPOホームページ」　https://www.npo-homepage.go.jp

VII　民間団体・機関による生涯学習支援

教育文化産業による生涯学習

1　教育文化産業とは

　企業など，営利を目的とする民間教育事業者による教育文化産業は，行政では応えきれない幅広い学習者の要求に柔軟に対応できる点が特徴です。受講者の学習ニーズや流行を積極的に取り入れ，生涯学習機会として多様な選択肢を学習者に提供しています。代表的な事業としてはカルチャーセンターがあげられます。

2　カルチャーセンターの変遷

　日本で最初のカルチャーセンターは，1955年に設立された産経学園です。その後，全国各地で都市部を中心としてマスコミ各社が中心となりカルチャーセンターを開業していきます。1974年には東京に，現在でも大型カルチャーセンターの代表格である朝日カルチャーセンターが誕生しました。1970年代は，高度経済成長を経て経済的な豊かさを実現しており，心の豊かさに重きを置くように人々の価値観が変化してきた時期です。余暇時間が増加したこともあり，1970年代後半には従来のマスコミやメディア関連企業だけではなく百貨店が参入して，大型カルチャーセンターが多く開設されました。1989年には，全国民間カルチャー相互の交流と協力によって，カルチャー事業の健全な発展向上を図るとともに，生涯学習を普及，振興し，わが国の教育，文化の発展に寄与することを目的として，カルチャーセンターの業界団体である全国民間カルチャーセンター事業協議会が発足しており，2015年時点で48団体が加盟しています。1990年以降，地方自治体や大学などが講座を積極的に開講したり，ネットの普及や高速化によりメディアを活用した学習機会が拡充したりしたことなどから，カルチャーセンターの事業規模は縮小しています。しかし，2014年の事業規模は売上高が約266億円，受講者数約557万人にのぼり，生涯学習社会において今もなお重要な役割を担っているといえます。

3　カルチャーセンターによる生涯学習の特徴

　カルチャーセンターの特徴としてまずあげられるのはその柔軟性です。学校法人などとは異なり行政の管轄に属さないために，学習の内容や方法，カリキュラム編成に制約がありません。また，参加のために特別な資格も必要なく学

▷1　全国民間カルチャー事業協議会では，カルチャーセンターを定義づける以下の条件をあげている。①恒常的，かつ継続的に開講していること。②講座が複数のジャンルにわたっていること。③固定した教室と，しかるべき設備をもっていること。④専業職員によるサービス体制を有すること。⑤不特定多数の人に門戸を開いていること。⑥有料であること。

▷2　経済産業省「特定サービス産業動態統計調査」http://www.meti.go.jp/statistics/tyo/tokusabido/index.html　（2016年1月参照）

▷3　全国民間カルチャー事業協議会　http://www.culture-center.gr.jp/　（2016年1月参照）

歴や年齢，性別に制限がないものがほとんどです。さらに，営利を目的としているために受講生のニーズを重要視した講座を開設し，講座編成やレベル，開講時間なども対象となる客層を意識して設定されます。細分化している学習ニーズや多様化している人々のライフスタイルに合わせて，時間や期間，内容，レベルにおいて多くの選択肢が用意されており，自由に組み合わせて選ぶことができる点が魅力となっています。最近では親子で参加できる講座や体験を含むエンターテインメント性の高い講座など，時代のニーズにタイムリーに応える講座展開もみられます。その一方で，教育水準が保証されていない点や，学習成果が評価される機会がほとんどないなどの課題もあります。

次にあげられるのが，大型のカルチャーセンターの多くは新聞社，放送局，百貨店・量販店などが経営主体となっている点です。こうした企業は，もともとの主事業が文化発信や文化創造を担っているため，教育事業となじみやすい性格を有していました。強力な広告媒体を用いて集客を行える点も利点です。幅広い分野にまたがる人脈を講師として活用することで，教育専業企業では難しい多様な講座を，大型商業施設や駅の近くなどの便利な場所で展開している点も特徴といえます。

4 教育文化産業の今後

カルチャーセンターは，その特徴を生かし独自性のある講座を展開してきましたが，近年地域における公的施設である公民館や大学や短期大学の公開講座においても，同様の講座がより安価に提供されるようになってきました。今後は，教育行政と民間教育事業者が連携し，それぞれのノウハウや資源を生かしながら人々の学習を支援することがより強く求められるでしょう。

たとえば，公的な施設を活用しながら，カリキュラム編成や講師派遣の部分で民間の力を発揮するような形態が考えられます。公民館などの地域社会のなかに根ざした施設の活用は，民間教育事業がこれまでアクセスできなかった層にアプローチを可能にするものであり，既存の公的施設を使用することで，講座料金を低く押さえることもできます。

また，インターネットや新たなメディア媒体の普及により，教育の提供や学習の形態も多様化していきます。民間教育事業である教育文化産業は，その特徴でもある柔軟性を発揮して，メディアを活用した新たな教育の方法を生み出していくことも期待されています。オンラインでの学習教材の開発や提供はもちろん，そうしたバーチャルな学習空間と実際のスクーリングとを組み合わせていくことでより多様な生涯学習の機会が広がっていくことになります。

（野村　和）

参考文献

樋口いずみ　2012「カルチャーセンターにおける生涯学習の役割に関する一考察――朝日カルチャーセンターを例に」『早稲田大学教育学会紀要』**14**，147-154.

全国民間カルチャー事業協議会機関誌　1989『カルチャーエイジ』。

Ⅶ 民間団体・機関による生涯学習支援

 健康文化産業と生涯学習

 健康文化産業とは何か——健康のための生活様式を支える産業

　「健康」とは，Ⅳ-2「健康の生涯学習」で説明したように，世界保健機関（WHO）が1946（昭和21）年に発表した「世界保健機関憲章」前文で次のように定義しています。「健康とは，病気ではないとか，弱っていないということではなく，肉体的にも，精神的にも，そして社会的にも，すべてが満たされた状態（well-being）にあることをいいます」。

　正に健康は，「生活様式全体（文化）」によって構築されるものですが，科学の進歩により高度に分業化が進んだ現代社会においては，個人個人が生活様式の細部まで自分でコントロールすることはもはや不可能となっており，生活様式を支える産業とその商品の質を見極める能力を高めることがこれからの生涯学習の重要テーマとなってきました。また健康は，さまざまな生活様式が複合的に作用して獲得できるものであるので，生活様式を総合的にコーディネートする新たな産業の育成も重要になってきています。

　経済産業省は，2009年（平成21年）に「健康文化産業の成長支援等による高齢者等が健康に暮らせる生活圏形成にかかる調査」を実施し，報告書のなかで「健康文化産業」を「健康を文化としてとらえ，商品やサービスの付加価値の一つとして健康価値を訴求する産業」と定義し，育成支援しています。

▶1　経済産業省近畿経済産業局　2009「健康文化産業の成長支援等による高齢者等が健康に暮らせる生活圏形成にかかる調査報告書」p. 28.

　日本は現在世界のなかで最長寿国となっていますが，日常生活に支障のない「健康寿命」と「平均寿命」との差は，男性9.02歳，女性12.40歳となっており，必ずしも健康で長生きしている人ばかりではないことが明らかになっています。2013（平成25）年度の国民医療費は約40兆610億円となり，2016（平成28）年度の国家予算が約96兆3400億円であることを考えるとゆゆしき事態になっていることが分かります。2015（平成27）年10月に設立されたスポーツ庁も重要施策として「スポーツを通じた健康増進」を掲げて「健康スポーツ課」を立ち上げていることからもその重要性をうかがい知ることができます。また，2012（平成24）年3月に制定された「スポーツ基本計画」では，「健康状態等によりスポーツを実施することが困難な人の存在にも留意しつつ，成人のスポーツ未実施者の数がゼロに近づく社会の構築」を目標としており，いまや健康文化産業は全国民必須の生涯学習課題になっているといえるでしょう。

❷ 健康文化産業の範囲──従来の健康関連産業との違い

前述した経済産業省の調査報告書では，従来の「健康関連産業」と「健康文化産業」の違いを以下のように定義しています。「従来の健康関連産業とは，健康食品，サプリメント，健康機器，健康グッズ，検診・各種ドック，健康管理・指導サービス，フィットネス・運動療法などであり，心身の健康の維持・増進など『身体的および精神的健康』という価値のみを単一で訴求するのに対して，健康文化産業は『社会的健康』まで含め，異業種連携や異業種からの参入によって健康を一つの価値としてとらえている。（中略）例えば，旅行中に血圧計などにより体調を測定しながら健康指導プログラムを体験するヘルスツーリズムや，食とバイオの融合によるアンチエイジングや機能性食品などの新商品がある。そのほか，健康という付加価値をつけたことにより，新たな市場（ターゲット）を獲得した例として，任天堂の Wii Fit は，ゲーム市場の主なターゲットである子供から中高齢者や女性にまで市場を拡大している。」

こうした健康文化産業から提供される商品（サービス）を総合的にバランス良く評価できる知識と能力を向上させることも現代人の生涯学習のテーマとなってきています。また，今後，「運動」「栄養」「休養」「ストレスマネジメント」の4つを総合的にコーディネートすると共に人間の五感機能を維持向上させる健康文化産業の出現，育成を促すことを生涯学習活動から働きかけることも必要になってくると思われます。

（師岡文男）

▷2　健康を管理するゲームソフトで「からだ測定」「トレーニング」「ヨガ」「バランスゲーム」など実際に身体を動かし測定し，記録することができる。

▷3　前掲調査，p. 29.

【参考文献】

（公財）日本WHO協会（訳）2010「世界保健機関章前文」

経済産業省近畿経済産業局　2009「健康文化産業の成長支援等による高齢者等が健康に暮らせる生活圏形成にかかる調査報告書」

厚生労働省　2015「平成25年簡易生命表」

厚生労働省　2015「平成25年人口動態統計」

厚生労働省　2015「平成25年国民生活基礎調査」

総務省　2015「平成25年推計人口」

厚生労働省　2015「平成25年度国民医療費の概況」

財務省　2016「平成28年度一般会計歳入歳出概算」

文部科学省　2012「スポーツ基本計画」

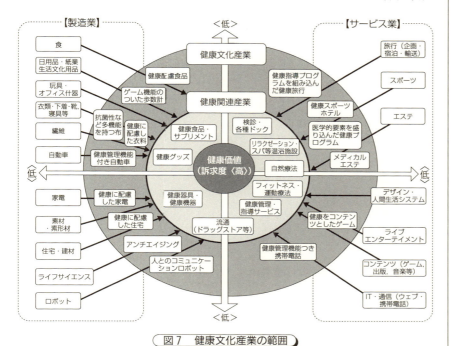

図7　健康文化産業の範囲

出典：経済産業省近畿経済産業局　2009「健康文化産業の成長支援などによる高齢者等が健康に暮らせる生活圏形成にかかる調査報告書」p. 29.

VII 民間団体・機関による生涯学習支援

10 行政と民間との連携による生涯学習支援

1 行政と民間との連携が必要なわけとは

生涯学習は，個人が生きがいや学びがいを求め，よりよい人生を送ろうとする営みの一つです。そして今や，個人の学びはその本人だけに完結せず，地域社会への広がりをみせ，地域活性への大きな要素ともなっています。もちろん生涯学習は，個人が自身の学習意欲によって行われるものですが，その一方では，国，都道府県，市町村など公共自治体，公民館，図書館，博物館，青少年教育施設などの支援によって促進されています。しかし，学ぶ側は個人で支援する側は行政というように，縦割り的なあり方では生涯学習を推進する上では限界があります。今日では，行政と民間がともに手を取り合い，協力しあって生涯学習活動を拡充していこうという取り組みが重要視されています。

では，なぜこのような連携が重要なのでしょうか。現代社会は情報社会でもあり，グローバル社会でもあります。それによって学習ニーズは非常に速いスピードで多様化し，行政だけでは個々人がどのような情報を必要とし，何を学んでいきたいのかを把握することが困難になってきています。また行政が企画・主催した講演会や講座などと地域住民の学習ニーズのミスマッチが起きているのも事実です。そこで行政と民間が連携して学習ニーズや地域課題の状況を共有し，その地域が求めている学習内容を検討し，より地域に即した，より地域住民の声を生かした学習機会を創出することが必要になってくるのです。

2 企画によって人を輝かせていく

地域における学習ニーズを最も把握しているのは，当然，その地域住民です。そこに住んでいるからこそ，何を学びたいかを知っているのです。では，ここで地域住民が地域住民のために生涯学習の講演会やイベント，講座の企画をして，ともに学び続けようとする取り組みを紹介しましょう。福島県福島市には「**アクティブシニアセンター　アオウゼ**」という公共施設があります。この施設の主目的は，**アクティヴシニア世代**を対象とした中心市街地の経済活性化，多世代交流の推進，そして生涯学習の推進です。主とした事業は，展示会や催しなどの貸館事業と個人学習者を対象とした開放講座事業になりますが，この開放講座運営の中核的存在が「市民サポーター」です。彼らは，開放講座やイベントを実際に企画・運営し，生涯学習を推進するボランティアです。サポー

▷1　福島市アクティブシニアセンター　アオウゼ
2010年11月に開館した福島市商工観光部が所管している公共施設。商業施設の撤退により空きビルを再生し，中心市街地活性化を推進するために商業施設と公共施設の一体化を図った施設「MAXふくしま」にある。1・2・3階にはスーパーマーケットや文具ショップなどがあり，5階には映画館がある。その間の4階に多目的ホール，多数の活動室，自習室，視聴覚室，和室，調理実習室，音楽スタジオのある当センターが入っている。1000台収容可能な駐車場など施設内容が充実しているため1カ月の入館利用者は5万人以上に及ぶ。

▷2　アクティヴシニア世代
「アクティヴシニア」とは，今のところ明確な定義はなされていない。一般的に，自分らしい価値観をもち活動的な中高年齢層を指すことが多いが，アオウゼでは福島市総合計画基本構想で50〜64歳と定義されている。

ター本人の関心，地域住民の声，サポーター同士での話し合いで提案されたアイディアを洗練し，企画書を作成し，行政の助言を得ながら講座という形にし，そして地域へ開き，多くの地域住民が参加できるようにするのです。

　特筆すべき点は，その市民サポーターが担当する講座数です。開放講座は行政職員と市民サポーターがともに企画し，その数は毎月50以上にのぼりますが，市民サポーターの企画数はその6割をも占めます。自主的にアイディアを出し，講座を運営し，そこへ同じ地域に住む住民が参加するという取り組みでは，行政がなかなか聞けない民間の学習ニーズを直接キャッチすることができ，地域活性が期待できます。一方，企画運営を行う市民サポーター自身も，毎回新しいアイディアを出すために，多くのことにアンテナを立て，関心をもち，多様な人々と交流します。次はどのような講座を企画すれば地域住民に喜ばれるのか，地域を元気にさせることができるのかを考え，サポーター同士でコミュニケーションが展開できるためです。行政と民間の互いの信頼関係，支援関係が土台になり，生涯学習推進システムになっている先駆的モデルです。

3　コーディネーターの必要性

　「アオウゼ」の市民サポーターが数年にもわたり活躍ができている背景には，行政の理解と支援と助言，そして市民サポーターの研修があります。公的施設には所管ごとにルールがありますが，そのルールのなかでも最大限に地域住民の声を引き出す支援を怠らず，常に市民サポーターのやりがいを見守る姿勢を保ち続けることが重要です。また市民サポーターに生涯学習とは何かを理解してもらう研修と講座企画に関する研修を提供することも不可欠になります。

　では，今後，行政と民間がさらに連携強化をしていくには何が必要なのでしょうか。地域には，市民サポーターのようなボランティアのほかに，NPOや大学，カルチャーセンターなど生涯学習活動を推進している団体があります。それぞれが独自性を生かした活動をしていますが，一方でその情報を一元的に把握しているところが少なく，何かを学びたい個人は自ら検索をしなくてはならないという状況にあります。そのためこれから求められることは，生涯学習に関する情報のプラットフォーム化です。つまり，開放講座，講演会，イベントなどの情報を集約し，発信し，さらにはどのような学びをすればいいのかという相談に対応できるシステムを構築することです。講座やイベントの集約はネットワーク上のデータベースで可能かもしれません。しかし，学びの相談機能は人間でなければできません。そうであれば，今後最も重要なことは，生涯学習の理論に基づいて，多様な学習ニーズに対応するために行政と民間を連携させ，多くの相談にアドバイスができるコーディネーターの養成なのです。各地にこのようなコーディネーターが誕生すれば，生涯学習社会の構築はさらに加速され，強固なものになるでしょう。

（三瓶千香子）

VIII 生涯学習支援としての大学開放

 大学開放を通じて社会貢献をする大学へ

1 21世紀型の大学への変貌

わが国の大学は，明治10（1877）年に東京大学が設立されて以来，大学教育の需要拡大に合わせてその数を増やし，学生数を拡大してきました。そうした時代の大学の役割は，研究と若者の教育の二つが中心になっていました。しかし，高校への進学率が90％を超えるようになる1970年代から，大学への進学率の上昇，生涯学習思想の普及，高齢化社会の出現，豊かな社会での生きがい喪失，国際的な経済競争，少子化，地方衰退などの社会状況の変化に対応して大学も変わっていくことになりました。1970年代から2015年までの期間におけるわが国の大学の変貌は，研究と教育に専心する大学から，新たに社会貢献をする大学へと変わっていく時期に当たります。この時期に，大学がどのようにして社会に開かれていくようになったのかをたどって，わが国では大学開放の概念がどのように広がって社会貢献する大学になったのかを説明したいと思います。

●大学公開講座

大学の組織的な社会貢献の第一歩は，地域の人々への大学公開講座の提供からでした。学校教育法（1947年）の第107条には「大学においては，公開講座の施設を設けることができる」と規定され，さらに社会教育法（1949年公布）の第48条では，大学の公開講座に関して，大学の管理機関は，次のような講座を開くことができると述べています。

> 第48条　……その教育組織及び学校の施設の状況に応じ，文化講座，専門講座，夏期講座，社会学級講座等学校施設の利用による社会教育のための講座の開設を求めることができる。
>
> 2　文化講座は，成人の一般的教養に関し，専門講座は，成人の専門的学術知識に関し，夏期講座は，夏期休暇中，成人の一般的教養又は専門的学術知識に関し，それぞれ大学，高等専門学校又は高等学校において開設する。

この規定は，大学教育を公開講座のかたちで地域の社会人に開くことができる根拠を示しています。1970年代になると，高校進学率が90％を超えるようになって，「高等教育をすべての者へ」（higher education for all）ということが意識されるようになり，民間ではカルチャーセンター，大学では大学教育開放センターが設置されるようになり，社会人入試を含めて「開かれた大学」といわ

れるようになりました。

1992年には、生涯学習審議会が「大学等が組織的にリカレント教育に対応していくために、生涯学習教育研究センターなどを計画的に整備することが望まれる」との意見を出したのを踏まえて、大学に生涯学習センターの設置を設けることが普及していき、大学公開講座が大学の社会貢献の主要な部分を形づくることになりました。

◯産学連携

ところで、1980年代に入ると経済の国際競争の問題から、産学連携が意識されるようになり、1987年に国立大学に産学連携推進のために地域共同研究センターが設置されるようになりました。[1]

1995年には科学技術基本法が成立し、全国の大学にベンチャービジネスラボラトリーがつくられ、1998年には、大学等技術移転促進法（TLO法）が成立し、技術移転機関が設置されるようになりました。大学審議会は1998年の答申「21世紀の大学像と今後の改革方策について」で、大学への競争原理の導入、国立大学の法人化と、大学の知的資源を地域社会や産業界に還元する考え方を示しました。こうして、2000年頃から産学連携活動が本格化することになります。

◯社会人学生の受け入れ

社会人が大学教育を受けやすくするために、従来から認められていた研究生、聴講生の制度に加えて、新たに学外の者で、受講科目で学期末の試験に及第した場合に単位取得を認める科目等履修生制度が設けられました。中央教育審議会の答申「大学等における社会人受入れの推進方策について」（2002年2月21日）によれば、「大学等における社会人の受け入れについて」の基本的な考え方は、高度で先端的な知識・能力の適時適切な修得に対する需要が増大、生涯にわたる高度で多様な職業能力の修得に対する需要が増大、多様な生涯学習需要が増大への対応にあるとしています。このことと、2004年における国立大学の法人化は、地域を意識した大学へと変わることを進めました。

② 新教育基本法のもとでの大学開放

大学における公開講座と産学連携の発達は、大学の使命をもっと広く捉えることを必要とするようになり、それを提起したのが中央教育審議会の答申「我が国における高等教育の将来像」で、大学における社会貢献の提起と、教育基本法改正による大学の規定の導入です。

◯中央教育審議会答申「我が国の高等教育の将来像」（2005年）

「我が国の高等教育の将来像」は、第1章において、21世紀は、「新しい知識・情報・技術が政治・経済・文化をはじめ社会のあらゆる領域での活動の基盤として飛躍的に重要性を増す」知識基盤社会と位置づけ、「新たな知の創

▷1 たとえば、1993（平成5）年に設置された信州大学の地域共同研究センターの設置趣旨は次で読むことができる。http://www.crc.shinshu-u.ac.jp/（2016年1月6日参照）

造・継承・活用が社会の発展の基盤となる」社会であり，それを引っ張っていくのは大学であるとし，研究，教育と並ぶ大学の第3の使命として「社会貢献」を位置づけました。大学の「社会貢献」は，大学の存立する地域社会，経済社会，そして国際社会のために，大学のもつ人的・物的・知的文化的な力を社会に開放しようというものです。

大学が第3の使命を実際に果たそうとするとき，「**大学開放**」という言葉が使用され，それは「教育・研究機能の拡張 (extension)」と定義されています。教育機能の拡張は〈知の普及〉による人間教育と人材育成，研究機能の拡張は〈知の開発〉に携わる人材育成です。

● 教育基本法改正での大学（2006年）

2006年に，教育基本法が改正されました。新しく加えられた条項のうち生涯学習の観点で注目されるのは 第3条の「生涯学習の理念」，第2条「教育の目標」の5号「伝統と文化」の尊重，第7条の「大学」です。この章で関係している「大学」については，次のように規定されています。

> 第7条　大学は，学術の中心として，高い教養と専門的能力を培うとともに，深く真理を探究して新たな知見を創造し，これらの成果を広く社会に提供することにより，社会の発展に寄与するものとする。

この条文で，大学の「教育」と「研究」とは何か，また大学が「その成果を広く社会に提供すること」という社会貢献を行う根拠が法的に示されたことになります。

その後，2012年の大学改革実行プランにおいて，「激しく変化する社会における大学の機能の再構築」のため，「地域再生の核となる大学づくり（COC〔Center of Community〕構想の推進）」が提起され，大学に地域課題の解決や地域の産業振興を担う人材育成という方向が示されました。また，2014（平成26）年度からは「高度人材養成のための社会人学び直し大学院プログラム」が始まり，大学院と産業界等が協働して，社会人のキャリアアップに必要な高度かつ専門的な知識・技術・技能を身につけるための大学院プログラムを構築し普及する取り組みが始まりました。

3　大学開放を進めるために

以上のように，わが国の大学は徐々に社会に開かれた大学になるように制度的に整備され，社会とともに歩む大学として社会貢献を行うことが課せられました。地域の生涯学習の移り変わりをみると，社会教育の時代は公民館が，生涯学習の時代はカルチャーセンターが，そして21世紀の知識基盤社会では大学をはじめとする高等教育機関が，その基幹施設になることになりました。「大学が成人教育の分野に入る」ことで先行したイギリスでは，大学開放であるからといって，生涯学習にかかわることはなんでもできるということはなく，自

▷2　大学開放
イギリスでは，社会人に対して大学教育を普及させることをユニバーシティ・エクステンション（大学拡張）と表現した。この用語は1845年に最初に試用され，大学から排除された人を正規の大学生として受け入れる大学開放を意味した。その後1873年からは大学から外へ出て行って人々の居住地域で講義をするということから大学拡張と呼ばれるようになった。わが国では，大学で行う社会人教育を大学開放という用語で理解している。

制した社会貢献をすることを原則としました。なぜなら大学において「知の創造」が第一義であって，それに基づいて「知の普及」ということも成り立つからです。では，大学開放の原則というものをあげておきましょう。

● 大学開放の原則

第1は，大学が行う社会人の教育や人材育成は，大学で行われる教育の一形態として提供するという原則があります。これは大学開放が大学の「教育・研究の拡張」と定義されていることに表されています。大学教育は一般学生と社会人を対象にした教育の二つに分かれ，その教育は教育基本法に述べられているように，「高い教養と専門的能力を培う」ものでなくてはなりません。地域の生涯学習機関で提供できる内容は，大学開放では扱わず，それぞれの生涯学習機関が共栄共存できるように限定的に事業活動をすることになります。

第2は，生涯学習というと，「いつでも，どこでも，だれでも」学べるという言葉が思い出されると思いますが，大学開放のプログラムでは，大学教育で学びたいという学習ニーズをもつ人が対象になります。学問的裏づけのある学習を求める人たちのニーズに応えることが，大学開放の使命を果たすことですから，自治体等の地域団体はそういったニーズを住民の生涯学習で醸成していくことが重要です。

第3は，大学と大学，大学と地域団体との提携を進めていくことが，知識基盤社会では必要になります。大学と大学が連携することで，講師やチューターを相互乗り入れすることが可能となり，一大学で満たすことのできない住民の高度な学習ニーズに少しでも応えることができます。こうした調整をするのは，主に自治体や大学開放コンソーシアムの役割です。大学と地域団体との提携は，地域団体の高度な学習ニーズや課題が大学に上がってくるためにも，また大学開放で学問の生活化した内容を団体で検討していくことでも連携での仕事となります。

● 大学開放が社会を変える

21世紀の知識基盤社会をリードするのは，大学の研究・教育機能を地域社会の住民や団体へ〈拡張・開放〉していくことです。この考え方は，大学に在籍する若い学生に対するのと同じように，社会人に対しても教育・研究の機会が開かれるということです。

そのためには，大学の側には提供する教育プログラムの質を大学教育レベルに確保しチェックしていく機能をもつシステムを整えることが必要であり，また地域団体の側では，大学の理念，教授法の特色，教養学習，研究開発という意味をよく理解しておくことが前提です。日本中を「学問のお花畑」にすることを目指す〈地（知）の拠点となる大学〉というスローガンは，〈学問の普及〉によって達成されるのです。

（香川正弘）

参考文献

斎藤諦淳（編）1982『開かれた大学へ――大学の開放及び大学教育改革の進展』ぎょうせい。

小野元之・香川正弘（編）1998『広がる学び 開かれる大学――生涯学習時代の新しい試み』ミネルヴァ書房。

松坂浩史 2014「地（知）の拠点整備事業（大学COC事業）が目指す新しい大学と地域の関係」『都市社会研究』6．

義本博司 2015「大学と地方創生」『IDE――現代の高等教育』571, 18-25．

高田忠彦 2015「産学連携と産と学をつなぐ人材」『UEJジャーナル』15．

『平成26年度 開かれた大学づくりに関する調査研究』2015 リベルタス・コンサルティング。

VIII 生涯学習支援としての大学開放

2 自立した「市民」の形成と大学開放

① シティズンシップ教育

最近では，わが国でも「市民」(citizen) や「シティズンシップ」(citizenship) といった言葉をよく耳にするようになり，国民の一人ひとりが民主主義社会の中心としての「市民」という自覚をもち，行動することが，今まで以上に求められています。

イギリスでは，2002年に法令教科として「シティズンシップ」科目が導入されるなど，民主主義社会の中心である市民を育成するためのシティズンシップ教育が全国的に実践されています。そうした影響を受けて，わが国においても経済産業省が2006年に「シティズンシップ教育と経済社会での人々の活躍についての報告書」を発表し，「シティズンシップ教育」による「成熟した市民社会」の形成の必要性を提起しています。こうしたシティズンシップ教育は，今日のわが国の学校教育においても取り入れはじめられています。

▶1 経済産業省 2006「シティズンシップ教育と経済社会での人々の活躍についての研究会報告書」経済産業省。

② イギリスの成人教育におけるシティズンシップの理念

イギリスにおけるシティズンシップ教育の源流は，1882年にオックスフォード大学の大学改革運動者であったA・トインビー (Toynbee, A.) が提起した「市民の教育」(education of citizen) に求められます。

トインビーは，「『市民の教育』とは，コミュニティのそれぞれの成員に，彼が所属する他の市民やコミュニティ全体と結ぶ関係性について教育することを意味している」といい，そのプログラムとして，①政治教育，②産業教育，③衛生教育を構想した上で，「このように形式化された全体的な計画は，仲間たちへの義務は何であるのか，どのようにすれば彼らとの一体化が可能であるかを示すという意味で，人間個人にかかわる教育ではなく，『市民』にかかわる教育である。人間に内在する義務を行おうとする単なる漠然とした衝動は，その義務が何であるかと，それを実行する方法とを認識させる知識がなかったら無益である」と述べていました。

宮坂広作はトインビーの講演について，「トインビーが具体的な教育スキームとして期待していたものは，ステュアートの巡回講師構想，つまり大学拡張である。労働者階級が自己の知的水準を高めることで社会を合理的に改革し，階級的解放を実現するように，知識人が献身的に貢献すること——これがイギ

▶2 Toynbee, A. 1913 *Lectures on the Industrial Revolution of the Eighteenth Century in England, Popular Addresses, Notes, and Other Fragments*, 3rd Impression. Longmans, Green, and Co., pp. 243-245.

リス成人教育の精神なのである」と指摘しています。[3]

その後，トインビー・ホールのセツルメント運動で，労働者を対象にシティズンシップを理念とした成人教育が実践されました。松浦京子は当時の大学改革者が考えていた労働者への成人教育におけるシティズンシップ概念とは，「政治・公務への参加的権利を得た労働者が高い教養を身につけ，それにもとづく賢明な判断をもって社会，国家への義務を果たす，という実践的概念であった」と述べています。[4] 20世紀にはイギリス最大の成人教育組織であるWEA（Workers' Educational Association）に継承され，その発展とともにシティズンシップはイギリス成人教育の理念となりました。

❸ わが国における社会教育としての公民教育

わが国の戦後の社会教育においては，寺中作雄の貢献によって，公民教育（civic education）という名称で，公民館を中心として政治的な義務や権利を伴った市民を育成する教育が振興されてきました。公民教育には，政治的な部分における市民の育成を意図していた傾向があり，そこには社会的な部分，すなわち社会参加の方法や協調性などを学び，民主主義社会の中心としての市民を育成する重要な側面が軽視されていました。ここに今日においてシティズンシップ教育が注目されるようになった背景があると考えられます。

❹ 大学開放の理念としてのシティズンシップ

2014年の文部科学省の「第二期教育振興基本計画」（2013〔平成25〕年6月14日閣議決定）では，①自立，②協働，③創造という三つの理念の実現を生涯学習社会の構築の目的として位置づけ，それぞれについて，①「（自立）一人一人が，多様な個性・能力を伸ばし，充実した人生を主体的に切り拓いていくことのできる生涯学習社会」，②「（協働）個人や社会の多様性を尊重し，それぞれの強みを生かして，共に支え合い，高め合い，社会に参画することのできる生涯学習社会」，③「（創造）これら（自立・協働）を通じて更なる新たな価値を創造していくことのできる生涯学習社会」と説明しています。[5] これらは民主主義社会の中心である市民を育成する，シティズンシップ教育の理念とよく調和しています。

わが国においても，社会参加の機会の増大やよりよい民主主義社会の構築のみならず，ひいては自己の成熟など生涯学習の観点から，これからの大学開放においても，シティズンシップの理念を取り入れていくことは重要であると思われます。具体的には，公開講座における「シティズンシップ」科目やサービスラーニングのような科目の設置など，社会人学生が積極的に社会にかかわっていくことを促進するようなプログラムを導入していく必要性があると考えられます。

（香川重遠）

▷ 3　宮坂広作　1996『英国成人教育の研究 II』明石書店　p.50.

▷ 4　松浦京子　2000「義務と自負──成人教育におけるシティズンシップ」小関隆（編）『世紀転換期イギリスの人びと──アソシエイションとシティズンシップ』人文書院　p.151.

▷ 5　文部科学省　2014「第二期教育振興基本計画」（平成25年6月14日閣議決定）pp.5-6.

参考文献
ブリッグス，A.・マカトニー，A.　阿部志郎（監訳）1894『トインビー・ホールの100年』全国社会福祉協議会。
クリック，B.　関口正司（監訳）2011『シティズンシップ教育論──政治哲学と市民』法政大学出版局。

VIII 生涯学習支援としての大学開放

地域社会形成の役割を担う大学開放

1 COCの形成

　2006年の教育基本法改正により，大学が果たす役割として教育・研究に加えて社会貢献が位置づけられました。大学に期待される社会貢献とは，「地域に開かれた大学」としての大学開放の運営による，大学の有する教育力，研究力，教職員や学生マンパワーの地域社会への開放にあります。大学の社会的責任（university social responsibility）という考え方もあり，大学には主体的に地域社会に貢献していく姿勢が求められています。

　文部科学省の「地（知）の拠点形成事業（COC）」の公募においては，2013年度には52件，平成26年度には25件の申請が採択され，全国各地において，地域社会と共生し，課題解決のための「地（知）の拠点」（Center of Community）となる大学の取り組みが促進されています。COC事業は，大学の側に社会貢献の場としての地域社会を意識させ，他方で，地域社会の側にも，自治体を中心にして，大学の有する社会資源の拡張を求めるという関係性の動機づけを明確にしました。そして，2014年の「第二期教育振興基本計画」（2013〔平成25〕年6月14日閣議決定）では，教育行政の四つの基本的方向性の一つとして「絆づくりと活力あるコミュニティの形成～社会が人を育み，人が社会をつくる好循環～」が提起されましたが，その具体策として「大学等のセンターオブコミュニティ構想（COC構想）の推進」があげられました。

　さらに，2015年度には文部科学省によって「地（知）の拠点大学による地方創生推進事業（COC＋）」という新名称での公募がされました。そこでは，「大学が地方公共団体や企業等と協働して，学生にとって魅力ある就職先の創出をするとともに，その地域が求める人材を養成するために必要な教育カリキュラムの改革を断行する大学の取組を支援することで，地方創生の中心となる『ひと』の地方への集積を目的として『地（知）の拠点大学による地方創生推進事業』を実施します」と説明されています。このように，21世紀の大学にとって地域社会への貢献とは，どのようにCOCとしての役割を果たしていくかということになります。

2 地域社会を意識した大学開放

　COCとしての大学開放が地域社会に貢献できることは，学内施設の利用機

▷1　文部科学省　2014「第二期教育振興基本計画」生涯学習政策局政策課教育改革推進室　p. 67. http://www.mext.go.jp/a_menu/keikaku/detail/__icsFiles/afieldfile/2013/06/14/1336379_02_1.pdf　p. 67（2016年2月12日参照）

▷2　文部科学省ホームページ　http://www.mext.go.jp/a_menu/koutou/kaikaku/coc/1356356.htm（2016年1月28日参照）

会の提供，教職員や学生マンパワーの派遣，産学官連携などいろいろと考えられますが，ここでは公開講座を中心とした知的な地域社会の形成について述べます。

　まず，公開講座の内容としては，①地域社会を知る講座や，②地域社会の課題の解決方法を考える講座を用意する必要があるでしょう。これらの講座は相互に関連しており，これらの知識を共有することは，自分たちの生活の場である地域社会のあり方を考える上での前提になると同時に，地域社会の課題解決に寄与する市民の連帯意識を創出し，地縁を深める契機ともなります。前平泰志は，「大人の学びのプロセスは，学ぶコンテクスト＝空間（ローカル）と密接に結び付いている。そこでは，生まれ，育ち，暮らし，学ぶ空間としての地域（ローカル）が重要になってくるのは言うまでもない」と，生涯学習における地域社会という空間の重要性を指摘しています。

　また，高等教育機関の最高学府である大学は，地域社会にとって貴重な教育力，研究力の源泉です。そのほかにも，地域社会には教育機能を有する組織として，小中高校，公民館，図書館，生涯学習センター，カルチャー・センターなどがあります。COCとしての大学開放には，他の教育機能を有する組織との協働を通して，知的な地域社会の形成を目指すことが期待されてきます。

　コミュニティ概念の確立者であるマッキーヴァーは，「個人が彼自身のパーソナリティの焦点になり，パーソナリティがそのために豊かとなるにつれて，コミュニティもまた豊かになるのである」と個人とコミュニティ（地域社会）との関係性について述べています。知的な地域社会の形成は，個人のパーソナリティを豊かにすることにつながり，そのことによってまた地域社会にも豊かさをもたらすでしょう。

　松坂浩文は，COC事業における大学と地域社会の関係性について，「大学と地域社会が，より望ましい関係となっていくためには，各大学の積極的な取り組みがなされなければならないが，地域もまた大学を支える役割を再認識した上で，過剰な期待が，過剰な要求につながり，そして失望し，無関心となるような下降スパイラルをもたらさないよう，相互尊重の意識を持つことが必要である」と指摘しています。

　最近では，ほとんどの大学が地域社会との連携組織を設置するなど，学内組織が整備されていますが，こうした大学と地域社会との相互のかかわり合いを促進する動きが，COCとしての大学開放の成功の鍵を握る一つの要因になるでしょう。

（香川重遠）

▷3　前平泰志　2008「〈ローカルな知〉の可能性」日本社会教育学会『日本の社会教育』52　東洋館出版　p.10.

▷4　マッキーヴァー，R.M. 中久郎・松本通晴（監訳）2009『コミュニティ──社会学的研究：社会生活の性質と基本法則に関する一試論』ミネルヴァ書房　p.360.

▷5　松坂浩史　2014「地(知)の拠点整備事業（大学COC事業）が目指す新しい大学と地域の関係」『都市社会研究』6, 21.

▷6　アメリカでは，大学と地域社会との相互のかかわり合いを深めていくことによって，大学が地域社会により貢献するようになり，大学にとっても教育力や研究力を高めていくことができるようになるという，エンゲージド・ユニバーシティ（Engaged University）という概念が広まっている。五島敦子　2014「知識基盤社会の大学と地域──サイモン・フレーザー大学の戦略的ビジョンに注目して」南山大学『アカデミア』8, 51-64.

参考文献
出相泰裕（編）2014『大学開放論──センター・オブ・コミュニティ（COC）としての大学』大学教育出版。

小野元之・香川正弘（編）1998『広がる学び開かれる大学──生涯学習時代の新しい試み』ミネルヴァ書房。

義本博司　2015「大学と地方創生」『IDE──現代の高等教育』571, 18-25.

VIII 生涯学習支援としての大学開放

大学開放センターの運営

1 大学開放センターの機能と運営形態

2004年度に大学公開講座の受講者が100万名を超えると，大学の使命として教育基本法に「社会貢献」が加わりました。大学開放センターには，社会人の学習ニーズを満たすと同時に，大学の社会貢献が期待されたのです。調査研究報告書によると，2013（平成25）年度には，公開講座受講者は711大学において約140万名になるまで増加しています。

大学開放センターには，公開講座，地域連携，産学連携等の機能があり，それぞれに運営組織を設けています（図8，図9）。そのうち公開講座の運営組織は，兼任による委員会方式が39.0％と多く，専任教員による機関は21.4％に過ぎません。運営にかかわる教職員も，1大学平均で専任教員3.2名，兼任教員4.0名，常勤職員3.0名と，正規課程にかかわる教職員に比較して少数です。

2 大学開放センターの専門性と公開講座

大学開放センターには，社会のニーズと学内の知的資源を連携させた生涯学習や協働活動が期待されています。そのため，生涯学習や地域研究プログラムの開発・評価，学習市場マーケティング等の専門性を有した人材による運営が必要です。特に公開講座を「大学教育を見せる」という意味で理解してはいけないとの意見があることからも，大学開放センターには，正課教育と異なる背景があり，公開講座は，専門的な知見を要する教育活動といえましょう。

▷1 「大学開放センター」は，機関により，生涯学習教育研究センター，社会貢献センター，エクステンションセンター，オープンカレッジなどさまざまな名称がある。

▷2 以下，本項の見出し1から3のデータは，文部科学省委託調査「平成26年度 開かれた大学づくりに関する調査研究報告書」（2015年3月）による。

▷3 香川正弘 2004「社会貢献としての大学開放振興の課題」中央教育審議会大学分科会制度部会（第13回）2004年10月28日開催配付資料。

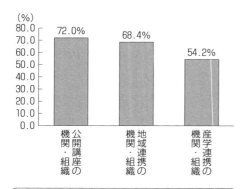

図8 大学開放センターの設置割合（機能別）

出所：文部科学省委託調査「平成26年度 開かれた大学づくりに関する調査研究報告書」から筆者作成。

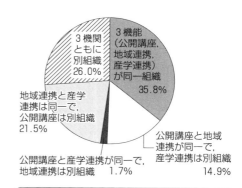

図9 大学開放センターの組織形態の類型

出所：文部科学省委託調査「平成26年度 開かれた大学づくりに関する調査研究報告書」から筆者作成。

3 学習内容と受講者分析

　受講生の学習分野は，人文教養21.1％。育児・医療福祉17.3％が高く，資格1.5％等が低い分野です。ただし，趣味やパソコンも3％未満と低く，カルチャーセンター等とは異なる学習が行われていると類推できます。

　受講者数や定員充足率は，運営の健全性を示す指標です。2013年度の1大学あたりの平均受講者数は2012名で，都市部の大学に集中しています。しかし，2012年度と2013年度の比較では，転出超過地域で受講者が減少した大学が33.7％ある一方，増加した大学も43.4％あり，人口の増減だけが要因ではないことがわかります。公開講座を初めて知った経緯は口コミが多く，口コミは受講満足度と相関関係にあることが知られています。受講者確保には良い教育を提供することを基本に，受講者を組織化することも一つの手段です。

　受講者分析として，受講者を年代別・性別等に層別し，他の教育機関での学習経験も含めた学習分析を行います。しかし，把握が困難な埋もれた学習ニーズにこそ，大学開放センターの専門性が必要とされる場合もあります。

4 収支構造，運営方針と事業評価

　2011年の報告書では，センターの収入構成は，講座収入が95.3％を占めますが，受託事業や寄付事業が10％を超えて講座収入が80％台の大学もあります。一方，支出構成は66.8％が講師謝金で，印刷製本費7.7％，広告費7.1％と続き，講座運営の委託費が15％を超える大学もあります。平均利益率は，変動経費のみの段階（収入−変動経費／収入）で28.2％です。変動経費に運営人件費を加えた段階，さらに教室使用料，減価償却費等の総経費を加えた段階で利益率がプラスになる大学は少数のようです。センターの運営にあたっては，まず自大学がどの段階で利益率を計算するのかを確定した後に，受講料や講師謝金等から，講座ごとの損益分岐点を設定します。その上で利益目標額を設定すると適切な講座数と目標受講者数を算出でき，事業規模も確定します。

　大学予算の数％程度の投資によって2000名を超える受講者を教育していることは，人材養成や地域への広報効果に加え，地域ネットワーク創出や地域課題解決等の社会貢献効果もあり，費用対効果は大きいといえます。重要なことは大学開放センターの収支バランスは条件であったとしても，目的ではないということです。

　大学入学者のうち25歳以上の学生比率は，米国23.9％，韓国17.3％に比して日本は1.9％と極端に低く，大学教育と社会の期待には乖離があるとの報告もあります。しかし最近では，学生による地域活動を始めるなど，大学開放センターは，大学と社会との結節点となっています。常に社会貢献を軸に事業目的を設定し，事業の実施，効果測定・評価を行うことが重要です。　　（山本幸一）

▷4　転入超過地域は1都3県（千葉，埼玉，神奈川）と愛知県，大阪府，転出超過地域はそれ以外の都道府県を指す。

▷5　山本幸一　2011「大学と地域の連携活動の評価におけるプロジェクト・デザイン・マトリックスの適用可能性に関する研究——明治大学と群馬県嬬恋村との地域活性化プロジェクトを事例として」『日本地域政策研究』9，185-192．

▷6　以下，この項目のデータは，文部科学省委託調査「公開講座の実施が大学経営に及ぼす効果に関する調査研究報告書」（2011年3月）による。

▷7　文部科学省　2015「職業実践力育成プログラム認定制度の創設について（報告）」（2015年5月12日公表）p.1および関連データ集。

▷8　阿部耕也　2008「大学と地域連携の要因分析の試み」『静岡大学生涯学習教育研究』10，3-20．

▷9　たとえば，三瓶千香子　2013「まなぶ，つなぐ〜生涯学習センターの使命」『社会教育』805，44-47，山本幸一　2013「明治大学における組織的・教育的な地域連携活動の実践〜大学開放のグローバル化・地域化・学生参加」『社会教育』805，40-43など。

参考文献
　山本幸一　2012「大学と地域の連携マネジメントに関する一考察」『UEJジャーナル』4，7-13．

VIII 生涯学習支援としての大学開放

5 大学における産学連携関連組織の運営

1 産学連携とは

わが国の大学は長らく教育により優れた人材を育成し，社会へ送り出すこと，自由な発想と場を駆使して，真理を探究するために研究を推進することが大きな使命でした。しかし，最近では，社会貢献が大学の使命の一つといわれるようになってきました。産学連携は，社会貢献の一環として位置づけられています。産学連携とは，大学や研究機関において生み出された研究成果（技術やノウハウ）を産業界（企業）において新製品，新事業に結びつけることといわれています。

一般的に，大学の研究成果は，国内外の学会や論文の形で発表されます。企業の研究者や技術者は，直接，大学の研究者とコンタクトすることにより，関心を有する大学の研究成果を活用することが行われてきました。研究成果の対価として，企業から奨学寄付金が大学に支払われていました。大学はこのような形で，消極的な産学連携を行ってきたわけです。

しかし，1990年代初めに起こったバブル経済崩壊によって引き起こされた長期の不況によりわが国の経済環境は大きく変化しました。企業は自前で新技術，新製品の開発のために必要な研究資金の余裕が少なくなってきました。一方，"象牙の塔"といわれてきた大学も，大学の知を社会に還元することが，望まれるようになってきました。教育，研究に次ぐ第3の柱として"社会貢献"が大学の使命となりました。特に，2004年4月，国立大学の法人化により，国からの予算（運営費交付金）は削減され，企業との共同研究，受託研究を増やし，企業から研究資金や国の競争的資金（科研費など）を獲得することが期待されるようになってきたことも産学連携の大きな推進力となりました。このように，大学と企業の思惑が一致し，産学連携が進むようになりました。

2 産学連携推進組織について

大学は産学連携推進組織を設置しています。たとえば，1987年以降，主として国立大学に設置された"地域共同研究センター"，1995年以降に設置された"ベンチャー・ビジネス・ラボラトリー"，さらに，2003年から実施された"大学知的財産本部整備事業"によって設立された"知的財産センター"，地域との連携を使命とする地域連携センターなどが産学連携組織として国の予算を得

▷1 産学連携は，産学官連携，最近では産学官金連携まで範囲が広がっている。官は政府，地方自治体，金は銀行，ベンチャーキャピタルなどの金融機関を指す。ここでは，産学連携に統一して記載している。

▷2 大学の社会貢献とは，大学が有する知（研究成果，特許などの知的財産）を活用して，産学連携により企業等に技術を移転し，新製品・新商品の開発や地域社会に貢献し，住民の生活向上に結びつけることを指す。

▷3 共同研究は，企業等と大学の研究者が共通の研究テーマを分担して研究を進める。あるいは，大学が企業から研究員を受け入れて研究を実施する。一方，受託研究は，企業等からの研究テーマを大学の研究者が実施し，成果を企業などの委託者に報告する。

▷4 科学研究費助成事業（学術研究助成基金助成金／科学研究費補助金）のこと。人文・社会科学から自然科学まですべての分野にわたり，基礎から応用までのあらゆる「学術研究」（研究者の自由な発想に基づく研究）を格段に発展させることを目的とする国の「競争的研究資金」。その他にも国の多くの競争的資金が公募されている。

て大学内で個別の組織として設立されてきました。いずれの組織も，大学の研究成果を活用し，産学連携や地域連携を進めるために設置されたものです。大学によってはこれらの多くの産学官連携推進組織を束ねる社会連携推進機構が置かれ，機構長は学長もしくは社会連携担当の副学長が務めています。しかし，最近では，効率的な運営と学外からもわかりやすい組織が望まれ，関連センターを統合した一元的な"産学（官）連携センター"として整備されています。一方，1998年に制定された「大学等技術移転促進法」により大学等の知的財産を民間に移転する組織として，経済産業省が主体となり，技術移転機関（TLO：Technology Licensing Organization）が全国で43機関設置されています。

③ 産学連携推進組織の使命

産学連携推進組織の使命は，外部資金を獲得するために，研究者の研究成果を基に，①企業との共同研究，受託研究の獲得支援，②国の競争的資金獲得支援，③特許取得支援および特許に基づく技術移転，④ベンチャービジネスの創出支援，⑤産学官連携活動推進人材の育成，⑥民間企業からの技術相談などをあげることができます。これらの使命を果たすために，研究成果集の作成，技術説明会の開催，積極的な企業訪問による研究成果の紹介など，企業からコンタクトしやすい具体的な活動を行っています。

④ 産学連携推進組織の運営

産学連携推進組織の長は教授が兼任する場合が多いようです。その下で，産学連携コーディネーター（CD）（企業で研究・技術開発を担当してきた経験豊富な企業定年者〔企業OB〕が雇用される場合が多い）が大学の研究成果を企業のニーズとマッチングさせるための業務を担っています。同様に，大学の知的財産関連業務（たとえば，特許の創出・権利化・維持，技術移転まで）も企業で関連業務を担当してきた知的財産人材が担っているのが現状です。これらの業務はかなり専門性が必要であることはいうまでもありません。

産学連携が推進されはじめ，かなりの年数が経過していますが，活動を推進する人材は任期制の企業OB等が担っているのが現状です。社会貢献を教育，研究に次ぐ第3の柱として推進するには，企業OB等に頼るだけでなく，産学連携を担当できる若手の人材の育成が急務です。国による若手産学連携CD育成プログラムも実施され，研修終了後の継続雇用が期待されているにもかかわらず，現実には，若手人材も任期制雇用が多いのが現状です。若手人材は経験豊富な企業OB等の産学連携CDとペアになり，そのスキルを学ぶことにより育成することが考えられます。若手産学連携CDの育成および継続雇用は産学連携活動の継続的な推進と運営にも関連し，解決していかなければならない大きな課題であると考えられます。

（髙田忠彦）

▶5 大学等の研究開発内容を理解し，研究資金の調達・管理，知財の管理・活用等をマネジメントする人材を育成するプログラムとして文部科学省は，研究マネジメント人材（リサーチ・アドミニストレーター，URA：University Research Administrator）の育成・定着に向けたシステム整備等を行っている。これも産学連携人材の育成法である。

参考文献

西村吉雄　2003　『産学連携「中央研究所の時代」を超えて』　日経BP社。

大阪大学＋朝日監査法人（編著）　2003　『産学官連携のパイオニア【阪大モデル】（大阪大学は挑戦する！）』　日刊工業新聞社。

宮田由紀夫　2002　『アメリカの産学連携――日本は何を学ぶべきか』　東洋経済新報社。

VIII 生涯学習支援としての大学開放

6 高度専門職を養成する大学院開放

1 大学院による高度専門職養成のはじまり

戦前期より，わが国の大学院は研究者の養成を目的としてきました。しかし，戦後の経済成長，科学技術の進展によって，工学，薬学などの修士**課程**では技術者となる進路も増え，大学院設置基準の制定（1974年）にあたっては，修士課程の目的に「高度の専門性が求められる職業を担うための卓越した能力」（第3条）の育成が明記され，昼夜にわたる授業の実施（第14条特例）など社会人受け入れの環境整備が行われました。

2 高度専門職養成のための大学院制度改革と社会人学生の増加

その後，修士課程が先行して夜間大学院の設置（1989年），通信制課程の設置（1998年），短期あるいは長期在学コース（1999年）や**長期履修学生制度**（2002年）など，社会人が職場環境に左右されずに大学院で学べる便宜を図りました。科目等履修生制度（1993年）や履修証明制度（2007年）は，パートタイムによる学習機会を拡充しましたが，特に科目等履修生制度は，あらかじめ単位を取得しておくことによって，大学院入学後の授業負担を軽減するものです。大学院に学ぶ社会人は2010年前後まで増加し，近年では一定になっているものの（図10），2015年度では，5万7000名を超えています（図11）。

3 第3の大学院──専門職大学院の登場

2000年には，既存の修士課程でありながら，論文審査に替えて特定課題の研究で修了できるなど実務的な教育を行う専門大学院が創設されました。しかし，社会人に対してさらに高度な専門教育を求める声が高まり，修士課程の制約にとらわれず高度専門職の養成が可能な新しい学位課程として「専門職学位課程」を創設，専門職大学院（2003年）と，その一形態である法科大学院（2004年）が登場しました。同時に改正された学校教育法では，大学院の目的に「高度の専門性が求められる職業」のための能力育成を追記（第99条）し，高度専門職の育成は，法的にも大学院の使命となりました。

専門職大学院は，社会人の再教育を目的として，①実務家教員による指導，②事例研究，討論，現地調査など授業方法の工夫，③修了要件に論文審査や研究指導を必須としない，④専門職**学位**の授与などに特徴があります。この制度

▷1 大学院の課程
大学院設置基準では，博士課程，修士課程，専門職学位課程の3課程を規定している。

▷2 長期履修学生制度
就業等の理由により，修業年限を超えて，一定の期間，教育課程を履修することが認められる制度。

▷3 たとえば，経済財政諮問会議専門調査会緊急報告（2001年），産業構造改革・雇用対策本部「雇用の安定確保と新産業の創出を目指して」（2001年）など。

▷4 学位の種類
学校教育法には，学士，修士，博士，短期大学士，文部科学大臣の定める学位（専門職学位）の5種類あり（同法104条），専門職学位には，修士（専門職），法務博士（専門職），教職修士（専門職）の3種類の名称がある（学位規則第5条2）。

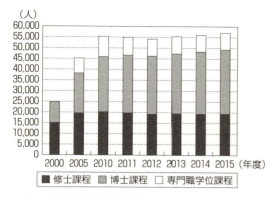

図10　大学院で学ぶ社会人学生数

（注）　1　通信制大学院は除く。
　　　　2　専門職学位課程は2003年度から開設。
出所：文部科学省「学校基本調査」（各年度）より作成。

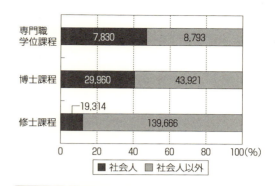

図11　課程別の社会人学生の人数と割合（2015年度）

（注）　通信制大学院は除く。
出所：文部科学省「平成27年度学校基本調査」より作成。

を設計した中央教育審議会では，アメリカの職業課程（J.D.〔法律博士〕等の第一専門職学位，M.B.A.〔経営管理修士〕等の専門職志向の修士学位）やフランスの職業教育課程群を参考にしており，海外にモデルをもとめたようです。

　2015年度，専門職大学院に1万6623名の学生が学んでいます。研究科は，最も多い法科大学院に続き，技術経営，ビジネス，公共政策などがあり，またファッションや映像など特化した研究科もみられます。これら研究科の入学者のうち，社会人学生は47.1%を占めており，社会人の再教育のための大学院であることがわかります。

❹　大学院における職業人養成の課題

　職業人養成型大学院について，アメリカのプロフェッショナルスクールとの比較から「学位が企業から評価されない」「新卒採用が主流で労働市場が小さい」といった課題が提起されています。修了生が，学位を新しい仕事への"許可証"として活用し始めており，社会からの評価も定着しつつあります。

　これら大学院で多くの研究成果が積み重なれば，さらに，大学院による高度専門職養成の意味も見出せるようになるでしょう。人口が減少に転じ，環境対応が求められる今，企業，行政，医療，教育などの経営体は，右肩上がりの経済成長のなかで自己利益の最大化を図る経営システムから，社会の一員として責任を果たす経営システムへ転換を迫られ，将来に向けて社会的な課題解決が求められています。職業生活に新しい知見を創造する大学院は，知的生産によってこれらの課題を解決することを通じ，社会基盤を維持していくためのきわめて公的な役割を果たす教育組織に発展することが期待されます。

（山本幸一）

▷5　たとえば，中央教育審議会大学分科会第6回大学院部会など。

▷6　「平成27年度学校基本調査」による。

▷7　山田礼子　1998『プロフェッショナルスクール』玉川大学出版部 pp. 223-226.

参考文献

山本幸一　2004　「都市型大学における大学開放教育の展開」『生涯学習フォーラム』第7巻　第1・2合併号　紀尾井生涯学習研究会　pp. 78-103.

トロウ，M.　天野郁夫・喜多村和之（訳）1998『高学歴社会の大学』東京大学出版会。

中央教育審議会答申「大学院における高度専門職業人養成について」（2002年8月5日）。

中央教育審議会大学院部会（第61回）「社会人のニーズに対応した大学院教育について」（2012年7月17日）。

VIII 生涯学習支援としての大学開放

 放送大学と社会人教育

1 放送大学の特性

　放送大学は，日本で唯一，テレビ，ラジオを用いて講義を行う正規の4年制大学として1983年4月に開学し，85年4月から放送による講義を開始しました。学部は教養学部のみのいわゆる単科大学で，そのカリキュラムは理系文系の全体にかかわる広範な領域をカバーする複合的かつ教養指向性の強いものとなっています。発足時には南関東エリアを対象地域として学部教育だけを行っていましたが，開学後約30年の間に，全国化，衛星放送の利用，大学院修士課程設置，同博士後期課程設置，科目のオンライン化といった変革を経てその規模を拡大し，またサービス内容を多様なものとしてきました。当初104科目であった放送授業数は，332科目（学部・大学院計）にまで増加し，専用チャンネルで早朝から深夜まで放送されています。一般の通信制大学のスクーリングにあたる面接授業も，全国57カ所の学習センター等で毎年度約3000クラス開講されています。最近では，仕事をしながら学ぶ比較的若い社会人層の要請に応えて，放送授業のインターネット配信やオンライン科目の作成も進められています。

　そうした変革に伴い，学生規模も次第に大きくなりました。1985年の開講時に1万7038人だった学生数は，2014年度には総計9万872人（内訳は学部8万3892人，大学院5618人，資格関連科目の集中科目履修生1362人）に増加しています（ただし重複在籍者があるため総計は実人数より多い）。量的には9万人以上の学生を擁する世界有数の遠隔大学に成長したといってよいでしょう。

　開学以来，放送大学は，①生涯学習機関として社会人に大学教育機会を提供する，②新規高卒者に柔軟な大学進学機会を提供する，③既存大学等と連携して大学教育システム全体の改善に資する，という3項からなる基本的なミッションを掲げてきました。その第1項目に掲げられていることからもわかるように，放送大学は何よりもまず社会人に対して大学教育を開放（open）する生涯教育のためのシステムで，また社会的にもそのように認知されてきました。したがって，一般の通学制大学と比較した場合の放送大学の最大の特徴も，その公開性（openness）にあるということができるのです。

2 社会人教育というミッション

　マルカム・ノールズも指摘するように，成人学習者には，自己管理的に学習

▷1　「社会人」の定義は難しい。広く人口に膾炙しているにもかかわらず，じつは非常に曖昧である。辞書などには原語が示されていないか，場合によっては"a man of society"などと意味のない英訳がついてしまう日本起源の言い回しである。英語では"adult（成人）"というのが最も近いと思われるが，全く同義とは必ずしもいえない。「社会人」には，単に一定年齢以上というだけでなく，家事も含め仕事をしている成人という意味合い，さらには専業学生の対概念としての意味合いが強いのである。

▷2　それを最も明確に表現しているのが，The Open University of Japanという英語名である。また，開学以来用いられている「いつでも・どこでも・誰でも」というキャッチフレーズも，簡潔にそのことを示している。

を進める傾向，あるいは社会的役割と学習内容の合致を求める傾向，問題の有効な解決のために速修性のある学習を求める傾向などがあります。社会人学習者に関しても，おおむね同様の特性が当てはまりますが，加えて，彼らの多くが日常的に家事労働も含めた職業に従事していることから，学習上の制約を時間的空間的に受けやすいという事情もあります。それにより，社会人学習者は，従来から自己管理的な学習に適した通信や放送といった遠隔教育手段に親和的であるとされてきました。放送大学もそうした成人と教育メディアに関する研究成果と生涯学習運動への機運を踏まえて創設されたのです。

さらに，それ以上に大きな背景が日本の放送大学の創設時にはありました。いわゆる「46答申」や「臨教審答申」にみられるように，1970年代中葉から80年代にかけて，日本の教育政策は新自由主義的な方向へと舵を切りました。それまで平等と横並びが尊重され，大きな政府が公的資金を投入して拡張してきた教育システムを，競争と自己責任制を導入して自由化（市場化）するという方向性が採用されたのです。しかし，それを徹底すると階層や経済力による教育機会の格差が一層大きくなっていくおそれがありました。そこで，いつでもやり直し可能なセーフティネットとして，放送大学に代表されるような生涯学習機関を整備するという政策が採られることになったのです。

③ 放送大学における社会人教育の現状

2015年，放送大学は開校から30年の節目を迎えました。その間の学部在学生の属性の変化をみましょう。性別では，開講当初男女比はほぼ1：1でしたが，1990年代半ばから女性比が伸び始め，2015年現在では男性44%，女性56%となっています。短大卒編入者の増加，女性の学習への社会的抵抗感の減少，看護師再教育や准看護師教育への放送大学の参入などが背景にあります。次に年齢です。在学生の平均年齢は開講当初約38歳だったのに対し現在では約47歳と，この間に9歳程度高齢化しています。その背景には，学生数の多い団塊世代の高齢化，再入学者の増加，若年層の人口減と高学歴化といった要因があります。学部学生の入学時の職業はどうでしょう。特徴的なのは，公務員，会社員の半減（約50%→28%），看護師等の急増，教員，定年退職者，専業主婦，他大学生の漸増等です。最後に，入学時の学歴では，開講時に65%を占めていた高校・旧制中学卒等の比率が1990年代半ばより急速に減少して現在では40%強にとどまり，代わって大学・大学院等卒（3年次編入）が増加しました（約1/3）。再入学者の増加もあり，入学時学歴は確実に上昇しています。こうしたことから，現在の放送大学は，社会人学習者にとっての過去の教育不達成を補うセーフティネットという消極的位置づけから脱しつつあるとみることもできるでしょう。

（岩永雅也）

▷3 ノールズ，M. 堀薫夫・三輪健二（監訳）2002『成人教育の現代的実践——ペダゴジーからアンドラゴジーへ』鳳書房 pp. 39-40.

▷4 通称「46答申」の正式名称は「今後における学校教育の総合的な拡充整備のための基本的施策について（答申）」で，昭和46年6月11日に提出された。臨時教育審議会（臨教審）答申は，第1次答申（昭和60年6月），第2次答申（昭和61年4月），第3次答申（昭和62年4月），第4次答申（昭和62年8月）で構成されている。

▷5 臨時教育審議会の最終答申の3つの柱が「教育の自由化，生涯学習体系への移行，国際化への対応」であったことはよく知られている。

▷6 放送大学在学生に関する情報は，放送大学30年史編纂委員会（編）2014 2015『放送大学30年史』放送大学学園および『経営・学務に関するデータ集』（各年度版）放送大学学園，による。

IX　生涯学習にかかわる人的支援

　生涯学習支援にかかわる人々

　生涯学習支援にかかわるということ

　生涯学習支援にかかわる人々とは具体的にどのような人々であるのか，また，生涯学習支援にかかわる人々をとりまくさまざまな問題にどのように対処すればよいのか，などについて考える場合には，まず「生涯学習支援にかかわる」ということが具体的に何を意味するのかについて考える必要があります。生涯学習支援のかたちはじつに多様であって，それゆえに生涯学習にかかわる人々もまた多様であると理解すべきです。

○学習者に「教える」かたちでの生涯学習支援

　たとえば，一般に「学校」と呼ばれるような施設，塾や習い事・稽古事の教室，あるいは「カルチャーセンター」と呼ばれるような施設などには，必ず「先生」や「講師」と呼ばれる人々がいます。勤務形態は人によって異なりますが，そのような人々は特定の事柄について学習者に「教える（指導する）」というかたちで生涯学習支援にかかわっています。また，さまざまな場面において「学び方を学ぶ」というようなかたちの学習の重要性が強調されることがありますが，学び方を教える・学び方について助言するということも重要な生涯学習支援です。

○学習場面の設定というかたちの生涯学習支援

　さらに，「生涯学習」の考え方にもとづくと，たとえば義務教育の課程における学習のように，いつ・どこで・だれが・何を・どのように学習するのかということが一通りとはいかないまでもある程度限定されている学習もあれば，それらが何通りも考えられるような学習もあります。そこで，いつ・どこで・だれが・何を・どのように学習するのか，すべてではないにせよ主導的に決定し学習場面を設定する人が必要となる場合も少なくありません。特に「社会教育」においては，そのような人の存在が重要視されてきました。

○学習のための「環境」と生涯学習支援

　ところで，学習者が学習を進めていく上では，学習のための「環境」がとりわけ重要な要素となります。そこで，学習のための環境を整える，あるいはそのような環境をつくり出すというかたちの生涯学習支援も必要となります。ひとくちに「環境」といっても，物理的な環境（施設・設備など）もあれば，学習者自身の人間関係，さらには学習者自身の生活のなかのさまざまな場面（職

▷1　ここでは，学校教育法第1条において「学校」と規定されている施設，同法第82条の2において規定されている「専修学校」，同法第83条において規定されている「各種学校」を想定している。

場や家庭など）も含まれます。それらが学習者に及ぼす、学習にとって良いものも悪いものも含めたさまざまな影響に対処することもまた、生涯学習支援の役割として注目されるべきものです。

◯生涯学習支援にかかわるということの基本的性格

以上のように、ひとくちに「生涯学習支援にかかわる」といっても、具体的にみていくとそのかかわり方はじつに多様であるといえます。このことを前提にすると、生涯学習支援にかかわる人々の名称や職名を個別にあげていけばきりがなくなってしまいます。また、たとえ名称や職名が同じであったり似ていたとしても、実際の生涯学習支援へのかかわり方が異なっているという場合も少なくありません。

さらに、次の2点も確認しておく必要があります。1点は、先にあげたようなさまざまな生涯学習支援へのかかわり方について、一人の人が同時にではなくても複数のかかわり方をしている場合もあれば、複数の人が共同・分担して一つのかかわり方が成立している場合もあるということです。また、一人の人のかかわり方が学習場面によって異なる場合もあります。

もう1点は、生涯学習支援にかかわる人は、「教育」「学習」という言葉のつくような名称・職名をもつ人だけではないということです。たとえば、主に福祉・臨床・医療など「対人援助」と称されるような活動が行われる分野にたずさわる人であったり、その他各分野の「専門家」と呼ばれるような人もまた、学習のテーマや内容などによって生涯学習支援には欠かせない存在となります。このような理解に基づき、生涯学習支援にかかわる人同士の関係についても考えていかなければなりません。

2 生涯学習支援にかかわる人々と学習者との関係

学習場面における「先生」と「生徒（学習者）」との関係は、一般的には「教える」「教えられる」という関係であると考えられています。しかし、すでにみてきたように、「先生」としてのかかわり方というのはさまざまな生涯学習支援へのかかわり方の一つでしかなく、それぞれのかかわり方によって、学習者との関係も異なってくるのです。

◯学習者の属性とその把握

そもそも、かかわり方によっては、かかわる人間と学習者とが対面しない、さらには学習者が具体的にどのような属性の持ち主であるのかということさえも把握していないという場合もあります。どのようなかかわり方であっても、生涯学習支援にかかわる人間は事前にその学習者の属性を知っておかなければならない、という考え方は確かに理解できるものですが、それが困難な状況であったり、あるいは不特定多数の人間を学習者として想定しなければならないような学習場面における対応が求められる状況もあります。もちろん、あらか

▷2 もちろん、職場や家庭においても「（生涯）学習」は行われる。重要なことは、どの場面で行われる学習であれ、学習者自身の生活のなかのその他の場面と無関係ではないということである。

じめ特定の属性の学習者を想定して生涯学習支援にかかわることが求められる場合も少なくありません。

◯学習者の多様性

生涯学習支援にかかわる人々の多様性に注目することも重要ですが、それとともに、あるいはそれ以上に、学習者の多様性にも注目しなければなりません。生涯学習支援に関して、学習者としての「子ども」と「大人」との相違であったり、特に学習者としての「大人」の多様性にどのように対応すればよいのかという問題についてはさまざまな議論がなされてきました。しかし、それらの議論をもとにして、生涯学習支援にかかわる人々が具体的にどのような対応をとればよいのかという実践面での課題については、今後も検討が必要であるといえます。

◯学習者の「参加」

学習者の「参加」というときに、学習に関連するどの段階へ参加するのか、その段階はいくつか考えられます。ここでは特に、学習場面の設定への参加、学習活動のなかでの参加の二つに注目する必要があります。前者については、学習場面を設定するための一連の作業において、生涯学習支援にかかわる人々と学習者とが必ずしも別々ではない、つまり学習者が自らに対する生涯学習支援にかかわるという見方が可能な場合があります。また、後者については、近年たとえば「体験（型）学習」「参加型学習」などと呼ばれるような学習のあり方に注目が集まっていることとも関連して、学習活動のなかでの生涯学習支援にかかわる人々と学習者との関係の多様性にも注目が集まっています。

❸ 生涯学習支援にかかわる人々の資質

生涯学習支援のかかわり方が多様であり、それゆえに生涯学習支援にかかわる人々もまた多様である以上、生涯学習支援にかかわる人々に求められる資質もやはり多様であると理解することができます。このことはまた、生涯学習支援にかかわる人々それぞれの置かれている状況とも無関係ではありません。

◯学習内容に対する理解とコミュニケーション能力

生涯学習支援にかかわる人々に求められる資質としてよくあげられるものには、学習内容に対する理解とコミュニケーション能力の２点があります。前者については、たとえば「○○の理論」とは何かをよく知っている、ということだけにとどまらず、学習者がその学習テーマ・内容をよりよく理解し、さらにそのことについて学習者がその学習場面にとどまらずそれ以降も自ら学習を進めていくことが可能になるような学習場面をどのように設定すればよいのか、という問題にも対応できる能力を身につけていることが求められる場合も少なくありません。

後者については、生涯学習支援にかかわるといった場合に、対面式であろう

▶3 また、松下圭一 1986『社会教育の終焉』筑摩書房などに代表されるような、（成熟した）「おとな」にたいする教育・学習支援の妥当性に疑問を投げかけている議論も少なくない。

▶4 たとえば、1986年の社会教育審議会成人教育分科会報告「社会教育主事の養成について」では、社会教育主事に求められる資質・能力およびその養成について議論されているが、その内容は広く生涯学習支援にかかわる人々に対しても有効であると考えられる。

となかろうとさまざまな属性の学習者と接することが少なくはなく，それぞれの学習者と学習をよりよく進めるための情報をやり取りする，さらにはお互いにとって望ましい人間関係を築くことが求められます。また，学習者が集団で学習するという学習場面も少なくありませんが，そこでは学習者同士の関係にも配慮しなければならず，学習をよりよく進めるために学習者を「組織化」するという作業も求められることになります。

● 生涯学習支援にかかわる人々の「資格」

ところで，生涯学習支援にかかわる人々のそれぞれの置かれている状況のなかで特に注目すべきこととして，生涯学習支援にかかわる人々の「資格」があげられます。ここでいう資格というのは，たとえば法令で定められていたり，法令で定められていなくともその名称を掲げるために修了することが求められる課程が用意されているというようなものを指しています。

法令で定められている資格の例としては，社会教育主事・司書・学芸員などがあげられます。また，各省庁で認定している資格もありますし，特定の民間団体が独自に付与している資格も数多くあります。それぞれの資格が実際にどのような資質を求めているのかという点については，一律に説明することは困難であり，資格によっては実際の活動場面での有用性がきびしく問われていることも否定できません。

● 生涯学習支援にかかわる人々の「成長」

生涯学習支援にかかわる人々に求められる資質は，そのすべてといってよいほどどれもが「これで完全に身についた」と証明することができるものではないと考えられます。資格に関していえば，求められる資質のうちその資格の取得の過程において身につけることのできるものは限定されており，資格を取得したのちの自己研鑽が求められることはいうまでもありません。

また，生涯学習支援に限ったことではありませんが，ある作業に求められる資質は，実際にその作業を行う過程で身についていくものです。特に生涯学習支援はマニュアル化しにくい要素も少なくはないことから，生涯学習支援への実際のかかわりのなかでその生涯学習支援に求められる資質が身についていく側面もあると理解することが妥当です。

なお，生涯学習支援にかかわる人々の「成長」という点で無視できないこととして，学習場面が違えば，一人の人が生涯学習支援にかかわる立場にも学習者にもなりえるということがあげられます。実際には，一人の人が日常的に，あるいは半永久的に生涯学習支援に（特に専門的に）かかわり続けるという場合はむしろ少ないのであり，このことは生涯学習支援にかかわる人々の「制度化」の是非にもかかわってきます。

（松橋義樹）

【参考文献】
日本生涯教育学会（編）2004『新しい時代の生涯学習支援者論』（日本生涯教育学会年報第25号）。

IX 生涯学習にかかわる人的支援

 生涯学習支援にかかわる行政委嘱委員

1 行政委嘱委員とは

　生涯学習支援には行政の各分野がかかわりますが，なかでも中心的な役割を担ってきたのは社会教育行政であるといえるでしょう。第二次世界大戦後の社会教育行政の特徴として，住民参加の考え方を基底として整備されてきた点を指摘することができますが，各種の行政委嘱委員の制度は，住民の意向を行政や施設の運営に反映させる仕組みの一つとして捉えることができます。

　行政委嘱委員は，**教育委員会**から委嘱されて活動する非常勤職で，実費弁償的な配慮はありますが，基本的には各個人の有志によって活動しています。しばしば行政と住民との「パイプ役」などといわれ，行政の専門的職員とボランティアとの中間的な存在として学習支援にかかわる人々だといえるでしょう。設置は任意で，委嘱の基準や定数，任期等については，各地方公共団体の条例で定めることになっています。

2 社会教育行政の全体にかかわる委員

　社会教育行政の全体に意見等を提示する行政委嘱委員として，社会教育法に規定された「社会教育委員」があります。「都道府県及び市町村に置くことができる」（第15条）とされ，設置は任意ですが，社会教育関係団体に対する補助金の交付には，あらかじめ社会教育委員の会議の意見を聴く必要が規定されてきたこともあって（第13条），ほとんどの自治体に設置されてきました。その職務は，社会教育に関して教育委員会に助言することであり，社会教育に関する諸計画の立案，教育委員会の諮問に応じた意見，これらの職務に必要な研究調査を行うことと規定されています。また市町村の委員については，青少年教育に関して住民に助言や指導をすることも規定されています。

　また，社会教育委員は教育委員会の会議に出席して社会教育に関し意見を述べることもできます（第17条）。社会教育委員は独任制の機関で，教育委員会など各種の合議制の機関とは性格を異にするものであることは，踏まえておく必要があるでしょう。各個人の，社会教育委員としての経験が，広く地域社会に還元され蓄積されていくところに意味があり，そういった循環を生む仕掛け人として，全国あるいは都道府県レベルの社会教育委員の連合体が果たす役割は大きいといえるでしょう。

▷1　教育委員会
1956年の地方教育行政の組織及び運営に関する法律に基づき各地方公共団体に置かれるもので，首長から任命される4名の教育委員（非常勤）と1名の教育長（常勤）とで構成され，学校教育や社会教育を含めた教育全般にかかわる事項を決定する。決定事項の具体的な事務を行う「教育委員会事務局」を含めて広義に教育委員会と呼ぶ用法も多くみられる。

▷2　社会教育関係団体に対する補助金の交付にあたって社会教育委員の会議に付議することについては，1959年の改正で明記されたが，2008年の改正で，社会教育委員の会議に代わる合議制の機関に付議することも可能となった。

▷3　市町村の委員の指導的役割に関する規定は1959年の改正で追加された。

3 社会教育施設の運営にかかわる委員

　社会教育施設の運営についての意見等を提示する行政委嘱委員としては，社会教育法第29～31条に規定される公民館運営審議会の委員のほか，図書館法第14～16条に規定される図書館協議会の委員，博物館法第20～22条に規定される博物館協議会の委員があります。それぞれ館長の諮問に応じ調査審議・意見等を行います。いずれも設置は任意ですが，公民館運営審議会については，1949年の社会教育法制定時から必置であったものが，1999年の「地方分権の推進を図るための関係法律の整備等に関する法律」（地方分権推進一括法）によって任意設置となったものであること，あわせて，館長の任命の際にあらかじめ公民館運営審議会の意見を聴取する必要がなくなったことも，知っておくべきでしょう。

　その他，青少年教育施設や女性施設，生涯学習推進センター等と称される社会教育施設の多くは，それぞれ運営協議会を設置し運営委員を委嘱しています。

▷4　図書館協議会の委員，博物館協議会の委員については，教育委員会が「任命」する。

4 行政委嘱委員をとりまく現状と課題

　行政委嘱委員の制度については，委員の主体的な参加があまりみられず，教育委員会主導で予定調和的な調査審議が行われることが多いなど，活動の停滞・制度の形骸化が指摘されて久しいのですが，近年では地方分権と規制緩和の流れを受けての，いわば「外圧」による見直しが部分的に重ねられてきました。たとえば，委員の構成については，社会教育法（図書館法，博物館法）の規定に基づき，学校長，地域の諸団体の代表，学識経験者，という各属性別に選出されてきたのが，1999年には「学校教育及び社会教育の関係者並びに学識経験のある者」という包括的な規定となり，今日では，委員の委嘱の基準等は各地方公共団体の条例で定めることとなっています。

　こうした見直しについては，各地方公共団体の必要と実情に応じた柔軟な設置が可能となり，広範な人々の主体的な参加が可能となると説明されますが，住民参加の原理が見失われることへの懸念，制度的な保障が後退するとみる見方も示されてきました。関係者としての問題意識が希薄でただ時代の流れに従うだけというような現状も指摘されるところで，なお活発な議論が求められているといえます。

　近年では社会教育委員を公募するところも少なくないほか，社会教育施設におけるボランティア活動の広がり，「友の会」といった利用者組織の活発化，特定の主題に焦点化した単発的な意見交換の場の開設など，住民をはじめとする多様な利用者・学習者の意見や要望を行政や施設の運営に反映させようとするさまざまな方法・試みがあることを視野に入れて，行政委嘱委員の意義が考えられる必要があるでしょう。

（伊藤真木子）

▷5　このかん，教育改革の流れのなかで，2001年社会教育法の改正，2008年図書館法と博物館法の改正があり，各委員の構成について「家庭教育の向上に資する活動を行う者」が追加されたという経緯がある。

参考文献
　伊藤俊夫（編）2008『新しい時代を創る社会教育——社会教育委員必携』全日本社会教育連合会。
　全国社会教育委員連合（企画・編集）2008『住民参画による社会教育の展開——社会教育委員のあゆみと役割』美巧社。

Ⅸ　生涯学習にかかわる人的支援

3　生涯学習支援にかかわる専門職員

1　専門職員とは

　生涯学習支援には行政も民間もかかわりますが,「専門職員」という用語は,主に行政の職員に注目する文脈で用いられてきたといえるでしょう。また,生涯学習支援には行政の各分野がかかわりますが,もっぱら中心的にかかわってきたのは社会教育行政であるといえるでしょう。社会教育行政においては「教育」を担う職員を総称して「専門的職員」と表現することが多いのですが,この,「的」を用いる表現は,社会教育・生涯学習支援にかかわる「専門性」とは何か,その内容を具体的に規定することの難しさを表しているともいえます。「専門的職員」と一口にいっても,行政機関の職員としての性格と教育機関の職員としての性格とをあわせもち,制度的な位置も社会的な位置も異なるさまざまな職員が含まれるのであり,各職員に共通するものとして議論すべき専門性と,個別的に議論すべき専門性があるといえるでしょう。

2　教育委員会事務局の職員

　社会教育主事は,教育公務員特例法によって「専門的教育職員」と位置づけられ,社会教育法に基づいて都道府県及び市町村の教育委員会の事務局に必置とされている職員です。その職務は,「社会教育を行う者に専門的技術的な助言と指導を与える。ただし,命令及び監督をしてはならない」と規定され,さらに2008年の社会教育法の改正で,学校の求めに応じた助言を行うことができるとの規定が加わりました。社会教育主事には,学校を含む多様な学習支援主体の存在を視野に入れた,調整者としての役割が期待されているといえます。2008年の改正では資格要件が緩和されたことから,広範な人々がその役割を担うことの意義と可能性に注目する議論と,「専門的職員」としての専門性を曖昧にするものとして懸念する議論とがあります。

　一方,特定分野に関して直接的に住民の学習にかかわる職員として,多くの市町村の教育委員会では,非常勤の職員を置いています。社会教育に関する識見等をもつとされる人々,通常は地域の諸団体のリーダーや教員退職者などから委嘱されてきたといってよいでしょう。たとえば,1972年度以降国が設置費の助成をしてきたことで全国的に置かれるようになった社会教育指導員など,それぞれに設置の経緯をもつ各種の指導員があります。

▷1　社会教育法が制定されたのは1949年だが,社会教育主事の設置についての規定（第9条の2～6）は,1951年の改正で加わった。

▷2　県レベルでは学校教員が社会教育主事として発令されて教育委員会の事務局に勤務し,数年の後に発令を解かれ管理職として学校に「戻る」ことも通例であり,生涯学習支援にかかわる多様な人々のなかでも,学校教員の存在は大きいといえる。

▷3　1998年に一般財源化されている。任期1年で再任は3年まで,退職校長から選任されるというのが通例で,社会教育主事との関係が問題化する局面もある。雑誌『社会教育』1988年12月号（全日本社会教育連合会）は特集テーマを「社会教育指導員」として,その意義に注目している。

▷4　平成23年度社会教育調査によれば,全国に置かれている社会教育指導員は3559人,スポーツ推進委員は4万1800人,その他各種指導員は実人数で2万8699人,とのことである。

3 社会教育施設の職員

　社会教育施設の職員のうち，司書と学芸員は，それぞれ図書館法と博物館法で「専門的職員」として規定され，その資格要件等については図書館法施行規則，博物館法施行規則で具体的に規定されるなど，制度的位置づけは比較的明確です。一方，公民館には「主事」を置くことができるとの社会教育法の規定があり，青少年教育施設や女性施設，生涯学習推進センター等と称される社会教育施設の多くも「指導系職員」と呼ばれる職員を置いていますが，その資格要件等については明確ではありません。資料に関する知識や技術に基づく学習支援を主とする司書や学芸員に対し，地域住民や学習者に関する総合的な理解に基づく学習支援を担う公民館の主事その他「指導系職員」については，その職務や専門性を一律に明文化し難いのだと理解することもできるでしょう。▷5

4 専門職員をとりまく現状と課題

○養成・研修をめぐる問題

　社会教育施設の運営や社会教育事業の実施には，多くの非常勤職員やボランティアがかかわっています。昨今では，社会教育施設でも指定管理者制度を導入するところが増え，社会教育行政の事務を首長部局に移管する自治体も増えています。社会教育行政として，これら民間の諸機関や行政他部局の人々の社会教育理解をどう図っていくのか，研修をどう位置づけていくのかは，今後ますます重要な課題となると考えられます。

　また2006年の教育基本法改正を受け，司書と学芸員の養成の方法や科目等については見直しが図られ，社会教育主事についても見直しの方向で検討が重ねられています。各資格は，大学で必要単位を修得することによっても取得できますが，現実に専門職として採用されることは稀で，大学における養成課程の意味は何度となく問われてきたところです。

○専門的団体・機関に関する問題

　社会教育主事の必置規定は厳守されてはおらず，各社会教育施設の「専門的職員」の人数も決して十分とはいえません。また「専門的職員」の多くは短期間での異動がある公務員であって，一時的にその立場にあるに過ぎません。「専門的職員」としての経験の共有や継承が難しい状況にあるなかで，恒常的・広域的に研修の企画・実施や情報の収集・提供等を行う機関として，全国公民館連合会，日本図書館協会，日本博物館協会，あるいは国立青少年教育機構や国立教育研究所社会教育実践研究センター等の専門的団体・機関の存在は（これらの団体・機関の専門性自体も問われますが）一層重要になってくるでしょう。

（伊藤真木子）

▷5　今日の専門的職員の養成や研修のあり方を方向づけた文書として，1996年に示された生涯学習審議会社会教育分科審議会報告「社会教育主事，学芸員，及び司書の養成，研修等の改善方策について」がある。

参考文献
　国立教育政策研究所社会教育実践研究センター（編）2014『社会教育指導者に関する調査研究報告書』。
　国立教育政策研究所社会教育実践研究センター（編）2014『社会教育施設における職員養成の在り方——指定管理者制度を通して見た社会教育施設における職員養成に関する調査研究報告書』。

IX 生涯学習にかかわる人的支援

ボランティアによる生涯学習支援

生涯学習とボランティアという問題設定

生涯学習とボランティアという概念は、たいへん近接したものです。

1992（平成4）年の生涯学習審議会の答申によれば、生涯学習と**ボランティア活動**のあいだには、①ボランティア活動そのものが自己開発・自己実現につながる生涯学習となる、②ボランティア活動を行うための知識・技術を習得する生涯学習があり、学習の成果を生かし深める実践としてボランティア活動がある、③人々の生涯学習支援を行うボランティア活動がある、というような関連があるといわれています。

ボランティア活動は利他的な活動・他人のためになる活動、生涯学習は利己的な活動・自分のためになる活動、というような固定的な発想をしていると、ボランティア活動と生涯学習とのあいだに、上であげたような関連を見出すことはできません。しかし、生涯学習という概念自体が、個人的な興味関心を充足するものだけではない、学習の内容には社会的・公共的な問題も含むということを考えてみれば、どちらも、自発性を基礎とする活動であるというような、共通する性格をみつけることができるでしょう。

2 ボランティア学習ということ

ボランティア学習という言葉があります。ボランティア活動と生涯学習の関連を考えるという観点からは、この言葉は少し注意しなければなりません。実践の場から出てきた言葉でもあり、関係者の思い入れが込められた和製英語で、きちんとした定義が与えられているものではないのです。

ボランティア学習といわれるものは、ボランティア活動についてボランティア活動を実際に体験しながら学習すること、ぐらいに捉えられるものです。それも、学校教育などのなかで、教育の一環として行われるものだと理解していいでしょう。ボランティア活動について理解すること、という内容的な側面と、ボランティア活動を実際に行いながら、という方法的な側面とが意識されているものです。学校の総合的な学習の時間や特別活動、部活動などのなかで行われるようなものです。福祉教育のなかで密接に関連して行われてきたという系譜も存在します。

生涯学習とボランティア活動の関連として考えられてきたことと、このボラ

▷1　ボランティア活動
自発性、無償性、公共性などを特徴とする自由意志に基づく活動。福祉領域では古くから注目されてきたし、阪神淡路大震災（1995年）の復興支援に重要な役割を演じた。社会教育・生涯学習の領域においても、注目される存在である。

ンティア学習ということとは異なるのです。ボランティア活動をしているなかで、生涯学習という観点から考えると意味がある、ということとは区別されるものです。

3 専門職員の役割とボランティアの役割

　ボランティア活動と生涯学習の関連のなかで、人々の学習活動を支援するボランティア活動、という観点があることはすでに指摘しました。生涯学習支援は、専門的な職員によってなされるべきであるというような考え方が存在してきました。ところが、博物館・図書館・公民館・青少年教育施設・生涯学習センターなどといわれる社会教育施設がボランティアを受け入れ、人々の学習活動を支援するということが広がってきています。1986（昭和61）年には、社会教育審議会社会教育施設分科会から「社会教育施設におけるボランティア活動の促進について」という報告が出され、社会教育施設におけるボランティア活動の意義が強調されたことも、影響を及ぼしています。

　社会教育施設には、図書館には司書、博物館には学芸員、（公民館には公民館主事、その他の施設では指導系職員といわれるような）専門的職員が配置され、専門性を駆使して学習者の支援にあたるということが、自明のこととされていました。しかし、施設にボランティアが入るということになると、必ずしも専門性をもつ人ではない人が学習の支援にあたりサービスの質が低下したり、責任が不明確になったりというようなデメリットが生ずるという批判も出ています。ボランティアの役割と専門職員の役割をどのように考え直すかということが必要になってきました。

4 ボランティア自身が学習者という視点

　生涯学習支援にかかわるボランティアの活動は、図書館で読み聞かせやお話会をしたり、図書の補修を行ったり、博物館で展示解説をしたり、資料の整理をしたり、青少年教育施設で野外活動の補助をしたり、他の施設での資料の整理・広報活動・イベントの補助・プログラムの設定など、多様に存在しています。

　このボランティアの人たちは、単に他の人の学習活動を支援しているとだけみるのでは不十分です。ボランティアの人たちも、活動を通して学習しているのです。ボランティアは、社会教育施設のようなプログラムを提供する側に補助的に存在しているのではなく、そのプログラム・施設の利用者なのだということも考えられます。ボランティア活動をする場として、社会教育施設が利用されているのだと考えることができるのです。

　ボランティアによる生涯学習支援そのものを社会教育施設や学習支援プログラムが支援しているという関係にも大いに注目する必要があるでしょう。

（鈴木眞理）

参考文献
鈴木眞理　2004　『ボランティア活動と集団――生涯学習・社会教育論的探求』　学文社。

IX　生涯学習にかかわる人的支援

 講師やファシリテーターの役割と広がり

学習機会提供における"講師"

　生涯学習・社会教育の学習機会提供において"講師"という場合，その具体的な位置づけは幅広い意味をもっています。最もイメージしやすいのは，学習内容に関し講義形式で一定の知識や情報を体系立てて伝える「講師」でしょう。加えて実際の学習機会では，シンポジウムやパネルディスカッションにおいて議論や討論を論点整理しつつ深める「コーディネーター」，論拠に基づいて自分の考えや意見を述べる「シンポジスト」，「パネリスト」，話し合い学習で検討の議論の整理や観点をアドバイスする「助言者」，事例研究で活動の実践事例等の概要や特色等を発表する「事例発表者」など，採り入れる学習方法や学習の際に期待する役割，学習者とのかかわり方によって多様な名称の"講師"が存在しています。

2 学習の促進者としての"講師"

　1992（平成4）年の生涯学習審議会答申「今後の社会の動向に対応した生涯学習の振興方策について」において，環境・人権・国際理解・高齢化社会などの「現代的課題」に関する学習の充実について提言されました。現代的課題はいずれも現代社会から要請されるもので，その多くがグローバルな課題であると同時に地域的な課題でもあり，個々人の生活とも密接に関連する課題です。その課題解決に向けた学習では，学習者自身の"気づきとその後の行動変容"を促し，他者と協働して解決に向かう力を育んでいくことが必要です。そのために，少人数のグループで見る・聴く・調べる・話し合うなど，学習者が共同（協働）して取り組む学習の方法が多用されます。目的・内容・対象などによって講義形式の学習方法も採りますが，中心となるのはワークショップで，「ファシリテーター」によるプログラムに沿って展開していきます。

　「ファシリテーター」は，中立的な立場で学習者の主体性を尊重して進め，それぞれの学習者がもっている力を引き出す役割を担います。学習内容の専門家としての知見にとどまらず，学習者が協働のプロセスを実感し，学習後に行動しようとする意欲を抱くワークショップの指導技術をも備えた学習の促進者に位置づく"講師"です。

3 学習者から"講師"へ

　誰もが最初は学習者ですが、そのままずっと学習者のままであり続けるとは限りません。長く、また深く学習を進めていくうちに、専門的な知識や技能を身につけていったり、学習のグループや団体の活動に携わり中核的・指導的な存在になっていくなどということはよくあることです。そしてその結果、サークルやNPO等の団体が趣味的な教室や地域問題に関する学習会等を開催し、代表者などの構成員が講師を務めることがあります。また、社会教育・生涯学習の行政や公民館等の社会教育施設の学級・講座等の学習機会提供では、かつては学習者であった地域住民が"講師"となることもよくあります。

　学習者は"講師"を目指さなければならないと固定的に考えることではありませんが、「人に教える」役割を担うということは、社会的な意味として学んだ成果を地域で生かす、人々の生涯学習を支援する、自分の学習経験を伝えることになります。また、自身にとっては、自分の考えを整理する機会となる、新たな学習のきっかけとなる、社会との新たなつながりをもたらすことになるなど、重要な意味があると捉えることができます。

4 期待される"講師"イメージ

　"講師"には学習内容に関し精通していることを第一に求めますから、大学の研究者や研究機関の専門職など、その分野の第一人者で知名度のある方を招聘することがあります。しかし、学習者がそれほど大人数でない学級・講座等の場合、参加する学習者の感性や心情を理解しつつ学習プログラムを進めることを配慮する"講師"を招聘することが重要です。たとえば、家庭教育学級へ参加する保護者のなかには、同じ年齢の子どもをもつ友人がほしい、あるいは閉塞感を感じる子育ての悩みを聞いてほしいと考える母親が参加していることが少なくありません。このような学習者の状況を理解して、子育てに関する学習に加えて、学習者相互の交流や、地域の同世代の子育ての先輩と話す機会、さらには保健師と個別に話す機会を設けるなど、個々人の悩み等の解決も見据えて学習プログラムを編成・展開する、学習内容の指導と学習の促進者の両方の役割が期待されます。

　生涯学習・社会教育の学習機会提供では、講義・討議をはじめ、さまざまな学習の形態や方法が用いられますが、それぞれ長所と短所があります。企画・立案の際には、学習の目的、学習の内容、対象、学習者の状況、地域の特性などの状況に応じて学習プログラムを検討し、学習の目的に向けて最も効果があがる方法と"講師"の役割や位置づけを選択して編成していくことが肝要です。

（稲葉　隆）

参考文献

公益社団法人全国公民館連合会　2011　『みんなに内緒にしておきたい講座づくりのノウハウ』。

公益社団法人全国公民館連合会　『月刊公民館　特集　魅力ある講座づくり』2013年11月号。

X 施設に基づいた生涯学習活動

1 生涯学習施設と社会教育施設

1 生涯学習施設とは

　生涯学習施設とは漠然とした概念だといえます。教育や学習のための施設は古くからありますが、それらが生涯学習施設という概念で捉えられるようになったのは、生涯学習の考え方が普及しはじめる1980年代以降のことだといえます。生涯学習施設は、学校を含むあらゆる教育機関を包括して指していることもあれば、社会教育施設を生涯学習施設に言い換えているだけのこともあるなど、混乱を招く言葉でもあります。明確な線引きは困難だといえますが、社会教育施設や生涯学習施設などを便宜的に分類して捉えることができます。

　人々は、学校や社会教育施設に限らず日常的な生活の場でも学習をします。茶道などを個人教授所で学習することもあります。社会教育行政の管轄ではないコミュニティ・センターや文化会館などでも人々は学習をしています。そうした場面をそれぞれ「偶発的な学習の場」「生涯学習関連施設」「生涯学習施設」と捉え、人々が効率的・効果的に学習できるように支援することを目的とする社会教育施設を中核とする同心円上に図12のように位置づけられます。

　生涯学習支援は、教育行政の枠組みを超えてさまざまな場面で行われることが望ましいといえます。しかし、学校以外の公立の教育機関は主として社会教育行政によって設置される社会教育施設を指しているといえます。

▷1　教育基本法第12条第2項では「国及び地方公共団体は、図書館、博物館、公民館その他の社会教育施設の設置、学校の施設の利用、学習の機会及び情報の提供その他の適切な方法によって社会教育の振興に努めなければならない」と記されている。この条文では、2006年の社会教育法改正を受けてはじめて「社会教育施設」という言葉が用いられた。

2 社会教育施設とは

　国や自治体が社会教育を振興するために設置する機関は、社会教育施設と呼ばれ、その設置根拠は法律にみられます。社会教育施設は、第二次世界大戦前の社会教育が団体中心であったことと対照的に、大戦後の社会教育を展開する主要な拠点だといえます。

○社会教育施設の種類

　社会教育施設には、特定の対象をもつ青少年教育施設や女性教育施設、特別な方法で教育が行われる図書館や博物館、それらを総合的に展開する公民館や生涯学習センターなどがあります。公民館は社会教育法で、図書館や博物館は社会教育法に基づいて制定された図書館法や博物館法により、その目的や事業等について詳細に定められています。

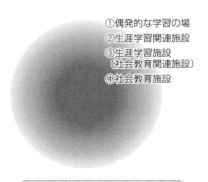

①偶発的な学習の場
②生涯学習関連施設
③生涯学習施設
　（社会教育関連施設）
④社会教育施設

図12　社会教育施設等の概念図

出所：鈴木眞理　2005「社会教育の施設」『生涯学習概論ハンドブック』国立教育政策研究所社会教育実践研究センター　p.101.

表10 主な社会教育施設の現状

区分	公民館 (含類似)	図書館	博物館 (含類似)	青少年教育施設	女性教育施設	社会体育施設 (除民間)	文化会館	生涯学習センター
館数（館）	15,399	3,274	5,747	1,048	375	47,571	1,866	409
公立（館） (指定管理者%)	15,392 (8.6)	3,249 (10.7)	4,246 (28.5)	1,020 (38.5)	227 (31.8)	27,469(団体) (35.4)	1,742 (53.7)	409 (22.2)
指導系職員 （人）	公民館主事 (14,454)	司書・司書補 (17,382)	学芸員・学芸員補 (8,254)	指導系職員 (2,746)	指導系職員 (417)	指導系職員 (15,286)	指導系職員 (1,879)	指導系職員 (891)

出所：文部科学省 「平成23年度社会教育調査」より作成。

社会教育施設は，国や独立行政法人によって設置された国立，地方公共団体によって設置された公立，一般社団法人や一般財団法人，宗教法人などによって設置された私立に分類できます。その多くは公立の施設だといえますが，博物館の場合は私立博物館の割合が比較的高く，民間の活動が活発だといえます。

社会教育施設には，指導系職員と呼ばれる職員が配置されています。公民館や青少年教育施設の指導系職員には特定の資格の取得は求められていませんが，図書館や博物館の専門的職員である司書や学芸員には資格を取得していることが求められます。指導系職員には，地域の実態に応じ，各施設の特徴をいかした教育を展開することで，人々の学習を支援することが期待されています。

社会教育施設の運営

公立の社会教育施設は，住民の意思を反映し，住民が自主的・主体的に学習できるように運営されます。そのため，公民館運営審議会，図書館協議会，博物館協議会を設置して，施設運営に住民の意思を反映させることができます。それぞれの会については，社会教育法，図書館法，博物館法に規定されています。

社会教育施設でボランティアを受け入れることも，施設運営のあり方として重視されてきました。ボランティアは，施設運営を補助する人材であると同時に，ボランティアとして施設を利用する学習者としての一面ももっています。

このかんの地方分権・規制緩和の流れを受けて，社会教育施設の設置や運営は，各自治体の判断に委ねられることが主流になってきています。社会教育施設の運営にあたり，**指定管理者制度**を導入する自治体もあり，その運営形態は多様化しているといえます（表10）。

3　学習形態の多様化と社会教育施設の役割

情報通信技術の発展は，学習形態を多様にしてきました。人々は，社会教育施設に行かなくても，テレビやインターネット，印刷教材を活用して，自宅やオフィスで個人的に学習を進めることができます。施設を教育や学習の拠点にすることの意味は，自明のことではなくなっているといえます。

しかし，自分自身で教材を選択して活用しながら学習を進めていくことは誰にとっても容易なこととは限りません。社会教育施設を利用して，指導者の支援を受けたり，よく似た関心をもつ人たちと一緒に学習を進めたりすることによって，人々の学習は豊かになると考えることができます。　　　（大木由以）

▷2　社会教育施設については，2001年に，国立オリンピック記念青少年総合センターや国立少年自然の家，国立青年の家（2006年には以上3法人が統合して国立青少年教育振興機構），国立女性教育会館，国立科学博物館，国立美術館，国立博物館（2007年には文化財研究所と統合して国立文化財機構）が独立行政法人化された。

▷3　⇒ IX-3 参照。

▷4　公民館運営審議会は，社会教育法制定時には必ず設置をすることが義務づけられていたが，1999年の社会教育法改正により任意設置となった。

▷5　指定管理者制度
⇒ X-10 参照。

X 施設に基づいた生涯学習活動

2 学校と地域との連携

1 地域における学校

　学校はもともと地域と密接な関係をもつ存在だといえます。学校と地域との連携ということがテーマになっていることは，そうした関係が変化し，連携の意味を改めて考えなければならない状況にあることを表しているといえます。

　小学校や中学校は人々が生活する地域に当然設置されている，身近な存在であったといえます。地域住民は，運動会や学芸会などの学校行事を見学したりそれらに参加したり，町内会や子ども会主催の運動会や祭の会場として学校を訪れたりするだけでなく，PTAの活動などを通して学校と密接にかかわってきました。住民は，自分たちが住む地域の学校の環境をより良くするための手伝いを，自然なかたちで行ってきたといえます。

　しかし，人々の生活圏が拡大し，学校が専門機関としての性格を強めることで，両者の関係は必ずしも密接ではなくなったといえます。学校と地域との連携を改めて考えていく必要が生じる背景には，両者の関係が変化することでいくつかの問題が生じ，それらを解消する必要がでてきたからだといえます。

2 学校教育と社会教育との連携

　学校教育と社会教育との連携の促進は，社会教育行政によって重視されてきたといえます。1970年代には「学社連携」として，両者の積極的な連携関係の構築が推進されました。そこでは，より良い教育のあり方を目指して，学校教育と社会教育がそれぞれ機能を発揮して補完し合う関係の構築が求められました。その背景には，さまざまな教育の機会を，時間的にも空間的にも統合的に整備する必要を指摘した「生涯教育」の考え方からの影響もあったといえます。

　学校にとっても，地域との関係を築くことは避けられないことだったといえます。学校教育の性格は，どの地域でも同じ内容の教育を受けられたり，同年齢集団を対象としていたりするという意味で定型的だといえます。そのために，全国の学校で一定水準の教育活動が行われているということができますが，それは同時に，学校の閉鎖的な性格を強め，子どもが息苦しさを感じる要因になっているということがしばしば指摘されてきました。「開かれた学校」という考え方は，学校運営の方針として1987年の臨時教育審議会第3次答申で示され

▷1　1974年の社会教育審議会建議「在学青少年に対する社会教育の在り方について」では，「従来の学校教育のみに依存しがちな教育に対する考え方を根本的に改め，家庭教育，学校教育，社会教育がそれぞれ独自の教育機能を発揮しながら連携し，相互に補完的な役割を果たし得るような総合的な視点から教育を構成することが重要である」と指摘された。

X-2　学校と地域との連携

ました。この時期には，弊害を生みかねない閉鎖的な状況をつくらないために，いかに学校を地域に開いていくかが問われていたといえます。

3　住民に開かれた学校

　1996年中央教育審議会答申では「生きる力」を育む教育やゆとりの拡大が求められ，2002年には学校週5日制が完全実施されました。この背景には肥大化する学校の役割を，スリム化しようという考えがありました。「生きる力」を育む体験活動は，地域住民の力を借りながら展開されることが重視され，学校を開いて地域との連携を強化していくことは，学校にとっても一つの課題になったといえます。

　また，この頃から保護者や地域住民の意向を学校運営に反映するための仕組みが整備されていきました。2000年の「学校教育法施行規則」改正では学校評議員について規定され，翌年の「地方教育行政の組織及び運営に関する法律」の改正では教育委員に保護者が含まれるよう配慮するようにという規定が加えられました。2004年の「地方教育行政の組織及び運営に関する法律」の改正では学校運営協議会の設置についての制度が整えられ，学校運営協議会を設置するコミュニティ・スクールを増やすことが国の政策目標にもなっています。▷2

　土曜日や放課後に子どもが安全に過ごす場所をつくることも，学校と地域との連携が強調される背景の一つだといえます。2007年には文部科学省と厚生労働省によって，**放課後子どもプラン**▷3が示されました。このプランでは，学校の空き教室などを利用して，すべての子どもが安心して安全な放課後を過ごせるような場がつくられ，そうした場が地域住民によって主体的に運営されることが目指されました。

　学校は，学校運営に住民が参加することを促したり，教室や体育館などの施設を住民に開放したりするだけでなく，公開講座といったかたちで教育機能を開放することによって，地域との連携関係を築くことも試みているといえます。

　ただし，こうした施策等で学校の連携相手として期待される地域は，特定の境遇にある住民の存在を前提に考えられていることに留意する必要があるといえます。人の生活は多様で複雑であり，連携相手になることは誰にでも容易にできることではないと考えられます。また，国の施策を通してモデルプランが示されることで，学校と地域とが画一的な連携関係を築いてしまう可能性があることにも意識的である必要があるといえます。学校教育の性格や地域の状況を考慮したうえで，どのような連携関係を築いていくことができるのかを考える必要があるのではないでしょうか。

（大木由以）

▷2　コミュニティ・スクールの考え方は，1930年代にアメリカのオルセン（Olsen, E. G.）によって提唱された「コミュニティ・スクール」の理論を基礎にしているとされる。歴史的にみれば，第二次世界大戦後すぐに，地域の生活課題を学習課題とした教育課程を計画する川口プラン（埼玉県の川口市社会科教育計画）や本郷プラン（当時の広島県の本郷町における地域教育計画）などの地域社会学校論や運動も存在した。ただし，これらは民間主導の取り組みでもあり，現在の国の施策に結びついたわけではない。

▷3　放課後子どもプラン
2014年7月以降は「放課後子ども総合プラン」として，「放課後子供教室」（文部科学省），「放課後児童クラブ」（厚生労働省）の活動をとおして，放課後に子どもが過ごす安全な居場所を提供するとともに，共働き家庭の増加に伴って生じる「小一の壁」問題の解消などにも対処する事業として展開された。「放課後子供教室」の運営は，地域住民が参加して行われることが重視されている。

159

X 施設に基づいた生涯学習活動

3 地域の基幹施設としての公民館

1 公民館の使命とは何か

　公民館は，図書館，博物館とならび，国家，地方自治体によって保障されるべき社会教育施設として，教育基本法（第12条）にはっきりと示されています。社会教育法の条文のおよそ半分が，公民館に関する事項で占められていることからも，いかにこの施設が社会教育の中核に据えられているか理解することができるでしょう。

　2011（平成23）年の調べによると，公民館は全国に1万4681（類似施設含め1万5399）館あるのに対し，図書館は3274館，博物館も1262（類似施設含め5747）館と，施設数に大きな差があります。こうした数からは，公民館が，図書館や博物館などよりも地域社会に細かく配備され，地域住民の身近な施設として普及している様子をうかがうことができます。

▶1　文部科学省ホームページ「社会教育調査——平成23年結果の概要」。

　社会教育法には，公民館の目的として，「市町村その他一定区域内の住民のために，実際生活に即する教育，学術及び文化に関する各種の事業を行い，もつて住民の教養の向上，健康の増進，情操の純化を図り，生活文化の振興，社会福祉の増進に寄与すること」（第20条）と記されています。換言すれば，公民館は，地域住民が日常生活のなかで抱く学習ニーズに応える総合的な教育施設といったところでしょう。

　そのため，時代や地域の違いによって公民館の役割や活動内容は，当然異なります。同じ公民館という名称をもつ施設であっても，その実態は千差万別です。また，変革が求められなかった時期などなかったといってよいほど，社会状況の影響をうけながら，公民館の姿は変化し続けてきました。

　しかしながら，いつの時代の，どこの地域の，どのような活動が展開される公民館であっても，社会の要請に的確に対応した教育機会を提供しようとするその使命については共通しています。

2 地域の基幹施設としての公民館

　公民館の活動は，「集う，学ぶ，結ぶ」とよく表現されます。公民館は，地域住民に「学び」だけではなく，「集い」や「結びつき」の機会も提供しているのです。

　公民館では，通常，学級や講座などの学習活動とは関係なくても，いつでも

写真2　公民館の利用率が低い中高年男性の参加をねらった講座
「男のロマンを語ろう！～人生を二度楽しむ～」（広島市福田公民館）

　地域住民が気軽に集えるように施設が開放されています。それは、そこで交わる住民どうしや職員との日常会話のなかから、地域課題が発見されたり、グループ活動が生まれたりするのを期待しているためです。

　公民館の歴史をみても、そうした自然発生的な話し合いがきっかけとなって、大きな学習運動へと発展していった事例を、数多く見うけることができます。この偶発的な「集い」（交流）こそ、地域に密着した学習活動の源泉となるものであり、公民館においてはとても大切な活動の一つとして、とらえられているのです。

　「結ぶ」という機能については、以下の二つの意味があるでしょう。一つは、学習資源を結びつける活動です。社会の高度化、複雑化によって学習ニーズが多様化し、十分な学習機会を公民館だけで提供するのが難しいことが、十数年ほど前から指摘されています。そのため、公民館は、各種学校や大学、民間教育事業、ボランティア団体、NPOなどのあらゆる機関、施設との連携をはかり、情報や学習資源を集めることで、多様な住民のニーズに対応しています。公民館は、地域に散らばるさまざまな教育、文化を結びつけ、総合的な生涯学習サービス網を構築する役割を担っているのです。

　もう一つは、地域に住む人と人とを結びつける活動です。特に都市化や人口変化などにより地域の人間関係の希薄化が問題とされている昨今、地域の伝承文化の保護、あるいは、防犯や防災に備えたまちづくり活動などを行う上で、公民館の果たす役割は、以前にもまして重要になっています。

　以上のように公民館は、社会教育の基幹施設であるだけではなく、地域の基幹施設でもあることにより、地域住民にとって最も身近な学習施設として機能することができているのです。

（志々田まなみ）

参考文献

鈴木眞理・熊谷愼之輔・山本珠美（編著）2012『社会教育計画の基礎』学文社。

鈴木眞理・大島まな・清國祐二　2010『社会教育の核心』日本青年館。

小池源吾・手打明敏　2009『生涯学習社会の構図』福村出版。

Ⅹ 施設に基づいた生涯学習活動

広域の学習施設としての生涯学習推進センター

1 生涯学習推進センターとは何か

　一般に生涯学習推進センターとは，市区町村の行政区域枠を超え，おもに都道府県を単位とする広域の生涯学習サービスを提供している中核施設のことをいいます。1990（平成2）年の中央教育審議会答申「生涯学習の基盤整備について」によって，都道府県の主導による生涯学習の推進体制づくりが初めて提言されて以降，全国に設置されました。現在「生涯学習・社会教育センター等協議会」に加盟しているだけでも全国に52センターあります[1]。「推進」という言葉がつかない「生涯学習センター」という用語もよくみかけますが，これは主に市区町村（政令指定都市をのぞく）規模での生涯学習の推進を図っている施設の総称として用いられる場合が多いようです。2011（平成23）年の社会教育調査によるとこうした施設も含めると，409カ所にものぼります[2]。

2 なぜ広域の学習施設が必要なのか

　ところで，なぜ住民の身近な市区町村ではなく，馴染みのなかった都道府県という広範囲で，生涯学習の推進体制を考え直そうとしたのでしょうか。

　当時，情報化などによって住民の学習ニーズがこのまま多様化し続ければ，公民館だけでは十分な学習機会が提供できなくなることが懸念され始めていました[3]。もはや，この狭い区域で生涯学習の推進体制を維持するだけでは不十分であったわけです。

　そこで考え出されたのが，都道府県全体であれば，住民のさまざまなニーズに適った，もっと多様な学習機会を効率的かつ円滑に提供できる学習サービス網が形成できるのではないかというアイディアでした。しかし，住民が利用できる学習機会の提供エリアを拡大するためには，これまでまったく別個に活動を行ってきた都道府県内の教育施設や団体をまとめていかねばなりません。つまり，さまざまな教育施設や団体との連携事業を企画したり，職員やリーダーを養成したり，あるいは，学習機関相互の連絡調整を担えるような機関が必要になったのです。

　こうしてつくられたのが，生涯学習推進センターでした。近年では，社会教育，生涯学習関連機関やその団体との連携事業だけではなく，大学や企業，民間教育事業，NPOなど，多種多様な施設や団体との協働も重視されるように

▷1　国立教育政策研究所社会教育実践研究センターホームページ「生涯学習・社会教育センター等協議会加盟一覧」。

▷2　文部科学省ホームページ「社会教育調査─平成23年結果の概要」。

▷3　平成6年生涯学習審議会社会教育分化審議会施設部会報告　1994「学習機会提供を中心とする広域的な学習サービス網の充実について──新たな連携・協力システムの構築を目指して」。

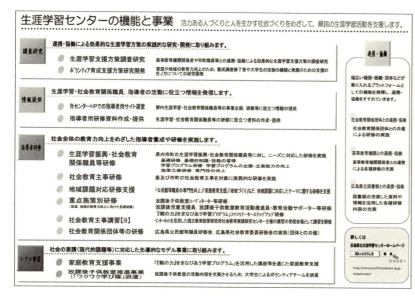

図13 広島県立生涯学習センターの機能と事業

出所：広島県立生涯学習センターホームページより。

写真3 県民カレッジ夢パレットさが 受講者手帳

＊講座を2時間受講すると1単位が実施機関から認定され，シールが渡される。それを受講者手帳に貼り，50単位以上あつめると，修得単位数に応じた賞が授与される。

なっています。

いまや生涯学習推進センターは，単に地理的な条件だけではなく，学習内容や活動範囲という意味でも「広域」の学習施設となっているのです。

③ 生涯学習推進センターの主な活動——県民カレッジ

生涯学習推進センターは，先述した地域の生涯学習機会の情報提供や，各機関との連絡調整以外にも，学習相談事業や生涯学習に関する調査研究活動など，さまざまな活動を行っています（図13参照）。なかでも，多くの都道府県が実施しており，なおかつ，生涯学習推進センター特有の事業としてあげられるのが，県民カレッジです。

青森県の「あおもり県民カレッジ」や，富山県の「富山県民生涯学習カレッジ」，佐賀県の「県民カレッジ夢パレットさが」（写真3）など，固有名称は多少異なりますが，これらは，1997（平成9）年に文部省によって設置された「地域における生涯大学システムに関する研究開発会議」が提言した「生涯大学システム」構想に基づく，広域的学習サービス網です。

これら県民カレッジでは，生涯学習推進センターが管轄する区域の教育機関や団体が提供する学習機会の情報ネットワークを形成したり，住民の学習相談に応じたりしています。また，一部のセンターでは，独自の評価システムによって学習成果を評価し，奨励証や修了証を発行しているものもあります。さらにもう一歩進んで，学習成果を活用するための人材バンクやボランティア機関などを整備し，幅広い活動を行っている事例もあります。

（志々田まなみ）

参考文献

赤尾勝己 2012 『新しい生涯学習概論——後期近代社会に生きる私たちの学び』ミネルヴァ書房。

鈴木眞理・梨本雄太郎・永井健夫（編著）2011 『生涯学習の基礎』学文社。

日本公民館学会（編集）2010 『公民館のデザイン——学びをひらき，地域をつなぐ』エイデル研究所。

X 施設に基づいた生涯学習活動

5 自己学習支援施設としての図書館

1 図書館と読書習慣の形成

近年,「活字離れ」という声も聞かれますが,それでも世論調査によれば書籍・雑誌を読む日本人は70％前後で推移しています。では,人々の間に「本を読む」という習慣が形成されたのはいつ頃のことでしょうか。

寺子屋という庶民の教育機関が普及し高い識字率を誇った江戸時代,貸本屋によって当時の人々が学習や娯楽のために読書していたことが知られていますが,国家的に読書に対する関心が高まったのは明治30年前後といわれます。とりわけ日露戦争後に内務省主導で全国的に展開された地方改良運動は,民衆教化のために図書館設立を進めました。1897（明治30）年に30館だった図書館数は1912（明治45）年には500館,1926（大正15）年には4000館に達し,日本全国誰でも図書館を利用できるようになりました。図書館の整備は,出版流通網の完成とともに,読書習慣の形成を促したといわれています。

1950（昭和25）年には図書館法が制定され公共図書館の整備が進められると同時に,学校図書館や大学図書館,専門図書館なども徐々に拡充されました。

2 子どもの読書支援

読書習慣の形成を考えるにあたり興味深い取り組みとして,ブックスタートがあります。新生児健診のときなどに絵本をプレゼントするというもので,1992年にバーミンガム（イギリス）で始まり,日本では2000年の「子ども読書年」に東京都杉並区で試験実施されたことを皮切りに,全国の半数強の自治体で実施されるに至っています（2015年10月現在）。これは読書推進活動であると同時に,赤ちゃんと絵本を介して楽しいひとときをわかちあうという,読書を通しての子育て支援でもあります。「本を読む」という行為には,知識獲得や娯楽に加え,本を通しての対話と交流という側面もあるのです。

2001年には子どもの読書活動の推進に関する法律が制定されました。子どもの読書活動は,言葉を学び,感性を磨き,表現力を高め,創造力を豊かなものにし,人生をより深く生きる力を身につけていく上で欠くことのできないものであり,すべての子どもが自主的に読書活動を行うことができるような環境整備を推進することが目指されています。図書館でも,読み聞かせやブックトーク（口頭での本紹介）など,本に親しむきっかけづくりが行われています。

▶1 毎日新聞社（編）2015『2015年版読書世論調査』毎日新聞東京本社広告局。

▶2 長友千代治 2001『江戸時代の書物と読書』東京堂出版。鈴木俊幸 2007『江戸の読書熱――自学する読者と書籍流通』平凡社。

▶3 1897（明治30）年には帝国図書館管制,1899（明治32）年には図書館令が制定された。

▶4 永嶺重敏 2004『〈読書国民〉の誕生――明治30年代の活字メディアと読書文化』日本エディタースクール出版部。

3 図書館の機能と存在意義

　図書館というと資料（図書や視聴覚資料など）の閲覧や貸出サービスが真っ先に頭に浮かびますが，日々出版・制作される膨大な資料のなかから利用者が適切な資料を探し出すためには，収集・組織化・保存という作業が行われなければなりません。図書館は，収集した資料に対し分類記号や件名の付与，書誌データ（タイトル，著者，出版社，出版年など）を含む目録の作成という組織化を行い，さらに耐久性をもたせる装備をして保存した上で，それらの資料を提供しているのです。自館で所蔵していない資料については他館から借り受けたり（図書館間相互貸借），利用者からの質問に回答する情報提供（レファレンスサービス）も行っています。

写真4　香川県立図書館の事務室内
＊閲覧・貸出で傷んだ図書を修理している様子。
出所：筆者撮影。

　ユネスコ公共図書館宣言（1994年）は，「公共図書館のサービスは，年齢，人種，性別，宗教，国籍，言語，あるいは社会的身分を問わず，すべての人が平等に利用できるという原則に基づいて提供される」とうたっています。遠隔地の住民に対しては移動図書館のサービスを行ったり，視覚障害者のためには拡大読書機や活字読み上げ機を揃えたりボランティアが対面朗読を行うなどしています。外国語資料の整備も進められつつあります。

　現在，図書館は地域の情報拠点として，資料の提供を超えて，多様なサービスを展開しています。当該地域の資料や情報を収集・整備し，印刷物としてあるいはウェブ上で積極的に発信することや，企業や起業家に対するビジネス支援，学校教育との連携・協力などが進められつつあります。情報化の進展によって，オンライン・カタログ（OPAC）がウェブ上に公開され，来館せずに資料の検索や予約ができるようになっていますし，資料自体もデジタル化が進むなど，遠隔利用は容易になってきました。一方，デジタルディバイド（情報格差）に対処するため，図書館に来れば誰もが情報を入手できる「情報アクセス基地」としての役割も期待されています。

　このような個別の機能とは別に，図書館はその地域の知的遺産を保存する役割を担う存在であること，また，検閲や焚書に対して表現の自由や知る自由を保障する存在であることも忘れてはなりません。古代のアレクサンドリア図書館から20世紀末のボスニア国立図書館まで，時の権力者や戦争による図書館破壊の歴史は枚挙にいとまがなく，それらが人類に与えた被害ははかり知れません。19世紀に活躍したドイツの詩人ハインリヒ・ハイネは「本を焼くところでは，やがて人を焼く」という有名な警句を残しています。

　公共図書館だけでも日本国内に3274館（文部科学省『平成23年度社会教育調査』）を数える現在，図書館はあたりまえの存在と考えられがちですが，それを守るのは私たち一人ひとりなのです。

　　　　　　　　　　　　　　　　　　　　　　　　　　　　（山本珠美）

▷5　東京都日野市の移動図書館ひまわり号は全国のモデルとなった。

▷6　有川浩　2006　『図書館戦争』は図書館の自由を題材とするSF小説だが，2007年「本屋大賞」第5位を受賞するなど，全国の書店員に支持されている。続編に『図書館内乱』『図書館危機』『図書館革命』（いずれもメディアワークス刊）。

▷7　バトルズ，M.　白須英子（訳）　2004　『図書館の興亡』　草思社。

参考文献
河合隼雄・松居直・柳田邦男　2001　『絵本の力』岩波書店。
菅谷明子　2003　『未来をつくる図書館――ニューヨークからの報告』岩波新書。
岩猿敏生　2007　『日本図書館史概説』日本アソシエーツ。

X 施設に基づいた生涯学習活動

専門的学習施設としての博物館

1 美術館も，動物園も，博物館!?

　芸術と学問を司るミューズの神々に捧げられた神殿，のちに学問研究の府として発展したヘレニズム時代の"ムセイオン"。この言葉に源流をもつ"ミュージアム"を福沢諭吉は『西洋事情』(1870年版)のなかで「博物館ハ世界中ノ物産古物珍物ヲ集メテ人ニ示シ見聞ヲ博クスル為ニ設ルモノナリ」と紹介しました。日本には江戸時代以前にも東大寺正倉院をはじめとする寺社の宝物殿や秘仏の御開帳，**本草会**，物産会など，博物館に類する施設・事業はありましたが，本格的に博物館が設立されるようになったのは明治時代になってからです。1951（昭和26）年には博物館法が制定され，とりわけ昭和40年代以降は全国各地に博物館建設ラッシュが起きました。現在，日本には5747館の博物館・博物館類似施設が存在します（文部科学省『平成23年度社会教育調査』）。

　博物館の種類も，総合博物館，科学博物館，歴史博物館，美術博物館（美術館），野外博物館，動物園，植物園，水族館など，さまざまです。「美術館や動物園も博物館なの？」と疑問に思われるかもしれませんが，法的には博物館として扱われます。日本が特殊なのではなく，ICOM（国際博物館会議）でも同様に規定しています。

2 博物館における学習支援

　博物館は，資料の収集，保管（動植物の場合は育成），調査研究をする施設であると同時に，展示や教育普及事業を通して人々の学習を支援する施設でもあります。教育基本法第12条第2項においても，図書館・公民館とともに社会教育施設として位置づけられています。

　学校を含む他の教育施設と比べての博物館の強みは実物資料です。採集，発掘，購入，寄贈，寄託，交換，借入，製作等々によって収集した資料をいかに有効活用できるか，それが博物館における教育普及事業の成否を握っています。

　展示は資料と利用者を結びつける中心的な方法です。展示ケースに収められた資料を見て説明文を読むという方法に加え，資料に触れたり装置を自ら動かす参加・体験型展示（ハンズ・オン）や，バーチャル・リアリティを活用した展示，自然および文化遺産を丸ごと現地で保存し展示するエコ・ミュージアムという方法など，さまざまな工夫が重ねられています。多くの来園者で賑わう

▷1　プトレマイオス朝エジプト時代，プトレマイオス1世がアレキサンドリアに設立したものが特に有名。当時世界最大の「アレクサンドリア図書館」もムセイオンの附属機関だった。

▷2　**本草会**
本草学の発展に端を発する。本草学とは中国に由来する薬用動植鉱物研究であるが，博物学の色彩が強い。江戸時代，貝原益軒や平賀源内らの活躍により発展した。

▷3　資料の有効活用のためには，博物館利用者の実態を知ることも重要である。フォーク，J. H.・ディアーキング，L. D. 高橋順一（訳）1996『博物館体験——学芸員のための視点』雄山閣出版．

▷4　小菅正夫　2006『「旭山動物園」革命——夢を実現した復活プロジェクト』角川書店．

北海道の旭山動物園の人気の秘密は、動物の姿形を見せる「形態展示」ではなく、彼らの行動や生活を見せる「行動展示」にあるといわれています。また、来館が容易ではない人のために、資料をインターネット上に公開するデジタル・ミュージアムの整備も進んでいます。

近年は学校教育との連携（専学連携）が期待されており、実際に多くの博物館では学校の児童・生徒のための体験学習プログラムを用意しています。博物館専門職員である学芸員が学校に出向いて出前講義を行ったり、空き教室を活用した移動博物館などのアウトリーチ活動も試みられています。

ただし、教育普及事業は、温度、湿度、光など、適切な環境下で資料が保管され、地道な調査研究活動の裏づけがあってこそ成り立つものであることはいうまでもありません。このような表からは見えにくい仕事についても理解を深めてもらいたいと思います。

写真5　香川県立ミュージアムの収蔵庫における管理システム

＊各収蔵庫には湿度計が備えられており、データは学芸員室で集中管理されている。
出所：筆者撮影。

③ 人々に支えられ、人々とともにつくる博物館

1960年のユネスコ総会で採択された「博物館をあらゆる人に解放する最も有効な方法に関する勧告」は、博物館がさまざまな属性の人に親しまれる存在となることを提唱しました。わが国では「博物館の設置及び運営上の望ましい基準」（2011年文部科学省告示）第10条により、高齢者、障害者、乳幼児の保護者、外国人等の特に配慮を必要とする者に対する各種支援に努めること、とりわけ青少年に対しては、彼らの関心・理解を深めるため、青少年向けの解説資料等の作成・頒布などのサービス提供に努めることが定められています。

ただし博物館利用者は博物館から提供されるサービスを受け取るだけの存在ではありません。日本博物館協会「博物館の望ましい姿――市民とともに創る新時代博物館」（2003年）が示すように、利用者の学習成果や知識・技能を生かした市民参画が目指されています。その一例が、博物館におけるボランティア活動の広がりです。博物館ボランティアの活動領域は、展示の解説や身障者の介添、イベント運営、広報、書類整理など多岐にわたっていますが、活動を通してボランティア自身の生涯学習になると同時に、他の利用者へのきめ細やかなサービスを行うことによって博物館の活性化につながっています。

また、滋賀県立琵琶湖博物館にはフィールドレポーターという、滋賀県内の自然やくらしについて身の回りで調査をして定期的に博物館に報告をする地域学芸員制度があります。このような住民参加型調査を通して地域の人々が積極的な貢献をし、ともに博物館を作り上げている例もみられます。

生涯学習が契機となって、人々の交流が生まれることにより、博物館は地域文化を創造する拠点となることでしょう。

（山本珠美）

▷5　学芸員の仕事の実態と本音については、以下の文献が詳しい。四国ミュージアム研究会（編）2007『博物館がすきっ！――学芸員が伝えたいこと』教育出版センター。

▷6　たとえば、永田米次2005『美術館で学んだボランティアの道』静岡新聞社。著者自身の退職後20年間におけるボランティア活動記録である。

▷7　川那部浩哉（編著）2000『博物館を楽しむ――琵琶湖博物館ものがたり』岩波ジュニア新書。

参考文献
広瀬鎮　1992『博物館社会教育論』学文社。
伊藤寿朗　1993『市民のなかの博物館』吉川弘文館。
鈴木眞理ほか（編著）2004『改訂　博物館概論』樹村房。
関秀夫　2005『博物館の誕生――町田久成と東京帝室博物館』岩波新書。

Ⅹ　施設に基づいた生涯学習活動

7 体験活動を支援する青少年教育施設

1 青少年教育施設とはなにか

　青少年教育施設とは，文部科学省が3年ごとに実施している「社会教育調査」の定義によれば，「青少年のために団体宿泊訓練又は各種の研修を行い，あわせてその施設を青少年の利用に供する目的で，地方公共団体又は独立行政法人が設置した社会教育施設」を指します。この調査では，青少年教育施設を，少年自然の家，青少年の家，児童文化センター，野外教育施設，その他の青少年教育施設に分類して示しています。

2 青少年教育の流れ

　そもそも，青少年教育は社会教育，学校教育の双方を含むものとして考えられていました。高等学校の進学率の低かった昭和30年代には，中学を卒業し職につく勤労青少年に対する教育が重視され，1953年に制定された青年学級振興法により，文部省は各地でつくられていた**青年学級**を制度化し，支援していきます。しかしこの青年学級も，農村の青年人口が都市部に流入したり，高等学校への進学率が上がるといった社会状況の変化により，1955年を境に振るわなくなっていきます。文部省は青年学級の振興とともに，既存の青少年野外訓練施設の拡充を図るようになります。次第に，青少年に関する教育は学校教育への比重を増し，社会教育はその補助的な位置づけになっていき，一般的に学校教育以外の範囲を青少年教育というようになりました。

3 青少年教育施設の歩み

　青少年教育は施設の整備とそこでの事業展開を中心に進められてきました。現在，全国に1048の青少年教育施設が存在します（平成23年10月1日現在，少年自然の家243，青年の家（宿泊型）149，青年の家（非宿泊型）78，児童文化センター51，野外教育施設66，その他の青少年教育施設461）。

　青年の家は，団体宿泊訓練を通じて，健全な青年の育成を図ることを目的とした施設です。1958年に「公立青年の家」への国庫補助が開始され，各地に設立されていきます。経済成長の進展に伴い，青年層が農村地域から都市に流入するなか，1964年には宿泊機能のない青年の家に対しても補助が拡大し，都市型の青年の家が設置されました。1959年には，静岡県御殿場市に国立としては

▷1　文部科学省ホームページ「社会教育調査――平成23年度結果の概要」p.1. http://www.mext.go.jp/b_menu/toukei/chousa02/shakai/kekka/k_detail/1334547.htm（2015年8月31日参照）

▷2　青少年という言葉が指ししめす年齢について，社会教育法，学校教育法には特に規定はないが，その他の法令ではさまざまに規定されている（内閣府2014『平成26年度版 子ども・若者白書』p.286.）。

▷3　**青年学級**
同一市町村内の勤労青年が15人以上でその市町村に青年学級の開設を申請することにより教育機会を得られる制度。青年学級振興法（1999年廃止）により規定されていた。

▷4　文部科学省ホームページ「社会教育調査――平成23年度　統計表」「設置者別種類別青少年教育施設数」http://www.e-stat.go.jp/SG1/estat/List.do?bid=000001047462&cycode=0（2015年8月31日参照）

はじめての「国立中央青年の家」が設置され，その後13施設に広がります。

少年自然の家は，学齢期の児童・生徒が自然に親しむなかで，集団宿泊生活を通じた規律や共同，友愛，奉仕の精神を育み，心身を鍛錬することを目的としています。公立の少年自然の家は1970年より各地に設立されていきました。国立の少年自然の家は，1975年に高知県室戸市にはじめて設置され（国立室戸少年自然の家），1991年までに14施設に増えていきます。

その後，2001年には「国立青年の家」は「国立青少年交流の家」に，「国立少年自然の家」は「国立青少年自然の家」にそれぞれ名称を変更しています。これらのほか，児童を対象に，科学知識の普及，情操の涵養，生活指導を行う場所として児童文化センターなどがあります。

4 青少年をとりまく課題と青少年教育施設への期待

宿泊型の青少年教育施設は，集団生活を通じて，規律の遵守や共同，協調の精神を養うなど，生活指導的，訓育的な側面を重視した活動と，それを可能とする施設や設備を備え，主として青少年の団体活動を支援してきました。しかし，1970年代には青少年の団体活動自体が停滞します。個人や個性を尊重する社会の流れは，青少年教育施設を特徴づける集団生活，訓練，といった性格と相反し，その利用者数の減少，伸び悩みの背景ともなりました。

現在，核家族化や都市化，少子高齢化といった社会の変化により，人々のつながりの希薄化，世代間の交流の減少，家庭や地域の教育力の低下が指摘されています。また，情報社会が進み，大量の情報を受信・発信できる一方で，実体験の減少や，特に青少年のコミュニケーション能力の低下，いわゆる「引きこもり」や「ニート」「フリーター」なども社会問題となっています。

一方，青少年の自然体験や集団での宿泊活動が，学力向上に効果をあげることがわかってきました。たとえば，「自然の中で遊んだことや自然観察をしたことがある」と回答した児童生徒は理科の正答率が高く，第5学年までに自然のなかでの集団宿泊活動を行った学校は，国語B・算数B（活用）の平均正答率が高いという結果があります。「子どもの頃の体験が豊富な大人ほど，やる気や生きがいをもっている人が多く，モラルや人間関係能力が高い人が多い」など，体験活動が人間形成に与える効果も指摘されています。

2001年の学校教育法改正では，児童生徒の社会奉仕，自然体験などの体験活動の充実とともに，社会教育関連団体や関連機関などとの連携に努めることが規定されました。青少年教育施設においても，家庭や学校とともに社会全体として青少年の体験活動を支援すると同時に，青少年教育にかかわる人々に対して研究成果や知見の提供，体験活動の意義の発信を行い，社会の要請に応えていくことが求められています。

（安斎聡子）

▷5 国立青年の家，国立少年自然の家は，独立行政法人国立オリンピック記念青少年総合センターとともに，2001年にそれぞれ独立行政法人として再スタートしたが，2006年の見直しで，この三つの法人が国立青少年教育振興機構として統合されている。

▷6 文部科学省 2011「今後の国立青少年教育施設の在り方について」http://www.mext.go.jp/b_menu/shingi/chousa/sports/010/attach/1302928.htm（2015年8月31日参照）

▷7 文部科学省 2013「平成24年度全国学力・学習状況調査 調査結果のポイント」pp. 41, 67. http://www.nier.go.jp/12chousakekkahoukoku/02point/24_chousakekka_point.pdf（2015年8月31日参照）

▷8 独立行政法人国立青少年教育振興機構 2010『子どもの体験活動の実態に関する調査研究』p. 15.

▷9 2013年1月の中央教育審議会答申「今後の青少年の体験活動の推進について」では，体験活動の必要性を指摘し，その理由として「社会を生き抜く力」の養成，規範意識や道徳心の育成，学力向上の効果などをあげている。

参考文献

山本裕一 2014 「生涯学習支援における青少年教育施設の役割」鈴木眞理・馬場祐次朗・薬袋秀樹（編著）『生涯学習概論』樹村房 pp. 166-181.

X 施設に基づいた生涯学習活動

 ## 男女共同参画社会を目指す女性教育施設

 ### 女性教育施設とは

　女性教育施設とは，男女間の不平等や性役割に基づく差別などの「女性問題」の解決のための学習を目的につくられた施設です。しかし，女性問題とは，女性だけの問題ではありません。今日では，男女共同参画社会の実現を目指すために，男女がともに学習する拠点としての役割を果たすべく，女性教育施設も変化しています。

●女性問題の経緯

　女性に対する差別が女性問題として認識されるようになったのは，近代になってからです。特に国連は1975年を国際婦人年と定めて複数回の国際会議をひらくなど，女性の地位向上を目指す運動を積極的に展開してきました。こうした世界の流れを受けて，わが国でも1999年に「**男女共同参画社会基本法**」が制定・施行されるなど，世界中で女性差別の撤廃に向けた法整備などが進んでいます。

女性教育施設の特徴と類型

　女性教育施設と呼ばれる施設の特徴は，その多様性にあるといえるかもしれません。かつて女性のための施設には，「婦人」「女性」がつく名称が多く用いられてきました。婦人会館，女性会館，女性センターなどの名称は今日も使われていますが，男女共同参画センターのように，男女共同参画を冠する施設の名称が増えています。また，2011年の社会教育調査では全国に375館の女性教育施設がありますが，市役所や福祉施設など他施設との複合施設も多く，施設の規模や職員数，運営形態なども多様であるといえます。

●地域の拠点としての女性教育施設

　女性問題解決のために国として積極的に取り組む流れは，女性の生涯学習活動にも変化をもたらしました。1960年代までは，地域の婦人会を中心としてつくられた婦人会館が，女性の学習や社会的活動の拠点としての役割を果たしていましたが，国際婦人年を契機に，自治体の女性問題担当部局が所轄する「女性センター」などの女性教育施設が開設されるようになりました。

　地域に密着した女性関連施設には，「働く婦人の家」や「農村婦人の家」もあります。働く婦人の家は，1985年に制定された「男女雇用機会均等法」に基

▷1　男女共同参画社会基本法
⇒ Ⅳ-8 参照。

▷2　3年ごとに行われる文部科学省の社会教育調査によると，2005（平成17）年の183館から，2008（平成20）年には380館と増加したが，2011（平成23）年は375館となり若干ながら減少したことがわかる。

づいて設置された施設です。主に中小企業で働く女性のために，職業生活や家庭生活に必要な知識・技能習得の支援，レクリエーション活動などの事業を行っています。農村婦人の家は，直接的には農村女性のために，農協などと連携して農産加工や農業技術の向上を図り，生活改善に関する知識・技術を習得する場として設置されました。農村女性以外にも，高齢者などの地域住民が，交流と連帯意識を高めるために利用しています。

◯独立行政法人国立女性教育会館（NWEC）▷3

1977年に，文部省（当時）の付属機関として設置された国立婦人教育会館は，わが国唯一の女性教育に関するナショナルセンターです。開館以来，女性教育指導者や地域の女性センター関係者などに対する研修や，専門的な調査・研究，情報収集とその公開，交流機会の提供などを通して，女性教育の先駆的・中核的拠点施設として多くの女性リーダーを育てています。

◯特色ある女性関連施設

消費者の権利を守る運動拠点として設立された「主婦会館」▷4は，主婦連合会（主婦連）の創立者であった奥むめお（1895-1997）が初代理事長となりました。1962年設立の「婦選会館」（東京都渋谷区）は，生涯にわたり婦人参政権運動を主導した参議院議員の市川房江（1893-1981）を初代理事長として設立された会館で，女性が政治にかかわるための拠点として今も続いています。また，「全国婦人会館」（1971年完成，東京都渋谷区）は，全国地域婦人団体連絡協議会（地婦連）を中心に，女性と女性団体の活動支援を目的として設置されました。いずれの施設も，長い間の活動が結実したものといえるでしょう。また，NPO法人「全国女性会館協議会」▷5が，女性関連施設の事業や管理運営のサポートを行っています。

3 女性教育施設の今後の課題

女性教育施設は多様だと述べましたが，目的としているのは女性問題の解決と男女共同参画社会の実現という点で一致しています。これまで通り，ドメスティック・バイオレンス（DV）やセクシャルハラスメントなどへの対策，女性の就労支援・キャリアアップ支援などへの取り組みはもちろんですが，家庭や家族のあり方が多様化した今日，母子家庭を中心とした女性と子どもの貧困問題は早急に対応すべき女性問題の一つです。また，法律的・制度的に男女平等が実現したといわれる今日でも▷6，性別役割分業意識が根強くあり，老親の介護や子育ては女性が担うことが多いという現状があります。女性教育施設はこれからも，女性問題の総括拠点として，大きな役割を担い続けるものといえるでしょう。

（本庄陽子）

▷3 2001年に「婦人」から「女性」へ名称変更された。また愛称の「ヌエック」は，National Women's Education Center から名づけられたもの。所在地は埼玉県比企郡嵐山。

▷4 1956年設立（東京都千代田区）。1998年に「主婦会館 プラザエフ」として改築され，現在は消費者相談・消費者セミナーなどを実施するとともに，交流・活動の場の提供を行っている。

▷5 全国女性会館協議会は，1956年から「婦人会館を語る会」を開催。1961年に「全国婦人会館協議会」を結成した（会長は奥むめお）。2001年に現在の名称に変更している。

▷6 ダボス会議を主催する経済研究機関世界経済フォーラムによる「国際男女格差レポート2014」によると，日本の男女平等度（ジェンダーギャップ指数）は142カ国中104位で主要国中最下位である。これは，一つのデータに過ぎないともいえるが，無視できない順位ではないだろうか。

X 施設に基づいた生涯学習活動

生涯スポーツ施設としての体育施設

1 生涯スポーツ施設の意義と役割

「生涯学習」と同様，近年では「生涯スポーツ」という言葉が使われることが増えています。余暇時間の増大や，健康志向のライフスタイルの広まりを受け，生涯を通じたスポーツ活動の重要性が認められるようになってきたのです。従来であれば，スポーツをするのは学校を卒業するまでで，あとはテレビで観戦するだけという人も多かったのですが，これからは大人も子どもも，実際にスポーツを「する」ための環境整備が求められています。

こうした生涯スポーツの活動の拠点となるのが，生涯スポーツ施設です。生涯スポーツ施設の明確な定義があるわけではありませんが，生涯スポーツを支援している施設を幅広く生涯スポーツ施設と考えればよいでしょう。その場合，一般利用が想定されている社会体育施設以外にも，放課後や休日に地域に開放されている学校や企業の体育館など，学校体育施設や職場スポーツ施設も生涯スポーツ施設に含めて考える必要があります。

特に公共的なスポーツ施設の場合，施設の役割は単に場所や設備を提供することだけではありません。地域住民が身近に利用できるように施設を開放することも重要な役割ですが，スポーツ教室やイベントなどの運動プログラムを提供していくことも重要な役割です。後者の場合，そのようなプログラムにかかわる専門的な職員・指導者の存在が大きな意味をもちます。このような職員・指導者の養成も施設にとって重要な課題といえます。

2 わが国の生涯スポーツ施設の設置状況

文部科学省が2008年に行った調査によれば，わが国のスポーツ施設の数は，約22万施設であり，その6割以上が学校体育施設となっています（表11）。公共スポーツ施設は1961年のスポーツ振興法の制定以降に本格的な整備が始まり，高度経済成長の下で設置数が増えてきました。民間スポーツ施設も，高価な利用料金や地域的な偏りなどの問題はあるものの，公共スポーツ施設と同様，生涯スポーツ支援における重要な役割を担っています。

施設の種類としては，全体では体育館が最も多く，次いでグラウンド，屋外プールとなっていますが，これらの多くは学校体育施設だと考えられます。公共スポーツ施設では，それらに加えて野球場が多く，民間スポーツ施設では，

表11 設置主体別の生涯スポーツ施設数

種類	施設数 (%)
学校体育施設	136,276 (61.2%)
大学・高専体育施設	8,375 (3.8%)
公共スポーツ施設	53,732 (24.1%)
職場スポーツ施設	6,827 (3.1%)
民間スポーツ施設	17,323 (7.8%)
計	222,533 (100.0%)

出所：文部科学省 2010「体育・スポーツ施設現況調査」をもとに作成。

表12 設置主体別の上位5施設（[ ]内は施設数）

	1	2	3	4	5
学校体育施設	体育館 [37,339]	グラウンド [35,933]	屋外プール [28,171]	テニスコート [9,622]	柔剣道場 [6,249]
大学・高専体育施設	体育館 [1,607]	テニスコート [1,327]	グラウンド [1,048]	トレーニング場 [561]	野球場 [466]
公共スポーツ施設	体育館 [8,460]	グラウンド [8,258]	野球場 [6,766]	テニスコート [5,745]	屋外プール [2,512]
職場スポーツ施設	テニスコート [1,608]	体育館 [1,116]	野球場 [940]	グラウンド [787]	トレーニング場 [620]
民間スポーツ施設	ゴルフ場 [2,298]	ゴルフ練習場 [1,802]	屋内プール [1,702]	トレーニング場 [1,410]	ダンス場 [1,185]
総数	体育館 [48,902]	グラウンド [46,413]	屋外プール [31,315]	テニスコート [19,651]	野球場 [10,113]

（注）表中の「グラウンド」は実際の調査では「多目的運動広場」として集計されたもの。
出所：文部科学省 2010「体育・スポーツ施設現況調査」をもとに作成。

ゴルフ関係の施設や屋内プールが多くを占めていることが特徴といえます（表12）。

数字だけをみると，非常に多くの施設が設置されているように思えますが，それぞれの地域で住民の多様なニーズに応えられるよう，今後も施設の増設が望まれます。また，施設の不足以外にも，既存の施設の利便性の向上やバリアフリー化なども重要な課題です。

③ 総合型地域スポーツクラブと生涯スポーツ施設

近年，生涯スポーツ施設と関連して注目されているのが総合型地域スポーツクラブです。これは，地域の住民によって自主的に運営される，競技，年齢，技術レベルなどを問わない総合的なスポーツクラブ（団体）のことで，地域における新しい生涯スポーツの拠点として期待されています。生涯スポーツ施設は，各地域の総合型地域スポーツクラブと連携し，その活動を支援していくことが求められており，総合型地域スポーツクラブの運営を支援するための施設として広域スポーツセンターの整備も進められています。

（青山鉄兵）

参考文献
文部科学省 2006「21世紀のウェーブ 生涯スポーツ2006」。

Ⅹ 施設に基づいた生涯学習活動

指定管理者制度に関する課題

1 指定管理者制度とはなにか

2003年の地方自治法の改正に伴い，従来，民間の事業者などが担うことのできなかった公の施設の管理運営の担い手を，企業やNPO（特定非営利活動法人）などの民間の事業者などから募集し，指定管理者として選定したところに，その事業を委ねることが可能になりました。現在では社会教育をはじめ，地方自治体の事業のさまざまな場面で制度の導入が進んでいます。

◯ 社会的な背景

指定管理者制度が創設される前の公の施設の運営は，地方自治体が直接運営する方式（直営方式）か，地方自治体が2分の1以上出資している財団や第三セクターなどの公的な出資法人に管理運営を委託する方式（管理委託方式）のいずれかによって行われていました。1990年前後から，自治体の財政状況の悪化などを背景に，行政サービスのスリム化を図ろうとする流れが一般的になります。社会教育施設でも，この頃から公的な財団などへの管理運営の委託が進んでいましたが，指定管理者制度の創設により，公の施設では2006年9月までに，直営または指定管理者による運営を選択することになりました。

◯ 指定管理者制度への期待

地方自治体には通常，予算の単年度主義や定期的な人事異動といった行政特有の制約がありますが，指定管理者制度の場合，こうした制約を受けることがないため，柔軟な施設運営が可能となります。また，民間のノウハウや事業特性などを活かすことで，サービスの向上や施設運営の効率化，地方自治体の経費削減効果なども期待されています。

2 指定管理者による社会教育施設の運営

社会教育施設における指定管理者制度の導入の状況を『平成23年度社会教育調査』で見てみると，公立の社会教育施設5万3804施設に対して，指定管理者制度を導入している施設は1万4098施設，26.2％を占めており，全体として増加傾向にあるといえます。また，この調査では，導入施設数が多いのは文化会館（53.7％），青少年教育施設（38.5％），社会体育施設（35.4％），少ないのは公民館（8.6％），図書館（10.7％）となっています。

▷1 公の施設とは，「住民の福祉を増進する目的をもってその利用に供するための施設」を指す。（地方自治法第244条）

▷2 その年度の歳出は，その年度の歳入で賄うという考え方。会計年度が1年間に限られているため，通常1年を超えて予算を編成することができない。

▷3 3年ごとに行われる「社会教育調査」の過去2回をたどってみると，平成17（2005）年度にはその割合は14.3％，平成20（2008）年度には23.4％となっている。

▷4 文部科学省ホームページ「社会教育調査―平成23年度結果の概要」p.11. http://www.mext.go.jp/b_menu/toukei/chousa02/shakai/kekka/k_detail/1334547.htm （2015年8月31日参照）

③ 指定管理者制度の課題

指定管理者制度は，地方自治体の財政難や地方分権を背景とした，行政改革の流れのなかから生まれた制度です。一方で，社会教育施設に本来期待されてきたのは，持続的かつ安定して専門的な立場から社会教育の機会を地域の住民に提供する事業です。したがって，両者の間には本質的になじまない点があり，いくらかの混乱や課題が存在します。

○事業の継続性に関する課題

指定管理者の指定期間（契約期間）は通常3年または5年です。直営方式とは異なり，この指定期間のなかで単年度の予算に縛られずに事業を計画・推進できるというメリットがある一方で，運営者が比較的短い期間で変わる可能性があるため，中長期的な視点から事業を計画することが難しくなり，事業の継続性や安定性の面で課題があります。そのほか，運営に関する知見や経験が自治体内に蓄積されにくいという点も指摘されています。

○施設運営の効率化に関する課題

指定管理者制度導入のメリットとして，一般に，民間事業者などの専門性やノウハウを活かした経営的な発想や柔軟な視点から施設のサービスの向上，事業の効率化があげられます。また，利用料金制などの採用により，民間事業者にとってのインセンティヴを働かせることで，利用者数の向上，入館料収入等の向上を期待できるという効果も期待されています。しかし，民間事業者は本来利潤の追求を目的とする団体であり，活動内容に応じた十分な指定管理料や利用料金による収入が見込めない場合，利益の確保や経営効率を優先したり，結果として施設のサービスの質や量の低下，職員の勤務条件の悪化などを生じる危険性も存在します。

▶5　入館料等の公の施設の使用料を，その指定管理者の収入として収受させることができるとともに，その額を指定管理者が定めることができる制度。

○職員の専門性に関する課題

さらに，社会教育施設では，専門職員の専門性形成に影響を及ぼすことも指摘されています。特に資料を前提とした事業を行う図書館，博物館を中心に，それらの継続的な収集・保存とともに，専門職員の質を確保するための研修のあり方やその実施主体をめぐる問題が存在します。

このようにみてくると，民間事業者の参入が，ただちに施設運営の健全な効率化につながるとは限らないことがわかります。公の施設の「住民の福祉を増進する目的」と，民間事業者などの事業目的との間には，本質的に相違があることを理解した上で，その施設や地域にとって，望ましい運営形態，組織や人材に求める特性を十分に検討する必要があります。

（安斎聡子）

XI 職業能力開発の生涯学習

1 職業能力開発の体系

1 職業能力開発の主体

1985年に制定された職業能力開発促進法では，職業能力開発は企業内教育訓練を中心とした体系となっていますが，公共職業訓練も重要な役割を果たしています。また，学校教育においても職業教育として段階に応じた職業能力開発が実施されています。

2 職業能力開発の重要性

○個人にとっての重要性

高齢化の進展に伴い，労働者個人の職業生活も長期化するなかで，経済社会環境も大きく変化しており，求められる能力も高度化・多様化しています。

個人が長期にわたり能力を十分発揮するためには，こうした変化に対応した能力を身につけていくことが，職業の安定につながるものです。

○企業にとっての重要性

わが国においては，職業能力開発の多くの部分を企業が担い，特にOJTを基本にOff-JTとも組み合わせながら実施してきました。

知識基盤社会のなかで，今後，人材の量だけではなく，質の一層の向上が不可欠であり，企業の取り組みは経営資源の一つである人材の高度化を図るためにもますます重要となっています。また，労働者の採用や従業員のモチベーションにも大きな影響があることも白書などによって明らかになっています。

○社会全体として重要

職業能力開発は，労働力供給側である個人や労働力需要側である企業にとっても重要ですが，社会全体においても，経済活力や雇用機会の創出，ひいては社会の安定につながるものです。したがって，社会全体で職業能力開発を推進していくことが重要であるといえます。

3 各段階における職業能力開発

○学校における職業能力開発

高等学校においては，専門高校では，その学科に基づいた専門的な職業教育が実施されています。また，専門高校のみならず普通高校においても，高等学校段階で望ましい勤労観，職業観を育成することが重要な課題となっており，

▶1 学習指導要領において配慮する事項として，就業体験などの社会体験，ものづくりや生産活動など体験的な学習などがあがっている。

▶2 国立教育政策研究所生徒指導研究センターが実施した2016年度における公立高等学校全日制課程でのインターンシップの実施状況調査によれば，その実施率は83.0%である。

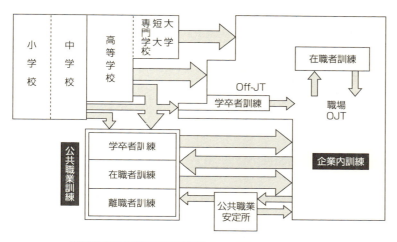

図14 日本における学校教育と職業訓練との関連図

出所：田中萬年・大木栄一（編）2005『働く人の「学習」論──生涯職業能力開発論』学文社。一部加筆。

「総合的な学習の時間」やインターンシップなどを実施している学校も増えています。

大学においては，各学部の専門に応じた職業教育が実施されていると解釈することができます。

大学院では，より高い専門性に応じた職業教育が実施されています。さらには，法科大学院などの専門職大学院の整備や社会人大学院生の増加など，学校における職業能力開発の分野での大学院の役割も高まっています。

また，専修学校では，科学技術の進歩や経済社会環境の変化に迅速に対応するため，多様な職業能力開発機会を提供してきました。高卒者だけではなく，高齢者の学習ニーズへの対応や大学・短大卒業生の再教育の場，現職社会人の能力開発の場としての役割も期待されています。

企業における職業能力開発

わが国の職業能力開発の中心的な役割を果たしているのは企業内の職業能力開発です。企業は学卒者を採用し，職場におけるOJT，Off-JTなどを通じて従業員の能力開発に努めています。

企業内の教育訓練の方法は①**OJT**，②**Off-JT**，③**自己啓発**に大きく分けることができます（XI-4参照）。

公的な職業能力開発

職業能力開発促進法に基づき，国や都道府県では，公共職業能力開発施設の設置・運営などを行っています。公的な職業能力開発を大きく分けると，①求職者が再就職に必要な能力を身につける離職者訓練（能力再開発訓練），②労働者の技能レベルアップを図る在職者訓練（向上訓練），③中学・高等学校卒業者等に対して職業に必要な技能および知識を身につけさせる学卒者訓練（養成訓練）の3種類があります（図14およびXI-2参照）。

（亀野　淳）

XI-1 職業能力開発の体系

▷3　たとえば，医学部などではほとんどの卒業生が医師になり，そのための専門的な教育がなされており，まさしく職業教育そのものである。一方，文学部などでは，その専門性と卒業後の職種とは直接関係がない場合が多いが，大学での教育を通じて論理的思考能力などの向上につながり，間接的な職業教育が実施されていると解釈することも可能である。

▷4　工学部などでは，卒業生の多くが大学院に進学しており，この分野で企業等で仕事をする上では，標準的な学歴となっている。

▷5　専門職志向や資格ニーズの高まりに応じて，専門学校の進学率は1988年度に短期大学を上回り，高卒者の進学先の一つとして位置づけられている。

▷6　**OJT**
(On-the-Job Training)
職場での仕事をしながらの訓練であり，その仕事に必要な知識・技能などを習得させる教育訓練の方法。

▷7　**Off-JT**
(Off-the-Job Training)
仕事を離れての訓練であり，職場での日常の仕事を一時的に離れて企業内外の教室などでの集合教育によって従業員に必要な知識・技能・態度などを習得させる教育訓練の方法。

▷8　**自己啓発**
働く人が自主的に行うスキルアップやキャリア開発のための活動であり，自立したキャリア形成を図る上でその重要性は高まっている。

XI 職業能力開発の生涯学習

公的な職業能力開発

1 公的な職業能力開発の位置づけ

○法律上の位置づけ

職業能力開発促進法において，国および都道府県は，その責務として「職業を転換しようとする労働者その他職業能力の開発及び向上について特に援助を必要とする者に対する職業訓練の実施」に努めなければならないと規定されています（第4条第2項）。

こうした規定に基づき，国や都道府県では，公共職業能力開発施設の設置・運営などを行っています。

○公的な職業能力開発の種類

公的な職業能力開発を大きく分けると，①仕事を探している人が再就職に必要な技術や知識を身につける**離職者訓練（能力再開発訓練）**，②仕事をもっている労働者の技能のレベルアップを図る**在職者訓練（向上訓練）**，③中学・高等学校卒業者等に対して職業に必要な技能および知識を身につけさせる**学卒者訓練（養成訓練）**の3種類があります（XI-1 図14参照）。

2 公的な職業能力開発の歴史

職業能力開発を推進するために，わが国で最初に体系的な法律が制定されたのが1958年の職業訓練法です。このなかでは中卒者を対象とする養成訓練が公共職業訓練の中心となり，1960年代の高度成長期の人材供給を下支えしました。

その後，1969年の職業訓練法の改正により，公共職業訓練の中心は成人在職者のための向上訓練に移行しました。

さらに，1985年に制定された職業能力開発促進法では，企業内教育訓練を中心とした職業能力開発体制が明確となり，公的な職業能力開発は補完的に扱われることとなりました。

3 公的な職業能力開発の内容

○施設の設置

国や都道府県等は公的な職業能力開発を推進するため，公共職業能力開発施設を設置し，運営しています。現在，国や都道府県等が設置している公共職業能力開発施設は表13のとおりです。

▷1 離職者訓練（能力再開発訓練）
訓練コース例としては，テクニカルオペレーション（機械設計・加工）科，ビル設備サービス科，住宅サービス科など。訓練期間はおおむね6カ月である。

▷2 在職者訓練（向上訓練）
訓練コース例としては，機械設計，電気・電子理論，CAD・CAM・CAEなど。訓練期間はおおむね1週間である。

▷3 学卒者訓練（養成訓練）
訓練コース例としては，生産技術科，電気技術科，建築施工システム科など。訓練期間はレベルに応じ1年，2年，4年。

▷4 経済発展と職業能力開発の関連については，日本労働研究機構 1998『リーディングス日本の労働7 教育と能力開発』日本労働研究機構 pp.2-7などを参照のこと。

表13　公共職業能力開発施設（259校）

区　分		職業訓練の実施	設置主体	設置数
職業能力開発大学校		高卒者等に対する高度な職業訓練を実施（専門課程） 専門課程修了者等に対する高度で専門的かつ応用的な職業訓練を実施（応用課程）	独立行政法人高齢・障害・求職者雇用支援機構	10
職業能力開発短期大学校		高卒者等に対する高度な職業訓練を実施（専門課程）	独立行政法人高齢・障害・求職者雇用支援機構 都道府県	1 13
職業能力開発促進センター		離職者及び在職者に対する短期間の職業訓練を実施	独立行政法人高齢・障害・求職者雇用支援機構	61
	高度職業能力開発促進センター	中堅技術者を対象にものづくり分野を中心とした先端的かつ高度な職業訓練を実施	独立行政法人高齢・障害・求職者雇用支援機構	(1)
職業能力開発校		中卒・高卒者等，離職者及び在職者に対する職業訓練を実施	都道府県 市町村	154 1
障害者職業能力開発校		障害者の能力，適性等に応じた職業訓練を実施	国(注) 都道府県	13 6

（注）　運営は，独立行政法人高齢・障害・求職者雇用支援機構（2）および都道府県（11）に委託している。
　　　　（　）は内数。
出所：厚生労働省「平成27年版厚生労働白書」。厚生労働省ホームページ参照。

● 民間教育訓練機関を活用した公的職業訓練の実施

事業主・事業主団体等の民間教育訓練機関や専修学校・大学・大学院，NPO等に委託し，職業を転換しようとする労働者等に対して，迅速かつ効果的な職業訓練を実施しています。[5]

4　今後の課題

企業内教育訓練が中心であり，公共職業訓練は補完的であるとされていますが，常に民間部門との役割分担を意識し，民間部門では対応できないものや訓練経費が膨大であるが人材育成が必要な分野への対応などそのあり方や施策について柔軟に対応していくことが重要となっています。

また，国と地方公共団体との役割分担も重要な課題です。特に，地方公共団体では地域産業の人材ニーズや他の教育訓練機関の状況なども考慮しながら施策を推進する必要があります。同時に地方公共団体としての産業政策や福祉政策と一体となり，雇用の創出や安定に向けた取り組みを推進していくことも重要な課題です。

さらには，労働者のキャリア支援という視点からみると，民間職業訓練機関だけではなく，高校，大学，専修学校等の教育機関との役割分担や連携のあり方も重要な課題です。

同時に，こうした施策を推進するにあたっては，施策の政策評価を行い，より効率的かつ効果的な事業の実施が求められています。

（亀野　淳）

▶5　実施期間はおおむね3ヵ月で，訓練コース例としては，OA事務科，経理事務科，介護サービス科，情報処理システム科など。

XI 職業能力開発の生涯学習

 専門学校における職業人育成

 専門学校の位置づけ

○ 専門学校に関する制度

専門学校は，学校教育法に基づく教育施設の一つです。学校教育法は1947年に制定されましたが，専門学校に関する規定がこの法律に盛り込まれたのは1975年（施行は翌年）のことです。

学校教育法では，第1条で法律に定める「学校」があげられています（それらは「一条校」とも呼ばれます）が，これとは別に第124条で，第1条で定める「学校」以外の教育施設で，「職業若しくは実際生活に必要な能力を育成し，又は教養の向上を図ることを目的として次の各号に該当する組織的な教育を行うもの」として「専修学校」が定められています。そして，専修学校のうち原則として高等学校や中等教育学校を卒業した者に対する教育を行う「専門課程」を置くところは「専門学校」と称することができます。

また，1995年からは，専門課程のうち一定の条件（修業年限2年以上など）を満たす課程を修了した者には「専門士」の称号を付与できるようになりました。さらに2005年からは，専門士の称号を付与できる専門課程のうち一定の条件（修業年限4年以上など）を満たす課程を修了した者には「高度専門士」の称号を付与できるようになりました。

なお，専修学校の設置が認可されるためには，学校教育法に加えて文部科学省が定める最低限の基準である「専修学校設置基準」を満たす必要があり，さらに市町村立・私立専修学校の認可主体である各都道府県でも設置基準を定めています。

○ 専門学校の現状

文部科学省の学校基本調査によると，2014年5月1日現在，全国の専修学校の約9割（3206校のうち2814校）に専門課程が設置されており，生徒数でみても全国の専修学校の生徒の約9割（65万9452名のうち58万8888名）が専門課程に在籍しています。専修学校設置基準では，専修学校の分野として，「工業」「農業」「医療」「衛生」「教育・社会福祉」「商業実務」「服飾・家政」「文化・教養」の八つがあげられていますが，専門課程の生徒数でみると「医療」が全生徒数の約3分の1を占めており，続いて「文化・教養」が約2割となっています。

▷1　学校教育法制定当時は，法律に定める学校以外の教育施設として「各種学校」が定められていた。専修学校の制度はこの各種学校の制度から独立したものであり，各種学校の制度はそのまま継続している。

また，2014年度に専門課程へ入学した生徒の約7割は前年度に高等学校や中等教育学校を卒業した人ですが，一方で入学者の7.2％が前年度までに4年制大学や短期大学，高等専門学校を卒業しています。一方，高等学校や中等教育学校卒業者の進路における専門課程の選択状況をみると，卒業者の17.0％が専門課程へ入学しています（4年制大学や短期大学への入学が53.9％）。

2 専門学校における教育と職業

◯ 専門学校と職業教育

専門学校のあり方は職業教育との関連で語られることが多く，専門学校にかかわる政策も主に職業教育との関連で進められてきたといえます。実際に2013年度卒業者の就職率を4年制大学や短期大学と比較すると，大学69.8％，短期大学75.2％に対して専門課程は78.3％と両者を上回っており，専門課程では卒業後の進路において就職という傾向がより強くみられます。

専門学校を所管する文部科学省においても，近年，成長分野における専門的な人材の養成拠点として専修学校を重視したり，定年退職者や子育てによって仕事を中断した女性，若者の早期退職者などの再就職のための教育施設としてやはり専修学校を重視してきました。また，専修学校と高等学校や中等教育学校の連携で職業教育を充実するための取り組みもあります。

さらに，2014年度からは，「職業に必要な実践的かつ専門的な能力を育成することを目的として専攻分野における実務に関する知識，技術および技能について組織的な教育を行う」ことを目的とする「職業実践専門課程」の認定が開始されました。この課程では，企業等との連携による教育活動がより重視され，教員への研修も企業等との連携で進めることが目指されています。また，専門課程の多くの講座は厚生労働省が実施する「教育訓練給付制度」の対象となってきましたが，それまでの制度における給付金の給付割合の引き上げや追加支給を可能とするために2014年に新設された「専門実践教育訓練給付」の対象講座には，職業実践専門課程の講座が多く認定されています。

◯ 専門学校の課題と展望

専門学校については，その役割に対する社会全体の認識不足であったり，企業を取り巻く状況の変化や，それともかかわって個人のキャリア形成を取り巻く状況の変化への対応などの課題が指摘されています。これらの課題は必ずしも専門学校に限定されるものではありませんが，4年制大学や短期大学（法律に定める学校）とは異なる教育施設としての役割を（その有無を含めて）どのように捉えるのかということが重要だと考えられます。その際，職業教育との関連を重視する一方で，それぞれの職業に必要な知識・技術の習得だけが専門学校の役割なのか，ということにも目を向ける必要があります。

（松橋義樹）

▷2 「専修学校の専門課程における職業実践専門課程の認定に関する規程」（平成25年文部科学大臣告示第133号）。

▷3 教育訓練給付制度は，厚生労働省が指定する講座を修了した場合，その受講施設に支払った費用の一部が支給される制度であり，専門実践教育訓練給付の新設以降の従来の給付制度は「一般教育訓練給付」に該当する。

参考文献
文部科学省「専修学校教育の振興方策等に関する調査研究協力者会議」2011『専修学校教育の振興方策等に関する調査研究報告～多様な学習機会の充実と教育の質向上等に向けて～』。

XI　職業能力開発の生涯学習

 企業による職業能力開発

 企業による職業能力開発の意味

　企業は原則として営利目的の事業主体であり，企業による職業能力開発（企業内教育）はその目的を達成するための手段の一つであると考えられます。しかし，どのような内容や方法で職業能力開発を行えばよいのかということについては，事業の規模や分野による違いがありますし，各企業の独自性が発揮される場面であるともいえます。

　また，社会の状況に関連しては，各業務に求められる知識や技術の加速度的な変化であったり，個人のキャリア形成における各企業（特に最初に就職した企業）の位置づけの変化など，これまでの職業能力開発のあり方を大きく揺るがすような状況が生まれてきました。一方，個人の成長と企業の発展がどのように結びつくのか，企業による職業能力開発の意味が改めて問われていることも指摘できます。

2　企業による職業能力開発の全体像

　企業による職業能力開発を形態別に整理すると，一般に「OJT」「Off-JT」「自己啓発」の大きく三つに分類されます。これらは主に能力開発の場面や方法の違いに注目したものです。

▷ 1　OJT, Off-JT, 自己啓発については，XI-1 も参照。

○ OJT

　OJT は「On-the-Job Training」の略であり，職場での実際の業務を通した教育を指すものです。中世以来のいわゆる「徒弟制度」との関連で語られることもありますが，上司や先輩からの指導を排除するものではなく，むしろそのような指導を実際の業務プロセスに組み込むことを前提としています。また，教育の計画性の観点からも，非計画的（偶発的）な指導だけでなく計画的な指導としての OJT を重視する企業も少なくありません。

○ Off-JT

　Off-JT は「Off-the-Job Training」の略であり，OJT とは対照的に実際の業務場面を離れて教育を主目的として行われるものです。「研修」と呼ばれるものは基本的に Off-JT に分類されますが，必ずしもその企業内で行われるものだけを指すのではなく，企業が従業員を企業外の施設や団体の研修に派遣する場合も含まれます。

◯ 自己啓発

自己啓発は，従業員が自主的に自らの職業能力を向上させようとする活動全般を指します。企業が主導的に企画・実施する能力開発とは異なりますが，企業が従業員の自己啓発活動を支援するための取り組みもみられます。従業員の個別具体的なニーズ（従業員間で異なる多様なニーズ）に対応するという意味で企業による支援のあり方が重要だといえます。

③ 企業による職業能力開発の現状

厚生労働省は，2001年度から毎年「能力開発基本調査」を実施し，企業による職業能力開発の実態（企業や従業員の意識を含む）を把握しています。2014年度の調査によると，まず企業側の実態として，調査対象企業のうち前年度にOff-JTのための費用を支出したのは約半数，自己啓発への支援のための費用を支出したのは約4分の1の企業となっています。ただし，これについては事業の規模や分野，正社員の割合による違いも無視できません。

また，企業がOJTとOff-JTのどちらを重視しているのかということについては，正社員対象か否かを問わずOJT重視（に近い）の企業が約4分の3を占めており，事業の規模や分野による大きな違いはみられません。

一方，従業員側の実態としては，調査対象者のうち前年度にOff-JTを受講した正社員は約半数，正社員以外では約2割であり，1年間の延べ受講時間は正社員では約4割，正社員以外では約3分の2が10時間未満となっています。また，前年度に自己啓発を行った正社員は約4割，正社員以外では約6分の1であり，1年間の延べ受講時間は正社員では約2割が，正社員以外では約4割が10時間未満となっています。

1年間にOff-JTの受講や自己啓発の実施を経験していない従業員が多数を占めており，どの程度の時間をOff-JTの受講や自己啓発の実施に費やすべきかについては一概に説明できないとはいえ，年間でみると決して十分な時間が確保できているとはいえないでしょう。

④ 企業による職業能力開発のこれから

企業によるこれまでの職業能力開発のあり方を大きく揺るがすような状況のなかで，能力開発の形態についてもこれまでの枠組みにとらわれることなく，具体的にさまざまな方法を模索しながら各企業において能力開発の取り組みが進められてきています。また，能力開発の成果を単純に企業の発展に結びつけるのではなく，段階的かつ多様な視点からその成果を明らかにしていこうという試みもみられます。そのような動きのなかで，職業能力開発における企業の役割が明確になっていくことが望ましいと考えられます。

（松橋義樹）

▷2　2000年度以前は旧労働省が「民間教育訓練実態調査」を実施しており，能力開発基本調査はそれを引き継ぐ形で実施されている。また，能力開発基本調査は，30人以上の「常用労働者」（一定の期間・日数以上の被雇用者）を雇用する企業の一部を調査対象としている。

参考文献
佐藤博樹（編著）2010『働くことと学ぶこと——能力開発と人材活用』ミネルヴァ書房。
中原淳　2010『職場学習論——仕事の学びを科学する』東京大学出版会。

XI 職業能力開発の生涯学習

個人による資格取得学習

1 学習の目的としての資格取得

　資格の取得を目指して学習をしている人は多くいます。生涯学習と資格の関係を考えると，資格取得のための学習も生涯学習の一環として位置づけられますし，また，生涯学習の成果が資格の取得という形で評価されるという関係もあるでしょう。さらに，資格の取得が，生涯学習のためのモチベーションになっている場合もあります。

　資格取得の動機はさまざまですが，なにかしらの資格をもっていることが，就職等の社会生活の場面で有利に働くと考えて，資格のための学習を始める人も多いはずです。資格の価値が高く評価される社会を，「資格社会」と表現することもありますが，民間の教育事業者による学習機会において，資格のための講座の提供が充実している背景には，そうした事情もあるといえます。

2 さまざまな資格

　ひとことに「資格」といっても，さまざまな資格があります。いくつかの観点から資格を分類することが可能です。まず，職業との関連があります。資格のなかには，特定の職業に就くために必要とされるものがあります。たとえば，医師や弁護士は，その資格をもっている人だけがその業務に従事できます。そのような資格は，一般的に，「業務独占資格」といわれます。一方，「名称独占資格」といわれるような資格では，資格を所持していない人でもその業務に従事できますが，資格所持者のみがその資格に対応した特定の名称を用いることが可能になっています。技術士や栄養士，介護福祉士などがこれに当たります。また，職業にかかわる資格のうち，「任用資格」といわれる資格は，特定の職務に任用されるときに必要とされる資格で，その職務に任用されてはじめてその資格を名乗れることになります。任用資格は，社会福祉主事や社会教育主事，図書館の司書，博物館の学芸員のように，行政や公的機関の特定の職務に対応して設けられている場合が多いといえます。

　資格を付与する機関の違いから資格を分類することもできます。その観点からは，「国家資格」と「民間資格」という分類がよく用いられます。国家資格は，根拠となる法律に基づいて，国家試験などにより，その付与が行われます。業務独占資格や名称独占資格の多くは国家資格です。対して，民間資格は，民

間の団体や企業が考案し独自に認定するため，その内容も多岐にわたります。そのなかには，民間で行われているさまざまな検定を含めることも可能で，地域や業種に応じてさまざまな民間資格が存在していることになります。

❸ 資格取得のための学習

　実に多様な資格があることがわかりますが，それぞれの資格に応じて，取得のための学習方法も異なってきます。さまざまな方法がありますが，学校で資格を取得することもできます。一般的に，大学では，教育や医療・福祉，建築・土木などの分野で，それぞれの専門的な資格を取得するためのカリキュラムが用意されています。また，学校教育法第1条であげられている学校，いわゆる「**一条校**」の他にも，職業教育との関連が強い**専修学校**では，看護師や調理師といった特定の資格に対応した専門学校に代表されるように，職業のための資格取得を奨励し，教育の目的や目標に設定している場合が多いです。

　資格のための学習は，社会教育の場面でも行われています。特に，民間の教育事業者が，個別の資格に対応した学習プログラムを数多く提供しています。その背景には，資格に対する需要が一定しているため，ある程度の採算性や収益性が見込まれるという事情があるのでしょう。社会教育の場面での資格のための学習は，学校教育の場面よりも，より柔軟に展開されているといえます。通信教育での学習のように，時間や場所の制約を受けない学習方法は，資格のための学習でも好んで用いられることが多いです。

❹ 個人学習と資格取得

　通信教育の利用のように，資格のための学習では個人学習の形態が好まれる場合が多いといえます。その理由として，まず，学習の目的が明確であるということがあげられます。資格を取得するという明確な目標があるため，個人個人で学習の計画が立てやすい，さらに，モチベーションが維持しやすいといったことがあるでしょう。また，資格取得の要請が，個人の職業や生活のなかでの必要性や課題から生じるということともかかわりがあるといえます。資格のための学習は，個人の職業や生活との密接な関係があるため，それぞれの学習者の状況に柔軟に対応できる個人学習の形態が好まれるのかもしれません。

　資格のための学習は，資格を取得したら終了するわけではありません。資格をもとに専門的な職業に就いたあとも，さらなる専門性の向上を目指した学習は続くでしょうし，運転免許や**教員免許**のように**更新制**が採用されている資格に関しては，継続的な学習が必然的に求められます。資格を取得するまでの学習以上に，資格を取得したあとの学習が重要になってくる場合もあるはずです。資格と学習の関係は，個人によってさまざまであり，必要とされる学習のあり方を学習者が主体的に考えていくことも重要といえます。

（大木真徳）

▷1　一条校
学校教育法第1条では，「幼稚園，小学校，中学校，義務教育学校，高等学校，中等教育学校，特別支援学校，大学及び高等専門学校」が具体的な学校として列挙されており，これらを「一条校」ということがある。学校教育法でいう学校とは，この一条校を指すことが前提となる。
⇒ XI-3 参照。

▷2　専修学校
学校教育法第124条で，「第一条に掲げるもの以外の教育施設で，職業若しくは実際生活に必要な能力を育成し，又は教養の向上を図ることを目的として次の各号に該当する組織的な教育を行うもの」とされる。専修学校には，入学資格のちがいにより，高等課程，専門課程，一般課程という三つの課程があり，高等課程を置く専修学校と専門課程を置く専修学校は，それぞれ，高等専修学校，専門学校と称することができる。
⇒ XI-3 参照。

▷3　教員免許更新制
教員免許には，2009（平成21）年4月1日から更新制が導入されており，それ以降に授与された免許状には10年の有効期限が付され，更新には講習の受講・修了が必要とされている。

XII　伝統として息づく日本の生涯学習

生涯学習の先駆的発想

　生涯にわたって学ぶことが生きがいになり，人生の意味を深めるということは，昔から言われてきたことで別段新しいことではありません。古典にはこれに言及したものが多くあります。たとえば西洋にはセネカ（Seneca, Lucius Annaeus）の『人生の短さについて』やスマイルズ（Smiles, Samuel）の『西洋立志編』（講談社学術文庫）が生涯学習の重要性を説いているテキストですが，わが国にも優れたテキストがあります。ここでは広く知られている『大学』と『風姿花伝』と『言志四録』を取り上げ，私たちの生涯学習にかかわるところを紹介しておきます。

❶『大　学』

　『大学』は，中庸，論語，孟子とともに四書といわれ儒教の経典の一つです。これは，東洋世界における共通の古典で，8歳より子どもの学ぶ意味を説く『小学』の次の段階，およそ15歳以上の大人の学ぶ意味を説いています。薪を背負い本を読んでいる二宮尊徳の像がありますが，その読んでいる本は『大学』であるといわれています。

　『大学』は10章構成で，原文はわずか1753文字という短いものですが，三綱領八条目というのがあります。「三綱領」とは明徳，新民，止至善で，「八条目」とは格物，致知，誠意，正心，修身，斉家，治国，平天下です。これらの用語から現在の生涯学習のあり方を考えさせる内容としては，「修身」と「格物致知」，加えて「日新」をあげることができます。「修身」は，学問を以て己の明徳を明らかにし，これを天下国家に明らかにすることで，身を修めることが家庭や社会の基礎であることをいい，生涯にわたる修養の重要性を指摘しています。「格物致知」は，内には自分の心のなかにある天から授かった良知を知り，外には天下の事象の理を極めることです。また「日新」は，「苟に日に新たに，日々に新たに，又日に新たなり」（伝2章）と述べられていて，生きがいのある生活とは「日に日に新たに」という状態であることを表しています。

❷『風姿花伝』

　世阿弥の著した『風姿花伝』は，能役者が7歳から稽古を始めて50歳代になるまでの修行の過程を述べたものですが，これはたんに能楽だけでなく，芸道のすべてに共通する学びの過程，修行における留意点，さらに生き方について

▷1　セネカ，L. A.　茂手木之蔵（訳）1980『人生の短さについて』岩波文庫。生涯学習について，セネカは次のように述べている。「生きることは生涯をかけて学ぶべきことである。そして，おそらくそれ以上に不思議に思われるであろうが，生涯をかけて学ぶべきは死ぬことである」と。p. 22.

▷2　諸橋轍次　1990『古典の叡智』講談社学術文庫　pp. 60-61.

書かれている国民的なテキストです。「初心忘るべからず」とか「秘すれば花，秘せねば花なるべからず」ということも，この本に書かれています。生涯学習に関連しては，ライフサイクルの捉え方と芸道追究の意味が大事です。

ライフサイクルに関しては，第一「年来稽古條々」というところに，7歳から50歳過ぎまでの稽古と修行の過程が述べられ，このなかで，「時分の花」と「誠の花」のことが書かれています。「時分の花」とは，「一期の芸能の定まる肇」の12, 3歳や24, 5歳頃の華やかに喝采を浴びる時期の芸であって，真実の花に遠いと述べています。「誠の花」は44, 5歳頃の芸で，芸道を一途追究してきたことにより内面から自然に出てくる芸を指しています。生涯学習で何を追究するにつけても，自分なりに「誠の花」を咲かせるのが目的になります。

もう一つ，ライフワークの重要性を指摘しています。第五「奥儀讃歎云」に，「そもそも，芸能とは，諸人の心を和げて，上下の感をなさん事，清福増長の基，仮齢・延年の法なるべし。極め極めては，諸道悉く，寿福延長ならん」というところです。何事も道のための嗜みをライフワークとして追究していけば，「寿福延長」につながるという指摘は，生涯学習でお稽古事が盛んな意味をよく表しています。

▷ 3　世阿弥　野上豊一郎・西尾実（校訂）1958『風姿花伝』岩波文庫　p.75.

3　『言志四録』

『言志四録』は，江戸時代末期に昌平校の儒官（大学長）であった佐藤一斎の語録で，条目にして1133条，これを「言志録」「言志後録」「言志晩録」「言志耋録」の4篇にまとめた人生の修養書です。佐藤一斎の教えは，幕末に活躍する佐久間象山，横井小楠，中村正直，勝海舟，吉田松陰，高杉晋作，伊藤博文や西郷隆盛等にも影響を与えています。条目の内容は，社会人として大切なこと，仕事への取り組み，倫理道徳，学問をすること，人の生涯，家庭，講義法というように生活全般に及んでいます。このうち生涯学習で特に参考になるのは，生涯を通じて学ぶことの重要性を喚起している次の言葉です。

・「一生の計」
　人生は二十より三十に至る。方に出ずるの日の如し。四十より六十に至る。日中の日の如く，盛徳大業，此の時候に在り。七十八十は，則ち衰頽蹉蛇して，将に落ちんとする日の如く，能く為す無きのみ。少壮者は余惜しく時に及びて勉強し以て大業を成すべし。遅暮の嘆或ことなくば可なり。（「言志耋録」328）。

・「学は一生の大事」
　少にして学べば，則ち壮にして為すこと有り。壮にして学べば，則ち老いて衰えず。老いて学べば，則ち死して朽ちず。（「言志晩録」60）

人生80年時代にふさわしく，生涯学習で拳拳服膺すべき言葉であると思います。

（香川正弘）

参考文献
宇野哲人（校注）1993『大学』講談社学術文庫。
佐藤一斎　川上正光（全訳注）1978『言志四録』講談社学術文庫。
福沢諭吉　1978『学問のすすめ』岩波文庫。

XII 伝統として息づく日本の生涯学習

人間形成としての禅

1 日本人と禅

　禅はすでに日本語のなかに深く入り込んでいます。「創意工夫する」といったとき「工夫」という語は，もともと坐禅修行に専念するという意味の禅語です。「夏休みは読書三昧だ」というとき，「三昧」とは，サンスクリット語を音写したもので，ほんらい禅境における集中という意味です。また「社長が社員を一喝した」などというときの喝とは，臨済義玄が禅を挙揚するときの，機鋒の鋭い応接の方法であったのです。

　鎌倉時代に禅がわが国に入って以来，文化との結びつきは著しいものがあり，偉大な人物のなかに究極の拠り所を禅に求めた人は多かったのです。日本文化の根底には禅があるといっても過言ではありません。茶の湯の開祖村田珠光やその孫弟子にあたる武野紹鷗も，深く禅に参じていました。茶道を大成した千利休は，30年間禅の修行をした人物であり，茶の湯の世界では茶禅一味などといわれ，茶と禅は密接な関係があります。江戸時代，柳生宗矩は，柳生流の剣の理法を沢庵禅師に学びました。明治時代山岡鉄舟は，剣道を完成させるため禅匠に歴参し，禅によって深く剣の理法を体得し，無刀流という一流を創始しました。俳聖といわれた松尾芭蕉は，俳句の根底を禅に求め，仏頂禅師について深く禅を学んでいます。また，文豪夏目漱石も若いときに坐禅をした経験をもっています。

2 禅の修行における階梯――十牛の図

　禅の修行とはどういうものかを十牛の図によってみてみましょう。十牛の図とは，十の牛の絵と詩によって，まったくの初心者の段階から究極の段階まで，禅の修行の階梯を示したものです。牛を絶対の真理・真実の自己にたとえています。その十段階とは，①撥草尋牛，②権為見跡，③従声見牛，④得牛加鞭，⑤牧牛純和，⑥騎牛帰家，⑦忘牛存人，⑧人牛倶忘，⑨返本還源，⑩入店垂手です。

　①は迷いの状態で，初心者が牛（ほんとうの自分）を探し求める段階。②は坐禅をして探した結果，牛の足跡を見たという段階。③は，ここでやっと牛を発見したという重要な段階です。ここからそれを身につける段階に入ります。④は，見つけた牛はまだ暴れ牛なので一所懸命に坐禅してむちを加えるという

▷1　臨済義玄（？-867）：唐時代の禅僧，臨済宗の宗祖。

▷2　村田珠光（1423-1502）：室町時代の茶人。大徳寺の一休禅師に学び，禅味を加えた点茶を行った。

▷3　武野紹鷗（1502-1555）：室町末期の茶人。大徳寺の古岳禅師に学び村田珠光の茶の湯を継承した。

▷4　山岡鉄舟（1836-1888）：幕末・明治の剣客。無刀流の開祖。官軍の江戸総攻撃に際して，敵中突破し西郷隆盛と勝海舟による江戸無血開城の道を開いた。

▷5　十牛の図の各段階の表現は，芳賀幸四郎　1995『禅入門』　たちばな出版 p.87を参照した。各段階の訓読みは，①草を撥いて牛を尋ぬ。②権りに跡を見ると為す。③声に従って牛を見る。④牛を得て鞭を加う。⑤牛を牧して純和せり。⑥牛に騎って家に帰る。⑦牛を忘れて人を存す。⑧人牛倶に忘る。⑨本に返り源に還る。⑩店に入って手を垂る。

段階。⑤は牛をだいぶ手なずけていうことを聞くようになったという段階。⑥は，悟りが身について規範もわすれて，もう何をやっても道にはずれないようになったという段階です。⑦は，悟りさえも忘れた，安心立命の人格完成の段階です。⑧⑨⑩は世のため人のために働きだす段階です。⑧は一切皆空に徹底する。⑨はその上に立って現象世界が無我であることに徹底する。⑩は衆生済度をしても人を救済するなどという意識はなく，無心で天真流露な働きをするという究極の段階を示しています。禅の修行は生涯にわたって続くもので，まさに自己発見による人間形成の生涯学習といえるでしょう。

3 数息観と公案

坐禅観法の一つで，姿勢を正して自分のしている息を静かに数えて心の集中をはかる数息観という方法があります。もともとインドにおいて古くから行われていたもので，身体の諸機能を調和し，散乱する心を統一するという坐禅には重要なものです。これを長期にわたって実践していくと心が整えられ，身心においてよい効果が顕れるといわれています。しかし，それだけによって禅の真理を発見することはできません。禅の真理をほんとうに自分のものにしようとする場合には，指導者に付かなくてはなりません。指導者について禅を体得しようとする場合，指導法の重要なものとして公案（禅における問い）に集中するという方法があります。公案には，先に示した十牛の図の段階のように，初心者に与えるものから高次のものへとさまざまなものがあります。たとえば，初心者に与える公案の一つに「あなたが生まれる以前，あなたの両親さえもこの世に存在していないとき，あなた自身はどのような存在であったか，それをここに示しなさい」というものがあります。まったく現実的に矛盾している表現のなかに禅の真理が示されていて，疑問をもってこの言葉に精神を集中していくと，誰でも，禅の真理に到達することができるというものです。数息観も公案の修行も，十牛の図が生涯をかけて続くことを示しています。

▷6 もとの表現は「父母未生以前における本来の面目如何」。

4 人間形成の禅

禅の目的は人間形成にあります。これはきわめて近代的な言い方です。禅は，釈迦に始まり6世紀に中国に入り，13世紀に日本に流入して根づきました。禅は拠り所とする経典がなく，信仰という側面もなく，疑問を発して自力で求めていくところに特徴があります。禅は本来，「人間はどうあればよいのか」に答えるものです。また，人間の本来もっている無限絶対に対する渇望にも答えることができるのです。通信，交通，物流などが高度に発達し，職業も細分化されて本質がみえにくくなった現代社会において，自分自身というものを深く求める人のために，生涯学習としての人間形成の禅があるといってもよいでしょう。

（杉山 剛）

参考文献
立田英山 1973 『禅と人間形成』 春秋社。
鈴木大拙 北川桃雄（訳） 1940 『禅と日本文化』 岩波新書。
十牛図については，梶谷宗忍・柳田聖山・辻村公一 1974 『禅の語録 16』 筑摩書房。

XII　伝統として息づく日本の生涯学習

 お稽古事教室にみる学びの文化

1　お稽古事とは何か

　お稽古事は日本古来の芸能のみならず，欧米から入ってきたピアノやバレエなどを含め，広い意味での学びの場を指す言葉です。実用的な目的を予想しないのが建前であり，趣味として習い覚えるのがお稽古事です。▶1

　生涯学習の分野では，民間生涯学習団体のなかにカルチャーセンターなどと並んで，「おけいこ塾」が位置づけられています。行政では，「日本標準産業分類」において「教育，学習支援業」のなかの「教養・技能教授業」に分類されています。

2　お稽古事の歴史

○家元制度の成立

　お稽古事の始まりは，江戸時代における町人の学習活動であるといわれています。井原西鶴の『日本永代蔵』や『世間胸算用』には，豊かな知識欲をもち，古典芸能を主とした学習を行う町人の姿が描かれています。▶2

　当時，芸能は一部の上層階級のものでした。しかし元禄時代になると，裕福な町人や農民が参加しはじめます。芸を特権化した「家」だけでは膨大な文化人口に教授することが不可能となり，また町人側も印可認証は権威ある「家」から授与されることを望みました。この権威ある「家」が「家元」となります。こうして家元を頂点とする，ピラミッド型の文化伝承形式，すなわち「家元制度」が登場し，お稽古事という日本特有の学習形態が成立したのです。▶3

○お稽古事の発展

　家元制度成立当時，お稽古事への参加者はほとんど男性でした。しかし，江戸時代後期になると芸事は裁縫とともに，女性が嫁入り前に習うものと考えられるようになります。明治時代に入ると，茶華道や邦楽は女子の学校に科目として入り込んでいきました。こうして芸能は女子の教養として社会的に位置づけられるようになるのです。

　戦後にお稽古事が盛んになったのは，1960～70年代にかけての高度経済成長期です。平均寿命の延びに加えて，一人の女性が出産する子どもの数が少なくなり，日本人のライフサイクルが大きく変化した時代です。さらに1970年前後から高度な家電製品が生活に入り込み，家事労働時間が短縮されていきます。

▶1　石川弘義（編）1994『大衆文化事典』弘文堂。「稽古事」の項からの引用であり，筆者は守屋毅。

▶2　小林和　1998「大坂町人の生涯学習――日本的生涯学習の源流」『生涯学習フォーラム』2(1)，113-122.

▶3　西山松之助　1985「遊びと芸能――近世風俗と社会」『西山松之助著作集　第5巻』吉川弘文館。

日本人，特に主婦たちは余暇を手にいれ，これが戦後のお稽古事の隆盛につながったのです。

③ お稽古事の特徴

お稽古事は，多様な形態をもつため一概に定義できません。しかし，近代的な学校教育との比較から，お稽古事の特徴がいくつか指摘できます。

第1はその学習方法にみられます。具体的には個人指導を原則とし，見本を徹底的に真似ることで，学習者は技術を体得していくという方法です。家元制度に基づくお稽古事では，この見本は「型」と呼ばれます。

第2に評価制度があげられます。多くのお稽古事では，一定の学習期間を経過すると，免状の申請ができる段位システムが存在しています。成果を明確な基準で確認できるシステムは，学習者の意欲を継続させる効果があります。

第3は，お稽古事の教室では，現実世界とは異なる特殊なルールが存在する点です。たとえば，教室では実年齢や社会的地位に関係なく，稽古の実績で序列が決められています。学習者にとっては現実世界の制約や閉塞感から逃れ，自己実現や自己解放につながる可能性をもっているといえるでしょう。

④ 日本独自の学習形態としてのお稽古事

お稽古事を日本独自の学習形態として捉えなおすと，次のような点が指摘できます。まずお稽古事での学習形態は，寺子屋や私塾などと共通点が多いことです。反復練習による技術の体得を目的とすること，個人指導が原則であること，学習者の達成度を明確に評価することなどは，日本の伝統的な学習形態です。すなわち，お稽古事は日本人の学習観とあっているといえるでしょう。

わが国のお稽古事を成立させた家元制度を，日本の社会構造の縮図と考えたのは，アメリカの社会学者であるシュー（Hsu, F.L.K.）でした。彼に「イエモト」は日本の社会に固有な「原組織」であると指摘しています。また中根千枝も，日本人社会を序列偏重のピラミッド型の「タテ」社会であると指摘しています。すなわち家元制度にみられるお稽古事の組織は，日本社会の縮図であり，私たちの生活になじみやすい性格をもっていたといえるのです。

家元制度にのっとった学習活動の影響は，その他の組織にもみられます。全国規模で展開するピアノ教室や，書道の学習組織には，独自の基準による評価システムをもつ例がみられます。日本将棋連盟は，アマチュア向けに棋力を認定し免状発行を行っています。団体名を冠した教室や評価システムなどで，ピラミッド型の組織を形成している例は，家元制度以外でも多くみられるのです。

以上のことからもお稽古事は，趣味活動を「学べる」身近な場として，日本人に適した形で発展してきた生涯学習活動といえるのではないでしょうか。

（野村　和）

▷ 4　シュー，F. L. K.　作田啓一・浜口惠俊（訳）1971『比較文明社会論——クラン・カスト・クラブ・家元』培風館。

▷ 5　中根千枝　1967『タテ社会の人間関係』講談社。

▷ 6　窪寺紘一　1995『日本将棋集成』新人物往来社。

XII 伝統として息づく日本の生涯学習

4 自己を深める生涯学習実践――中江藤樹

1 「学ぶこと」の意味と歴史的背景

　生涯を通して勉学に励むことの重要性は，古今東西を問わず語られてきましたが，その語られ方は社会・時代によって多様です。たとえば明治期の日本においては，勉学に励むことで国家社会の有用な人物となりうるという，いわゆる「立身出世」の言説が広がっていきました。他方，高度成長期以後においては，学ぶことそのものが自分自身の生きがいにつながる，という「生涯学習」の言説が普及し，社会教育行政ばかりでなくさまざまな行政領域や民間企業，市民活動などにも，大きな影響を与えてきました。

　では，近現代とは社会の仕組みが大きく異なる時代において，学び続けることの意義はどのように説かれてきたのでしょうか。一つの手がかりとなるのが，江戸前期の代表的な儒学者の一人であり，日本における**陽明学**研究の祖としても知られる中江藤樹です。藤樹は，学問に専念することを人格的完成への道筋と捉え，その後の近世社会において，特に武士身分の間で支配的となった，教養人・読書人としての理想的人間像のあり方を先駆的に示した人物です。

2 中江藤樹の生い立ち

　中江藤樹（1608-1648）は，近江国（現在の滋賀県）の農民の子として生まれましたが，彼の祖父は米子藩加藤家に仕える武士であり，藤樹は少年期に親元を離れ，祖父から武士としての教育を受けることになります。この時期に藤樹は祖父から熱心な学問の手ほどきを受け，そのなかで儒学を自らの生の根本原理として捉え，これを深く学ぶことを志すようになります。

　彼が生きた時代は，江戸中・後期とは異なり，学問に武士が専心することは決して一般的でありませんでした。その点で藤樹のたてた志は，周囲の武士たちから見てむしろ奇異に映る面もあったようです。

3 中江藤樹の教育思想と教育実践

　藤樹は祖父の死後，大洲藩（加藤家が米子から転封された地）の藩士となります。しかしその後，母親への孝行のための帰郷が藩から認められなかったことをきっかけとして，1627年に脱藩し郷里の近江に帰っています。彼の本格的な著述・教育活動が始まるのは，この帰郷以降のことです。

▶1　陽明学
明代の王陽明（1472-1528）によって開かれた儒学の一派。思想が行動につながることを重んじる。藤樹が陽明学に触れるようになったのは，その晩年になってからである。なお，藤樹の儒学思想は，社会的理想の実現に向けた行動については触れていないという点では，本来の陽明学思想とは大きく異なる。

▶2　藤樹がこの時期に脱藩した理由については，藩内の政治的対立がかかわっていた，などの諸説があって，必ずしも明確ではない。

若い頃の藤樹には、古代の聖人の教えを遵守しようとする、**朝子学**に影響された傾向が強くみられました。しかし帰郷以降、朱子学以外の儒学書を幅広く受容し、また弟子たちへの教育の経験を経て、藤樹は朱子学の教えを教条的に守る姿勢から次第に離れ、「孝」の重要性を中心とした独自の思想を展開していきます。藤樹のいう「孝」とは、単に親孝行、親に対して子が服従する義務、といった徳目のみを指すのではなく、各人がそれぞれの社会的立場において自らの生業に努め、他者を軽んぜず敬う、といった、人の心の本来のあり方、人格的完成の理念を指しています。

藤樹は、人が「孝」に至る道は、身分に関係なくすべての人に開かれていると主張しています。藤樹は、社会的な立場によって「孝」の内容は違うと捉えており、当時の身分制度自体を否定しようとはしていません。しかし、その違いは表面的なものであり、「孝」の根本原理は単一であるとしています(『孝経啓蒙』)。身分による「孝」の内容の違いよりも、「孝」に至るための学問への努力の方が、彼の主張において重要性をもつことであったといえます。

また藤樹にとって、このような学問への努力なしに、武芸だけを尊ぶことは、武士にとって最も戒むべきこととされました(『翁問答』)。戦国の気風が未だ残るこの時代において藤樹の主張は、武芸の熟達以上に学問への専念を、武士のあり方として先駆的に提示するものでもありました。

藤樹は著述活動だけでなく、私塾(後に藤樹書院と呼ばれる)を開いて教育活動も精力的に行っていました。藤樹書院では、学問の教授に留まらず、門人同士の討論を活発に行わせています。また、藤樹の教育実践の例としてしばしばあげられるのが、彼の弟子、大野了佐に対する教育です。藤樹による献身的な教育は、もともとの社会的地位や能力よりも、向上を目指して勉学に励む姿勢を重視した彼の思想を体現したものとして伝えられています。

❹ 近現代における「中江藤樹」像

戦前の修身教科書や児童読物において中江藤樹は、熱心に勉学に励み、故郷の母に孝行を尽くす、道徳的な存在としての姿が特に強調されて描かれるようになりました。彼の「孝」の思想も、普遍的な倫理としての意味でなく、単に「親孝行」を強調する道徳として表象されるようになります。このような戦前における「近江聖人」としての藤樹像は、既成の価値・秩序の遵守のみを強調する保守的イメージとして受け取られやすいものです。

しかし現代において藤樹は、そのような保守的価値観の表象として否定的に捉えられるだけでなく、教育者としての信念や卓越した教育技術を有した実践者として、また、学ぶことを通して「孝」に至る道筋を説いた、いわば生涯学習の理念を先駆的に示した思想家として、再評価の対象ともなっています。

(久井英輔)

▷3 朱子学
南宋時代の朱熹(1130-1200)によって開かれた儒学の一派で、「仁」と「礼」に基づく秩序を重んじる。江戸時代においては、現実の社会秩序を正当化する思想として、幕府が公認する学派となった。

▷4 このほかに、藤樹が論じた「明徳」、「良知」といった語も、学問に励むことを通じて至ることのできる人格的完成の理念を指すものである。

▷5 医者になる志をもっていたものの、勉学が苦手だった了佐に対し、藤樹は懇切丁寧に指導を行っただけでなく、自身も医学書を読み進め、了佐に教授するための大部の医学書をみずから書き上げている。この献身的な教育の結果、了佐は後に医者として開業するに至る。

【参考文献】
麻生誠 1997 「日本の生涯学習のルーツを探る」麻生誠・堀薫夫(編)『生涯発達と生涯学習』放送大学教育振興会。
山住正己 1977 『中江藤樹』朝日新聞社。
古川治 1990 『中江藤樹』明徳出版社。

XII　伝統として息づく日本の生涯学習

生活倫理の生涯学習実践——石門心学

1　石門心学の思想

　石門心学とは、江戸時代に石田梅岩（1685-1744）が創始した、町人の自己修養を体系化した人生哲学です。17世紀末になると、商業の発展とともに都市部の商人は、経済的に確固たる地位を築くようになりました。しかし、江戸幕府の身分制度においては、農民が社会の基盤とみなされたのに対して、商人は何も生産することなく、売り買いだけで労せずに利益を得るとして蔑視されていました。そうしたなかで、石田梅岩は士農工商という封建的階層秩序を肯定しつつも、それを人間としての上下ではなく、「職分」の別と捉えて、「商人の道」を説きました。商人の営利を武士の俸禄と同じものと認めて正当化し、それが道にかなうよう、人としてのあるべき倫理を示したのです。

　梅岩は、正式な学問を修めたわけではありませんが、読書と商家での奉公の経験をもとに、神道・仏教・儒教に基づきながらも、それに囚われることなく、「職分」にふさわしい生活倫理を「倹約・正直・忠孝・知足安分」を中心に説きました。梅岩はそれを聴講自由の公開講義（「講席」）において、庶民の日常生活に即してわかりやすく示し、その実践を促しました。「倹約」についていえば、そこには人間としての生き方の基本が、「倹約」という概念によって捉えられています。梅岩は、倹約は自分のためでなく、世界のためにすることだといいます。たとえば、炭や米、大豆、麦などは一日も消費しないではいられないが、それらはすべて人々が辛苦して作り出した天下の財宝であり、よって、その天下の財宝を無駄に消費しないように努めること、それを梅岩は「天下公の倹約」といい、それが「天下公の利益」につながるというのです。

　このように、梅岩は封建社会の階層秩序を現実として受け入れつつ、庶民に学習の機会を与えて、自己修養を促しました。各自の「職分」を全うし、その身分的分限に主体的に生きることを通して、現実の立場を超えた人間としての普遍的な生き方を実現しようとしたのです。こうした梅岩の思想は、新しい道徳観を求めていた庶民に受け入れられていきますが、梅岩亡き後、門人たちによって「心学」として体系化され、さらに普及、発展を遂げることになります。

2　生涯にわたる修養の必要性

　手島堵庵（1718-1786）は、梅岩の後継者として心学興隆の基礎を築きました。

XII-5　生活倫理の生涯学習実践──石門心学

堵庵は，成人男性を対象とした講義・講釈のほかに，女性のための講席や子どもを対象とする「前訓」を開設して，子どもから成人までを対象に，人としての心のありようや生涯にわたる修養の必要性を説きました。

「前訓」についていえば，それは7～15歳頃までの男女児を対象とする講釈で，そこでは子どもの日常生活の心得から，孝行や正直，嘘の戒めや殺生の禁止など，わかりやすい言葉で子どもに語りかけ，良心の自覚を促そうとしました。

図15　心学道話聴聞の図（手島堵庵『前訓』1773年，巻頭挿絵）
出所：柴田実（校注）1971『石門心学』（日本思想体系42）岩波書店　pp. 160-161.

寺子屋が主として読み書きを教えることを目的としていたのに対して，「前訓」では人間として正しく生きるとはどういうことかを考えさせようとしたのです。

「前訓」の出席者には内容の理解を助けるために，その日の講釈要旨が一枚摺りの「施印」として配布されました。たとえば，正直についての話の際には「いぢがわるふは生れはつかぬ，直が元来うまれつき」「うそはこころ こおぼえがあるぞ，人はともあれわれがしる」といった句を記した施印を配って，話の印象をはっきりさせるとともに，次回への期待をもたせようとしたのです。

また，心学の講釈は，たとえ話を多く盛り込んだ「道話」として庶民に向けて語られており，それは文字の読み書きができない層にもわかりやすく心学の教えを伝えることができました。たとえば，布施松翁の「善人すすみ帳」という道話では家中を善人にするためにはどのようにしたらよいかが具体的に次のように述べられています。家中の人々を善人にするには「何でも，善事を，善事帳へ付ける。すこしでも，よい事はしるしわるい事は，一向に付けることならぬ」と決めて，それを月に一度読み上げて，誉めてやる。そうして叱ることを先とせず，誉めることを先にして善事を引き上げてやると人柄も上がる，というのです。これは今日の言葉でいえば，「ほめて育てる」ということでしょう。そこには人間の本性を善とみる心学の考えがよく現れています。

こうして石田梅岩が創始した心学は，子どもから成人に至るまでの各層の人々に，「職分」を尽くしながら，人間としてよりよく生きる道を具体的に示し，それを日常生活のなかで実践するよう求めました。心学は江戸時代後期，商人層を中心に広く浸透しました。心学の説く倹約や正直などの思想を経営理念として取り入れた商家は多く，今日でも老舗の家訓のなかには心学の教えが受け継がれています。

（湯川嘉津美）

▷1　高倉嘉夫（編）1928『心学道話全集　2巻』忠誠堂　pp. 656-660.

参考文献
今井淳・山本真功（編）2006『石門心学の思想』ぺりかん社。
石川謙　1968『石田梅岩と「都鄙問答」』岩波書店。
柴田実　1962『石田梅岩』吉川弘文館。

XII 伝統として息づく日本の生涯学習

6 地域再生の生涯学習思想──報徳の教え

1 近世・近代における地域社会の危機

現代の日本社会において、地域社会の崩壊に対する危機感は盛んに語られていますが、高度成長期以前あるいは明治の近代化以前において、地域社会が盤石な存在であったかというと、必ずしもそうではありません。たとえば江戸時代末期における農村社会は、自然災害や、発展しつつあった貨幣経済の波に曝され、決して安定した存在ではありませんでした。財政難克服のために、農村の生産力を無視した貢納を農民に課する藩も多く、日常生活も立ちゆかない農村が少なからずみられました。

このような近世末期における農村地域社会の危機的状況に対面しつつ、農業経営の改善と生活倫理の改善とを一体のものとして構想し、農村地域社会の再生に尽力した人物の一人が、二宮尊徳です。

2 二宮尊徳の生いたち

二宮尊徳（1787-1856　幼名は金次郎）は相模国（現在の神奈川県）の地主の家に生まれましたが、尊徳の幼少期に起こった度重なる水害のため生家は没落し、彼は非常な労苦を味わうこととなります。

その後、尊徳は、積極的な荒地開墾や武家への奉公により蓄財を進めて家を再興し、30歳になる頃には富農としての地位を築いています。後にその経験から農業経営改善の専門家として高い評価を受けるようになり、農村復興事業の担当者として、小田原藩をはじめいくつかの藩、さらには幕府にも招かれることとなります。尊徳の思想は、学問としてではなく、このような農業経営改善、農村復興の実践を積み重ねるなかで、仏教、儒学、神道の概念を借用しつつ、導き出されてきたものでした。

▷1　ただし、尊徳による各地での農村復興の事業がすべて成功したわけではなく、地元の役人の抵抗・妨害などにあい、挫折を余儀なくされることもまた多かった。

3 実践理念としての「報徳」

尊徳の「仕法」（＝農村再生の事業）は、特別な農業技術を用いたものではなく、農民個々人に対する公共的意識の喚起、生活の合理化・節約と不測の事態に備えた貯蓄、勤労意欲を高め農地整備や荒地開発を積極的に進める、といった点に立脚したものでした。尊徳の実践はまた、決して農民に倹約と勤勉さをひたすら要求するだけではなく、彼らの最低限の衣食住を保証し、他方でその

地域の領主にも，財政の抜本的な見直しを求めることを伴ったものでした。彼の実践の性格は，生活倫理と農業経営改善とが密接に結びついたものであったため，尊徳は次第に農民に対する精神的指導者としての自覚をもつようになります。それとともに，『三才報徳金毛録』などで自らの実践思想＝報徳思想を著述するようになります。

尊徳が展開した報徳思想においては，すべての人・事物にある「徳」によって自らは生かされているのであり，そのことに「報い」なければならない，とする発想を根本に置き，また，「天道」（意志の働きかけのない自然な状態）と区別された「人道」（人間の意志的な活動）を重視します。これらを土台として，「至誠」（すべての人・物に自らの徳をもって接すること），「勤労」（日々勤勉な生活にいそしむこと），「推譲」（自身・現在の満足だけを考えるのでなく，他者への施しや未来への蓄えを重視すること），「分度」（消費・支出の限度を設定し，倹約に努めること），という尊徳の実践理念の根源的要素が立てられています。

このような尊徳の実践理念は，学問として展開されたものというより，むしろ尊徳の生涯にわたる農業経営改善の実践のなかでおのずから生まれ出てきた信念を，仏教，儒学，神道の概念を借用しつつ書き残されたもの，あるいは，その弟子たちが後に整理したものといえます。

❹ 近代における報徳思想

尊徳の思想は，富田高慶，福住正兄，安居院庄七，岡田良一郎などの弟子たちによって，近世末期から近代初期にかけて日本各地に広められました。それとともに，共同購入・販売，資金積立・貸付などの産業組合的事業と，報徳思想による農民教育とを基礎として農村復興を進める団体である報徳社が，各地に設立されました。また，平田東助，岡田良平，一木喜徳郎といった国家官僚らによって，報徳思想による農村の指導を目的とする報徳会（のち中央報徳会）が，1905（明治38）年に設立されています。報徳思想は，近代化日本における農村社会の荒廃という大きな課題に対応しうる思想として政策的に重視され，**地方改良運動**など農村地域の立て直しを図る戦前の官製運動において，理念的な柱となりました。

このように戦前において農村社会教育事業の理念的根幹となった報徳思想は，人々の公共心や農業経営への意欲を積極的に喚起しようとするものであり，報徳社によって展開された農村再生の活動は，実際に各地で大きな成果をあげてきました。しかし報徳思想は他方では，人々による政治的な議論・行動を抑制したり，納税・兵役の義務を正当化する論理としても用いられました。その点では，急速な近代化のなかで大きな矛盾の生じていた農村社会を国家へと円滑に統合する手段として，報徳思想が用いられた，ともいえます。

（久井英輔）

▷2　また，すべての人・事物におけるさまざまな二項対立が，究極的には統一されうるという，弁証法的な「一円仁」の発想も，報徳思想の重要な要素である。

▷3　岡田良平，一木喜徳郎はともに岡田良一郎の息子である。

▷4　**地方改良運動**
日露戦争後における農村荒廃の克服を目指して，内務省の主導によって行われた官製運動。

▷5　このことは，尊徳自身が政治問題を論ずることを基本的に好まず，身近な農業・生活の問題に専心することが重要であるとしていたことともかかわっている。

▷6　宮地正人　1973『日露戦後政治史の研究——帝国主義形成期の都市と農村』東京大学出版会 pp. 109-127.

参考文献

奈良本辰也　1959『二宮尊徳』岩波書店。

佐々井信太郎　1963『二宮尊徳の体験と思想』一円融合会。

前田寿紀　2002「二宮尊徳の報徳思想・報徳仕法の内在論理と近代日本における報徳社によるその継承」『淑徳大学社会学部研究紀要』第36号。

XII 伝統として息づく日本の生涯学習

地域団体を育てる生涯学習思想
——青年団の育成

1 地域団体活動の歴史的先駆者

　生きがいを見つける生涯学習とは，学校やカルチャーセンターなどで学習することとは限られていません。たとえば町内会や子ども会，ボランティアサークルやNPO団体など，自らが生活する「地域」にかかわることも生涯学習なのです。

　では，地域に団体でかかわる魅力とは，どこにあるのでしょうか。それは，仲間とかかわる楽しさ，地域の別の顔を発見できる面白さなどがあげられます。また団体活動を通して，自分の内面を広く深くさせることができ，充実感を味わえるところにもあります。日本には，団体として地域にかかわる魅力を広めた代表的な教育者が明治期・大正期にいます。一人は「日本の青年団運動の母」山本瀧之助（1873-1931），もう一人は「青年団の父」と称された田沢義鋪（よしはる）（1885-1944）です。

○山本瀧之助の組織論

　小学校教師であった山本瀧之助は，1896（明治29）年に『田舎青年』を出版しています。その本を通して，それまで地域に埋もれ，居場所もなく生きがいももてなかった青年たちに「**青年会**」という地域団体を創設することを推進したのです。彼は，共に学び合う関係を通して自分を磨くことができ，さらに地域の発展についてお互いに学習できる点を青年会の特色としました。こうして彼は青年たちで構成された地域団体を教育面からも，地域づくりの面からも評価し指導した人物でした。地方青年や青年会がほとんど見過ごされていた明治期から大正期にかけて，青年会の存在意義を見出し尽力した先駆者と位置づけられています。

○田沢義鋪の教育実践

　田沢義鋪は，この山本の青年会を「青年団」として具体的な実践に移し，全国に発展させていきました。彼は，官僚でありながらも，その立場に留まることなく，さまざまな地域や青年とかかわり続けました。田沢の代表的な実践に，共同宿泊講習会があります。地域青年と寝食を共にし，コミュニケーションを重視しながら，人とかかわること，地域とかかわることの魅力を体験させました。そこでは，青年団とは地域社会を学習しながら，お互いに助けあう精神や協調性，集団に対する責任感，自分の磨き方を養う場所だと徹底して説いてい

▷1　田沢義鋪　1931「山本瀧之助氏を偲ぶ」大日本連合青年団（編）『青年』12月号，日本青年館，4．しかし社会教育史では，一般的に山本瀧之助が「青年団の父」と呼ばれている。

▷2　青年会
大正期になると「青年団」という名称が一般的になるが，山本が活躍していた頃は「青年会」といわれていた。

▷3　多仁照廣（編）1985『山本滝之助日記　第1〜4巻』日本青年館には，当時の山本の思いが綴られている。

▷4　田沢義鋪の生き方については，下村湖人　1955「この人を見よ——田沢義鋪の生涯」『下村湖人全集』所収（1976　第9巻　国土社）に描かれている。

▷5　田沢は1914（大正3）年，現在の静岡で初めて青年宿泊講習を実施し，その後，現在のテント合宿である天幕講習会，勤労者向けの講習会など，意欲的に共同宿泊講習を全国的に展開した。

ったのです。彼はまた，青年ばかりではなく，中高年層にも地域団体活動の重要性や必要性を訴え，精力的にその実践方法を提唱し続けていきました。▶6

❷ 地域における団体活動の魅力

　今日，地域社会には，子どもと大人が夢や希望を共有できる機会，経験によって豊かな人間性や主体的な姿勢を育める機会があります。また子どもだけではなく大人と共に守り育んでいくべきもの，たとえば地域に残る伝統文化，祭りなどが存在し，その一方で生活に根ざした問題や課題があります。

　団体活動には，そのような地域に残された課題や問題に積極的に取り組みながら，自分が生活する地域で育まれている文化の再発見や創造をするコミュニティリーダーを育む力をもっています。山本や田沢が地域団体の活動に着目した理由は，ここにもあったのです。

　地域に根ざす団体活動は年齢や性別を問うことのない社会への直接的な参加経験ともいえます。一部の例をあげれば祭りや盆踊りなど伝統文化や民俗芸能を主催し伝承したり，地域のゴミ問題に取り組んだり，新しい音楽祭などを企画したり，どの年代も一緒になって取り組めることがたくさんあります。その経験から地域を身近に感じることによって，社会に対する責任感や社会にかかわろうという主体性を育むことができるのです。また，仲間と互いに学びあうことによる楽しさ，難しさ，深さを感じることができます。

　こうした一人ひとりの意識は，団体活動それ自体の発展へつながり，団体の発展は地域の活性化に大きな影響をもたらします。つまり地域団体は，地域づくりのために重要であると同時に，人づくりという点で，非常に重要な存在なのです。また，地域に根ざした社会参加とは，地域に「かかわる」と同時に，仲間に「かかわる」ことであり，さらに改めて自分自身にも「かかわる」ことでもあります。この「かかわり」は，地域に学んだり生きたりすることとは何かという生き方や自己探求につながります。

　このように，地域団体は，地域にとっては，地域文化を守る団体でもあり，地域の課題解決に努める団体でもあります。さらに，さまざまな世代の人々がかかわる団体だからこそ，次世代の地域づくりのリーダーを育成する場でもあります。また，一人ひとりにとっても，団体の仲間と共に支えあい，共に社会を発展させ，よりよい社会と人生へ向かって生きがいの創造の場にもなりうるのです。

　地域に根ざす活動を通じ，その地域との新しい関係や地域の人々との人間関係が生まれます。また，個人それぞれの職業・人生経験が結びついて，知恵が生まれることでしょう。地域の団体活動は，それまでの地域に，新たな結び目を作ることであり，一人ひとりの生きがいへの結び目ともなりえるのです。

（三瓶千香子）

▶6　田沢は，地域青年団OBを「壮年団」とし，地域に残る文化を守り，次世代へ伝え，新しい地域を創るための団体組織を提言した。

XII 伝統として息づく日本の生涯学習

8 近現代日本における社会教育の発展過程と生涯学習

1 戦前における社会教育行政

◯近代化初期における社会教育事業

明治維新後，近代的学校制度の導入が急がれるとともに，学校以外の場で国民の啓蒙を促す施策も行政によって行われています。明治初期の文部行政が取り組んだ事業としては，産業振興や国民啓蒙のための博物館，書籍館（のちの図書館）などの開設があげられます。

明治中期になると，正規の学校教育以外の教育事業は公式には「通俗教育」と呼称されるようになります。その事業としては，児童の義務就学を普及させるための就学督励の講演会・講習会や，日露戦争（1904～05年）以降における，青年団の設置推進，各地での通俗講習会開催の奨励などがあげられます。

大正期には，通俗教育に代わり「社会教育」の語が使われるようになり，文部省において社会教育行政の整備が進んでいきます。文部省の社会教育行政は，各地で直轄学校の施設，教員を利用して開催した成人教育講座や，展覧会・講習会などを通じて新たな生活技術・知識の普及を意図した生活改善運動のように，あらたな性格の社会教育事業にも着手しています。

昭和期になると文部省の社会教育行政は，国策宣伝のために映画，音楽などの娯楽・芸術活動の利用や統制にも重きを置くようになり，やがて戦中期にはそれらは文化政策として再編されています。

◯団体の育成・組織化と官製運動

戦前において，行政が推進する社会教育の大きな特徴として，青年団，処女会，婦人会など国民を属性ごとに束ねる団体や，宗教的・思想的教育を目的とした団体を育成・組織化し，それらを動員して農村の復興や国民への思想宣伝・教育を目指す，官製運動の推進があげられます。このような動きが強く推進されるようになったのは，日露戦争以降のことです（日露戦争後の地方改良運動，第一次世界大戦後の民力涵養運動など）。これらの運動においては，文部省とともに，地方行政組織を掌握する内務省も大きな役割を果たしていました。

このように，政治体制の危機につながる社会の動きに際して戦前の社会教育行政は，国民に反体制的な思想が広まるのをいかに防ぐか，という点を特に重視していました。

▷1 「通俗教育」から「社会教育」への変化を行政組織や文部官僚の思想から跡づけたものとして，松田武雄 2004 『近代日本社会教育の成立』 九州大学出版会。

▷2 この戦前の性格を総括して，「官府的民衆教化性」と呼ぶことがある。碓井正久 1961 「社会教育の概念」 長田新（監修）『社会教育』 御茶の水書房 p.37. なお，「教化」とは一般に，政治的な権威を背景に特定の思想や知識を絶対的なものとして教え込む活動を指す語として，しばしば批判的な意味で使われる。

XII-8　近現代日本における社会教育の発展過程と生涯学習

◯社会運動と学習の場

　もちろん戦前においても，行政による社会教育だけでなく，社会運動を背景として集団的な学習活動が展開されてきました。早い時期では，自由民権運動のなかでうまれた団体が，青年たちの学習活動の場にもなっていたことがあげられます。また，農村地域の青年団も，時に活動への統制を受けつつも，さまざまな学習活動を展開してきました。その他，特に大正期には，労働運動，農民運動，婦人解放運動などに伴う集団的な学習活動が行われていました。

2　戦後における社会教育と生涯学習

◯戦後初期における社会教育法制の成立と文化運動

　戦後初期の教育制度改革のなかで，社会教育にかかわる制度も大きく転換します。占領下の教育政策方針において，社会教育行政はあくまで国民の自由な学習活動に対する支援的な役割を果たすものとして位置づけられます。

　敗戦直後，地域社会における社会教育施設として公民館が構想され，各地に設置されていきました。また社会教育法（1949年），図書館法（1950年），博物館法（1951年）なども制定され，戦前には確立されていなかった社会教育行政の法律的基盤が整備されます。戦後初期にはまた，知識人主導による文化運動や，青年団の文化運動が興隆します。これらの興隆は一時的なものでしたが，当時の人々の学習活動への渇望を，顕著に反映した潮流であったといえます。

◯高度成長期以降の社会教育行政と生涯学習（生涯教育）理念

　高度成長期に入ると，急速な都市への人口移動と農村の人口減少が顕著となり，それと同時に，公害問題等を背景とした都市部の住民運動や，都市部におけるコミュニティの不在の問題などが注目されるようになります。これらを背景として，都市における社会教育施設の設置が進むとともに，コミュニティづくりや個別的学習形態に対応した学習支援など，都市における社会教育のあり方に注目が集まるようになります。

　1970年代以降，社会教育行政の位置づけを新たに支える理念として「生涯教育」（後には「生涯学習」が掲げられることが多くなる）が提唱されるようになりますが，同時にこの頃から，公民館と機能的に大きな重複のあるコミュニティ・センターの設置，通信教育やカルチャーセンターなど民間教育産業の拡大，大学による公開講座など，学習を支援する場・事業が多様に展開するようになります。1990年代以降に拡大したさまざまなNPO・ボランティア団体も，活動自体が参加者に対して学習の機会を提供するという意味をもっています。これらの多様な学習の場の出現や，学習メディアの発達とともに，人々の学習活動もより多様化が進んでいます。他方では，1990年代以降の自治体の財政難によって，社会教育行政の意義，自治体行政が「生涯学習」の支援にかかわることへの意義が，鋭く問われるようになっています。

（久井英輔）

▷3　戦前，戦後の社会運動に伴うさまざまな学習活動について触れたものとしては，藤田秀雄・大串隆吉（編）1984『日本社会教育史』エイデル研究所，および，福尾武彦・居村栄（編）1994『人びとの学びの歴史（上）・（下）』民衆社。

▷4　当初の構想では公民館は，社会教育にとどまらず，産業振興，自治振興などさまざまな機能を受けもつ地域の総合的センターとしての役割が期待されていた。寺中作雄 1946『公民館の建設――新しい町村の文化施設』公民館協会 pp. 18-29.

▷5　戦後初期の各地における文化運動の性格について概説したものとして，北河賢三 2000『戦後の出発――文化運動・青年団・戦争未亡人』青木書店 pp. 13-58.

（参考文献）

宮坂広作 1966『近代日本社会教育政策史』国土社。

国立教育研究所（編）1974『日本近代教育百年史』(7)・(8) 教育研究振興会。

全日本社会教育連合会（編）1983『社会教育論者の群像』全日本社会教育連合会。

XIII　諸外国の生涯学習

　イギリスの生涯学習

　ランプとふくろう——働く人々のために高等教育を開く

　イギリスの首都ロンドンの中心部にあるロンドン大学バークベック校には「ランプとふくろう」が描かれた紋章があります。見過ごしてしまいがちな紋章ですが，じつはこれには歴史的な由来が隠されているのです。

　同校は元の名称をロンドン・メカニクス・インスティテュートといい，1823年，バークベック（Birkbeck, G.）らによって設立されました。昼間は働いていて教育を受けられない人々，とりわけ産業革命によってうみだされた職工のために，夜間，自然科学を中心とする講義を行うことが目的でした。そのため，夜間の学習機関であることを表すランプが，ふくろう（ローマ神話の知恵の女神ミネルヴァの象徴）とともに描かれているのです。

　そもそも，オックスフォード大学やケンブリッジ大学などの大学は，英国国教会に属し，学問研究に没入できる経済的余裕のある上流階級の男子にのみ，教育を与えていました。非国教徒や女子，そして日々の生活の糧を得るために働かねばならない人々には門戸が閉ざされていたのです。1870年代にはじまった大学拡張（University Extension）は，大学の教授陣を全国各地に派遣して一般民衆対象の巡回講義を行うというものであり，高等教育を開くきっかけとなりました。とはいえ，受講者は中流階級に偏り，労働者階級への教育機会の提供には課題が残されていました。

　そこで，大学拡張事業を労働者階級の人々に根づかせるため，20世紀初頭，マンスブリッジ（Mansbridge, A.）らにより設立された全国組織が，労働者教育協会（WEA：Workers' Educational Association）です。WEAの特徴的な教育活動であるチュートリアル・クラスでは，大学が一方的に労働者に教育を与えるのではなく労働者の学習要求に基づくように，自発的自立的な学習方法，クラスの自主管理，学習内容の主体的要求等が確立されました。これにより経済学や文学，心理学などの，継続的かつ系統的な学習が可能になったのです。

　1969年にはオープン・ユニバーシティが開設されました。メディアを使った遠隔学習の方法が取り入れられることにより，高等教育は一層近づきやすいものとなったのです。このように，働く人々に対して高等教育を提供することは，時代の変化を反映しつつも19世紀以来のイギリスの伝統として，現在まで脈々と受け継がれています。

▷1　イギリス児童文学『ハリー・ポッター』シリーズのホグワーツ魔法魔術学校の4つの寮の紋章を思い出してみよう。たとえば，勇猛果敢な者が集うグリフィンドール寮（ハリーもこの寮生）にはライオンが，狡猾者が集うスリザリン寮には蛇が描かれている。

▷2　ロンドン大学の一部となった今でも，働く人々のための夜間中心の大学であることに変わりはない。
http://bbk.ac.uk/

▷3　イギリスは階級社会といわれ，おおむね，貴族や大土地所有者などからなる上流階級，（中小）産業資本家や専門職などからなる中流階級，そして労働力以外に資産をもたない労働者階級とに分別され，教育の平等とはほど遠い状態であった。

▷4　現在，WEAは時代の変化を受けて「よりよい世界—平等で民主的，かつ公正な」というヴィジョンのもと，文学や社会科学，芸術，健康，ICTなど，約9700コースを各地で提供し，12万人強の人々が学んでいる（データはThe WEA in 2015より）。
http://wea.org.uk/

❷ 生涯にわたる職業能力の向上

イギリスの成人に対する教育の伝統的特質は非職業的一般教養教育といわれていました。職業技能の習得ではなく，精神を豊かにする教養の獲得こそが真の教育であるとされていたのです。

しかし，「イギリス病」と称される第二次世界大戦後の国際競争力の低下による慢性的な経済危機や産業構造の急速な変化によって高い失業率に悩まされるようになると，その構図は変化しました。1973年の『ラッセル報告』以降，非職業型・教養型の学習機会は縮小され，職業教育が重視される傾向が顕著になったのです。1986年にはそれまで各資格認定団体が独自に授与してきた職業資格を整理し，5段階からなる全国職業資格（NVQ）が導入されました。

生涯にわたる職業教育機会の提供としての生涯学習政策が進められるようになったのは，持続的な職業スキル向上がイギリス経済の競争力を回復する上で重要であると同時に，社会的連帯と社会的包摂をも促すことになるからです。教育へのアクセスを広げることが，失業者やその他の排除された集団に新しい社会的経済的な機会を用意するのに役立つと考えられているのです。

1997年にはアカデミックな学力を評価する教育資格と職務遂行能力に関する職業資格を統合した包括的な資格体系として全国資格枠組み（NQF）が構築され，さらに2000年代になり**欧州資格枠組み（EQF）**がスタートすると，それに準拠するよう全国資格枠組みは改変され，2009年に資格・単位枠組み（QCF）へと移行しています。そして，資格体系が整備されると同時に，2012年には全国キャリアサービスが開始され，個人向けにキャリア構築に関する情報提供や相談が実施されるようになりました。一人ひとりの学習履歴を記録する生涯学習口座というシステムも提供されています。

❸ 地方分権とヨーロッパ統合のなかで

イギリスは，イングランド，スコットランド，ウェールズ，北アイルランドの4地域からなる連合王国であり，時に民族意識の高揚がみられます。90年代後半には各地で議会が成立するなど地方分権が進むなか，ウェールズ語の復権のように地域アイデンティティを守る運動も起こっています。

このような古くからの民族問題に加え，旧植民地諸国を中心にアジア系，アフロ・カリブ系，イスラム系の移民労働者の増加により，新たな民族間の軋轢も生じています。また，1993年のヨーロッパ連合の成立によって国境を越えた人の移動が活発になり，イギリス社会の多文化・多民族化は今後より一層進むことが予想されます。移民に対する識字教育はもちろんのこと，多様な文化的宗教的背景をもつ民族が共生するための学習活動が求められています。

（山本珠美）

▷5 開設当初よりテレビ番組による放送授業を行っていたが，現在ではインターネットを含む，多様なメディアが使われるようになっている。
http://www.open.ac.uk/

▷6 **欧州資格枠組み（EQF）**
EU各国が相互に資格制度をリンクさせることを可能にするもので，EU圏の国を超えた資格認定手続きを簡素化・促進し，人材の移動を活発にすることを目的としている。

▷7 https://nationalcareerservice.direct.gov.uk/

【参考文献】
宮坂広作 1996 『英国成人教育史の研究 1，2』明石書店.
矢口悦子 1998 『イギリス成人教育の思想と制度――背景としてのリベラリズムと責任団体制度』 新曜社.
スティーヴンス，M. D. 渡邊洋子（訳） 2000 『イギリス成人教育の展開』明石書店.
フィールド，J. 矢野裕俊 ほか（訳） 2004 『生涯学習と新しい教育体制』学文社.
佐久間孝正 2007 『移民大国イギリスの実験――学校と地域にみる多文化の現実』 勁草書房.
ホッジェン，M. T. 新海英行（監訳） 英国成人教育史研究会（訳） 2015 『英国労働者教育史』 大学教育出版.
Kelly, T. 1992 *A History of Adult Education in Great Britain*, 3Rev ed. Liverpool University Press.

XIII 諸外国の生涯学習

 ## アメリカ合衆国の生涯学習

1 「有用な知識の普及」を目指しての学習運動

　アメリカ合衆国では，民間のボランタリーな団体が主体となって多様な学習機会を展開してきました。1727年にベンジャミン・フランクリン（Franklin, B.）がその仲間とともに結成したジャントー・クラブは，道徳や政治，自然科学などに関する討論を通して相互学習する組織であり，1731年にはフィラデルフィア図書館を設立するなど，文化向上に絶大な寄与をしました。

　独立戦争後の19世紀になると，有用な知識を求める声は一層広がり，イギリスのメカニクス・インスティテュートに倣ったフランクリン学院（1824年設立）など，学習活動の組織化や施設の設立がみられるようになりました。なかでも1826年にホルブルックらにより始められた，読書会，討論会，巡回講演会，実験などからなる**ライセアム運動**（Lyceum Movement）は，「有用な知識の普及」の公的な保障としての無償公立学校の設置運動へとつながりました。ボストン公共図書館（1848年設立）や**スミソニアン協会**（1846年設立）など図書館・博物館の発展もめざましく，その設立にあたってはカーネギーやロックフェラーなどの民間からの寄付も大きな役割を果たしています。また，南北戦争後の1874年に日曜学校教師養成のための夏期講習会として始められた**ショトーカ運動**（Chautauqua Movement）は，成人から児童に至るさまざまな学習組織を生み出し，全米各地で爆発的な広がりをみせました。

　ところで，『ハックルベリー・フィンの冒険』などで有名な小説家マーク・トウェイン（Twain, M.）はライセアム運動やショトーカ運動の講師として大変な人気を博したといいます。これらの運動は，当初の有用な知識の普及という真面目な企図から，次第に大道芸や音楽演奏を伴う娯楽性を帯びたものへと変質するのですが，アメリカ大衆文化の推進という役割も果たしたのでした。

2 職業教育への希求

　アメリカ合衆国にはハーバード大学（1636年設立）をはじめとする私立大学が17世紀にすでに存在していましたが，いずれも教養教育が主体でした。しかし開拓された新天地で生きていくためには職業技能の習得が欠かせません。1862年には農学などを教える高等教育機関を設置するために連邦政府所有の土地を州政府に供与することを定めるモリル法が制定され，実学中心の州立大学

▷1　ライセアム運動
ライセアムとは古代ギリシャのアリストテレスの学園〈リュケイオン〉に由来する言葉であり，人々の相互学習を通じて知識普及をはかる組織的な運動として広範囲で展開された。

▷2　スミソニアン協会
2015年現在，19博物館を傘下におさめるスミソニアン協会も，イギリス人科学者スミソンによる多額の寄付がきっかけとなって設立された。

▷3　ショトーカ運動
ショトーカとは，アメリカ五大湖の一つであるエリー湖の近くにある湖の名前。その湖畔で運動が始まったことから，この名がついた。夏期学校の世界的な原点である。

▷4　近年，博物館の領域などにおいて Education（教育）と Entertainment（娯楽）の合成語である"Edutainment"という用語をときどき耳にするが，教育と娯楽の一体化への指向は，アメリカ合衆国の歴史には散見される。亀井俊介　2013　『サーカスが来た！』平凡社の特に「さすらいの教師たち」参照。

が各州に設立されるようになりました。さらに1914年のスミス・レバー法により、農業普及改良を中心とするノンフォーマルな拡張事業も行われるようになり、州立大学は州民に対する実用的職業的知識を提供する教育機関として発展しました。

職業教育の制度化を求める声は19世紀末から20世紀にかけての都市化・工業化の進展によってさらに強まり、1917年には職業教育法であるスミス＝ヒューズ法が制定されました。そして1929年に始まる世界大恐慌とその後のニューディール政策において職業教育に対する政府の関心は決定的となり、コミュニティ・カレッジを中心に各地で推進されるようになったのです。

❸ 移民大国アメリカにおける識字

アメリカ合衆国は、多様な言語と文化をもつ移民・先住民で形成されています。特に19世紀末には南・東欧からの移民が急激に増加し、英語教育と市民教育によってアメリカ生活に適応させる"アメリカナイゼーション"が、公立学校や公立図書館、コミュニティ・カレッジなどを拠点に広がりました。

とりわけ識字レベルは学歴や収入、市民生活を大きく左右するものであり、現在に至るまで生涯学習の主要な課題であり続けています。全米教育統計センターが2003年に実施した成人識字調査「日常生活における識字」によると、16歳以上のアメリカ人の1～2割が基礎レベル以下の識字能力しかもちあわせていないこと、そして識字レベルが上がるにつれて学歴は高まり、失業率は下がり、収入は増加していることが判明しました。投票やボランティア活動、ICTの利用などの市民生活においても識字レベルが上がるごとに参加（利用）率が高まるという結果が出ています。識字教育は人々の経済的社会的参加を促すための要件であり、移民大国アメリカには欠くことのできない取り組みです。

❹ 学習活動への参加の偏り

公私を問わず多様な機関が数多くの生涯学習機会を提供しているアメリカ合衆国では、成人の44％が、職業や趣味に関する学習、第2言語としての英語学習等、何らかの学習機会に参加しています（データは全米教育統計センター『成人教育調査2005』）。しかしこの調査結果をより詳しくみていくと、属性ごとに参加率に偏りがあることがわかります。たとえば高卒資格をもたない人は22％であるのに対し、大学卒以上の人は63％と、3倍近くの差があります。世帯収入をみると、1万5000ドル以下の場合は29％、収入が上がるにつれて参加率も高まり、7万5000ドルを超える場合は58％となっています。

教育を受けたものがさらに教育を受けようとする"education more education"の法則が見て取れるのがアメリカの生涯学習の現状であり、参加の偏りをいかに是正していくかが課題となっています。

（山本珠美）

▷5 19世紀後半以降、州立大学以外でも各地で農業講習会が開かれた。農民の教育運動はアメリカ合衆国成人教育史における一つの柱である。

▷6 4年制大学への編入教育や準学士レベルの教育とともに、地域住民対象にさまざまな学習機会を廉価で提供している。

▷7 1991年には全米識字法も制定されている。

▷8 National Center for Education Statistics http://nces.ed.gov/（2016年1月4日参照）

▷9 ICT
Information and Communication Technology：情報通信技術。

▷10 より新しいデータとして2011～12年にOECDが24の国と地域で実施した国際成人力調査（PIAAC）があるが、アメリカ合衆国ではレベル1およびレベル1未満という最も低い識字レベルが17.5％となっている。識字と経済的社会的アウトカムとの関係もほぼ同様の結果である。

(参考文献)

フランクリン，B. 松本慎一・西川正身（訳）1957『フランクリン自伝』岩波文庫。

ノールズ，M. S. 岸本幸次郎（訳）1975『アメリカの社会教育』全日本社会教育連合会。

遠藤克弥（編著）1999『最新アメリカの生涯学習』川島書店。

スタブルフィールド，H. W.・キーン，P. 小池源吾・藤村好美（監訳）2007『アメリカ成人教育史』明石書店。

XIII 諸外国の生涯学習

ドイツの生涯学習

1 生涯学習？ 継続教育？

ドイツでは，日本語の「生涯学習」にあたる，成人を中心とする学校外教育を示す呼称が，年代によって変化してきました。第二次世界大戦以前は，労働者など成人一般に対する識字教育を展開するなかで「民衆教育」(Volksbildung) という呼び方が定着していました。第二次世界大戦後になると，「成人」が中心という意味で「成人教育」(Erwachsenenbildung) と表現されるようになり，その後1970年代になると，学校教育と学校外教育との接続を重視する立場から，英語の continuing education の翻訳語である「継続教育」(Weiterbildung) という呼称が用いられるようになりました。1990年代後半になると，他のEU諸国と足並みをそろえる必要から，より広範囲の学習活動をすべて包摂する「生涯学習」(lebenslanges Lernen) という言葉が次第に政策用語としても用いられるようになりました。

フォルクスホッホシューレとは

ドイツの生涯学習の特徴は，フォルクスホッホシューレという公立の施設を中心に，幅広い学習プログラムが提供されている点です。2013年現在で917校が全国に設置され，参加者は延べ637万人といわれる大規模な学習施設です。16歳以上なら誰でも参加でき，1日限りのワークショップから数年にわたる資格取得を目指す継続的なコース，宿泊型のプログラムも提供されています。ここでは，一般教養的な学習講座とともに，中等学校を中退した若者たちが実社会で必要とされる学校の修了証を取得するための補習コースを特別に設置している場合もあります。

このように，フォルクスホッホシューレが提供するプログラムは，英語やフランス語などの語学や健康志向を反映したエクササイズから，職業上必要とされる資格取得のための講座，そして環境問題や政治的課題などに対応した話し合いの場，宿泊型のプログラムまで多岐にわたります。日本の公民館とカルチャーセンターと語学学校と大学検定予備校，それにスポーツクラブが合わさった施設です。政治や社会問題，環境保護に関する講座も多く設置され，一般市民の関心の高さとともに市民の政治参加を促す機関としても機能していることがわかります。

▶ 1 三輪建二 2002 『ドイツの生涯学習』 東海大学出版会 pp.4-5.
Arnold, R. 1988 *Erwachsenenbildung*. Pädagogischer Verlag.

▶ 2 Huntermann, H. & Reichart, E. 2014 *Volkshochschul-Statistik: 52. Folge, Arbeitsjahr 2013*. DIE space, S.2-3.

利用者の70％以上が女性ですが，35歳から50歳までの利用者が最も多く，次いで50歳から65歳までの年代が続くなど，現役世代の「継続教育」を支援する基幹的な学習の場となっています。

③ ドイツにおける成人教育のあゆみ

ドイツにおける成人教育の始まりは18世紀に求められます。もちろんそれ以前にも他のヨーロッパ諸国と同様，教会を中心に，聖書をテキストにした識字教育が各地で展開されていました。宗教改革を牽引したマルティン・ルター（Luther, M., 写真6）は，ヘブライ語や古代ギリシア語から庶民の言葉であるドイツ語に聖書を翻訳し，教会での説教もドイツ語で行いました。それはドイツの庶民にとって新しい語彙を獲得する今までにない絶好の学習機会でした。ただし学習機会が本格的に成人一般に拡大したのは，宗教革命後のことでした。17世紀から18世紀のヨーロッパにおいて啓蒙主義と同時に普及する，「人格の形成」を重視する教養という考え方がドイツにもやってきた頃のことでした。聖書ではなく詩や文学をテキストに，母国語だけではなく外国語の読み書きや表現を覚えること，それによって異文化を理解したり新たな表現の源としたりするという教養主義は，ドイツの場合，イタリアやフランスに比べると100年近く遅れて始まりました。けれどもドイツの教養主義は，書物と議論を好み，理性に照らして思索する「教養市民層」と呼ばれる成人を生み出したのです。そしてこの時期からいち早く講義形式の学び方を批判し学習者同士の「対話」を重視するなど，学び方についての探求が始まっているのも，ドイツの生涯学習の歴史から学び取れる特徴です。

④ 現在の課題

2014年現在，ドイツの総人口約8110万人のうち約20.3％が「移民背景をもつ」（Migrationshintergrund）人々だといわれています。1950年代から1970年代には約200万人のトルコ系移民を受け入れ，その後も旧ユーゴスラビアからの難民を受け入れています。冷戦終結後の1990年代以降は東ヨーロッパからの移民が流入し，近年も経済大国であるドイツへ向かう難民の列は途絶えません。多文化社会で，いかに移民の社会参加を実現できるのかが課題となっています。

2006年に連邦政府は，就学前教育の拡充，子どもの教育支援，若者の雇用支援等を盛り込んだ「国民統合計画」（Nationaler Integrationsplan）を発表しました。全16州の教育大臣からなる常設文部大臣会議も，統合を促進するプログラムの必要性を指摘し，学校外施設との連携を強めようとしています。ドイツ人と移民の間の，また移民間の軋轢を抑制し社会参加を促進するために，子どもや若者に対する教育プログラムに加え，その親に対する包括的な支援システムが実施されているのです。

（坂口　緑）

写真6　ルター，M.

出所：フリー百科事典『ウィキペディア（Wikipedia）』。

▷ 3　野田宣雄　1997『ドイツ教養市民層の歴史』講談社学術文庫。新海英行 2004『現代ドイツ民衆教育史研究──ヴァイマル期民衆大学の成立と展開』日本図書センター。

▷ 4　Statistisches Bundesamt 2015（https://www.destatis.de/DE/Startseite.html〔2015年8月20日参照〕）

▷ 5　伊藤亜希子　2013「ドイツにおける参加を通じた移民の統合」近藤孝弘（編）『統合ヨーロッパの市民性教育』名古屋大学出版会　pp. 216-230.

XIII 諸外国の生涯学習

フランスの生涯学習

1 民衆教育とアソシアシオン

フランスにおいて生涯学習支援の源泉となったのは，民衆教育（éducation populaire）運動の歴史です。民衆教育運動は，フランスで義務教育制度が未だ浸透していなかった19世紀に，教育機会に恵まれない人々に対する啓蒙事業として始められ，民間ベースで進められていきました。

民衆教育運動を支えていたのは，結社＝アソシアシオン（association）と呼ばれる多くの非営利の民間団体です。アソシアシオンには国家権力に対する批判的志向が強いものも多く，したがって民衆教育運動も，自律的で社会変革的な側面を色濃く有した運動として展開してきました。

1930年代の人民戦線内閣の時期には，上記のような民衆教育の果たす実践の意義が国家からも注目され，単に教育に限らず，国民（特に労働者階級）の文化活動・社会活動を広く支援する政策が実施されています。この人民戦線内閣時の政策は，行政が人々の学習活動・文化活動支援を政策課題として取り上げたいわば端緒というべきものでした。

2 アニマシオン理念とアニマトゥールの制度的整備

1960年代以降のフランスでは，アニマシオン（animation）と呼ばれる理念が，人々の学習活動や文化活動の支援における指針として重視されるようになります。民衆教育の運動が，教育・文化の享受機会に恵まれない人々に対して，「知識や芸術を与える」という啓蒙的性格が強かったのに対し，アニマシオンという理念には，余暇活動を通して，人々の自発性や共同性を活性化させていくという意味が込められており，民衆教育の啓蒙的性格を批判的に捉えた理念といえます。

アニマシオンが実際に活動として展開する上で重要となるのが，アニマトゥール（animateur）と呼ばれる専門職員の存在です。アニマトゥールはいわば，グループによる学習活動への支援者として位置づけられます。民衆教育運動において，非制度的な形でそのような役割を担う人々は以前から存在しましたが，これをアニマトゥールという公的な制度として確立しようとする動きは，1960年代になって始まったものです。その後，アニマトゥールの専門性の基準，資格制度，養成制度が整備されてきました。現在では，アニマシオンの職員に関

▷1 フランスにおける民衆教育の歴史をまとめたものとして，Cacérès, B. 1964 *Histoire de l'Éducation Populaire*. Seuil. および Poujol, G. 1981 *L'Éducation Populaire: Histoire et Pouvoir*. Éditions ouvrières.

▷2 民衆教育と社会的・文化的アニマシオンの理念の異同について論じたものとして，Simonot, M. 1978 *Approche psychologique des activités socioculturelle*. Besnard, P. et al., *Éducation Permanente et Animation Socioculturelle*. Presses Universitaires de France. また，アニマシオン理念を早い時期に紹介した邦語文献として，末本誠 1984「現代フランス社会教育の展開──Animation socioculturelle 概念の形成」『東京大学教育学部紀要』**23**.

▷3 アニマトゥールの現状や理念についてまとめたものとして，プジョル，G. 岩橋恵子・赤星まゆみ・池田賢市・岩崎久美子・戸澤京子・夏目達也（訳）2007『アニマトゥール──フランスの社会教育・生涯学習の担い手たち』明石書店.

する国家資格（Diplôme d'État relatif aux fonctions d'animation）が，職員の身分や養成に関する基準を示すものとなっています。また，日本における社会教育施設に類似した，社会的・文化的アニマシオンの活動を支援する文化施設として，文化の家（maison de la culture），青年と文化の家（maison des jeunes et de la culture）などの施設が設置されています。

このようなアニマシオン，アニマトゥールの制度化以降，学習・文化活動における格差の是正を目指す動きが，公的な支援のもと大規模に展開されるようになりましたが，他方このような制度化には，むしろ民衆教育運動の社会変革的な要素を失わせるものであったとする批判もあります。

これらの公的な制度によるアニマシオン活動だけでなく，民衆教育運動の伝統を引き継いだ民間団体（たとえば「民衆と文化〔Peuple et Culture〕」など）によるアニマシオン活動も，大きな広がりをみせています。

また，従来は中央集権型だったフランスの行政が1980年代以降，州（région）を中心とした地方分権型へと移行し，地方行政によるアソシアシオンへの事業委託が多くなるなかで，地方行政とアソシアシオンの間での関係のあり方も課題となっています。

③ 職業教育と生涯学習支援

フランスの生涯学習支援においては，職業能力に関する支援制度が大きな位置を占めています。1960年代には，機会の均等の理念に基づいて，職業教育事業を体系化し，労働者個々人の職業的能力向上・社会的地位向上を促進する制度づくりが進められます。このような職業教育支援の理念は「社会的昇進」（promotion sociale）と呼ばれています。

その後，1968年の**5月革命**を背景として，1970年には労使間協定で労働者の有給教育休暇（congé payé de formation）の権利が認められています。1971年には生涯職業教育法が制定され，有給教育休暇に対する制度的な保証が与えられるようになりました。70年代にはさらに，**1％課徴金制度**も導入されるなど，フランスの職業教育支援において，企業内教育が大きな位置を占めていくようになります。

しかし70年代におけるこのような職業教育の制度化の動向は，むしろ経済成長の論理，企業の論理が優先されており，労働者個々人の資質の向上につながっていない，として後に批判されるようになります。それらの批判を踏まえて新たに導入されたのが，1989年から実施された教育クレジット（credit-formation）制度です。この制度は，職業資格取得を個人の権利と位置づけ，資格取得のための教育機会を若年層，在職者，失業者すべてに対して公的に保証するものです。このようにフランスの職業教育支援は，労働者個々人の能力向上・資格取得をよりよく意識したものへと変化してきています。　　　　（久井英輔）

▷4　フランスの地方分権政策の進行と生涯学習支援施策との関連について紹介した邦語文献として，岩橋恵子　2000『フランス地方分権改革下における成人教育アソシアシオンの葛藤』（日本の社会教育　第44集）東洋館出版社。

▷5　**5月革命**
1968年5月における学生運動，労働者によるストライキ活動の大規模な興隆。

▷6　**1％課徴金制度**
従業員数10名以上の企業に対し，支払い総賃金の約1％を従業員の教育訓練のために使用することを義務づけた制度。

▷7　生涯学習の観点からフランスの職業教育の歴史的展開をまとめた邦語文献として，末本誠　2007「労働と職業を軸にしたフランスの生涯教育の展開」『神戸大学発達科学部研究紀要』14(2)．

XIII 諸外国の生涯学習

デンマークの生涯学習

1 学習社会の優等生

　北欧諸国は豊かな生活水準や充実した福祉国家政策でよく知られています。近年，徐々に見直しが進んでいるとはいえ，生涯学習の制度や実践に関しても，世界に類をみない高い水準を維持しています。たとえば，2012年のOECD（経済協力開発機構）の調査によると，25歳から64歳までの生産人口のうち，フォーマルな教育やノンフォーマルな教育に参加している人の割合は，第1位がデンマーク，フィンランド，スウェーデンの3カ国で同率の66％，その次がノルウェーの64％と，北欧諸国が上位を独占しています。

　EUは2000年にリスボン戦略を定め，知識社会の形成のためにさらなる人的資本の開発を目指す経済政策を打ち出しました。生涯学習はそのための大きな柱と位置づけられています。現在EUは，2014年から2020年までを区切りとして，教育，訓練，若者，スポーツ分野への支援を行う「エラスムス＋」というプログラムを進めています。これは，ヨーロッパ全体の職業的・学問的技能の開発とエンプロイアビリティの向上を目指すものです。ただし北欧諸国は，100年以上前からこのプログラムが目指すようなさまざまな学習機会をつくり出してきました。本稿では，デンマークを例に，学習社会の形成過程をみていきましょう。

2 デンマークの国民高等学校

　デンマークでは，16世紀前半の宗教改革から18世紀後半の学校改革に至るまで，教会が主要な成人教育の機関でした。18世紀後半，近代市民の啓蒙思想がもたらされると夜間学校の設立が相次ぎ，国家は部分的に学校を教会の支配から解放します。1864年スレースヴィ戦争に敗れ，スカンディナヴィア連合構想が挫折すると「国民国家」思想が台頭しました。そのようなときに登場したのが，神学者グルントヴィ（Grundtvig, N. F. S., 写真7）による国民啓蒙教育（folkeoplysning）の思想でした。グルントヴィは農民と母国語を重視する教育を地方から広めようと国民高等学校（folkehøjskole）を開設します。[1]

　グルントヴィが重視したのは，「生きた言葉」としてのデンマーク語でした。上流階級と民衆とのギャップを埋めなければ外来文化として到来したばかりの民主主義が根づかないとの危惧を抱き，土着の話し言葉であるデンマーク語で

▷ 1 Korsgaard, O. 1997 *Kampen om Lyset: Dansk Voksenoplysning Gennem 500 År.* Gyldendanske Boghandel, København（川崎一彦（監訳）高倉尚子（訳）『光を求めて』東海大学出版会　pp. i-xxii）, Kaspersen, L. B. 2006 The Formation and Development of the Welfare State. In Cambell, J. L., Hall, J. A., & Pedersen, O. K. (Eds.) 2006 *National Identity and the Varieties of Capitalism.* McGill-Queen's University Press, pp. 108-113.

写真7　グルントヴィ, N. F. S.

出所：清水満　1998『生のための学校（改訂新版）』新評論。

民衆が学ぶ機会の創出を訴えました。最初の国民高等学校は1844年に開校しました。学びだけではなく生活を共にしてこそ意味をもつと考えたグルントヴィは，農閑期に農民が数週間のあいだ，農作業をはなれ安心して学べるよう，寄宿制の学校を設立します。現在も国民高等学校は，国内に68校（2014年）あり，2013/2014年の入学者は4万5000名（うち長期コースは9000名）にのぼります[2]。17歳半以上であれば学歴を問わず無試験で入学できるため，進学や就職の間に人生を見つめ直そうと進学する人も少なくありません。コースは，語学，文学，心理学，社会学，演劇，芸術，スポーツなど多岐にわたり，いずれも対話を重視したカリキュラムが組まれています。

③ デンマークのアソシエーション

　デンマークの生涯学習にとってもう一つ重要な機会となっているのが，さまざまなアソシエーション（forening）による活動です。デンマークにおけるアソシエーションの歴史もやはり19世紀半ばに遡りますが，特徴的なのは，農村で発達したアソシエーションが都市へと伝播し，労働者を中心とする政治的および社会的な力へと発展していった点です。

　第二次世界大戦後は，そのような労働者の力が，各種スポーツを中心とする余暇活動分野へと広がります。スポーツや文化活動にかかわるアソシエーションが急増し，1970年代の地方分権化を契機に，公園や競技場，体育館が整備されるに従い，各地方の団体数も飛躍的に増加しました。現在では，スポーツだけをとっても人口の3分の1以上の人々が日常的にスポーツに親しみ，全国では約1万4000のスポーツクラブが存在します。デンマーク社会にとって，各種スポーツや文化団体などの余暇活動は，単に健康のために必要な活動ではなく，「青少年を社会で育てる」機会だと認識されています[3]。

④ 多文化化という課題

　このような，19世紀半ばから20世紀にかけてデンマークの生涯学習の主要機関として機能してきた国民高等学校やスポーツや文化活動に対して，現在，新たな期待が寄せられるようになっています。社会問題を解決するという期待です。ヨーロッパでは，グローバル化の進展に伴い，多様な背景をもつ人々が移民として流入しています。デンマークでも移民人口が全体の10%に迫り（2014年），社会的統合が社会全体の課題になっています[4]。

　生涯学習の実践の現場では，国民高等学校やアソシエーションが，多文化化する社会に「社会的結束」をもたらしてくれるのではないかという期待が寄せられています。自由と平等を何よりも優先するデンマーク流のデモクラシーが，多文化化する社会でも通用するのか，学習社会の新たな問いが浮かび上がっています。

（坂口　緑）

▷2　http://www.ffd.dk/information/statistik 参照。

▷3　Anderson, S. 2008 *Civil Sociality*. IAP, Boje T. B., Fridberg, T. & Ibsen B. (eds.) 2006 *Den Frivillige Sektor i Danmark*. SFI.

▷4　Larsen, Ch. A. 2013 *The Rise & Fall of Social Cohesion*. Oxford.

XIII 諸外国の生涯学習

6 ブラジルの生涯学習

1 独立後の生涯学習の展開

○ 識字教育と補償教育

ブラジルは，1822年にポルトガルの植民地から独立しましたが，独立後，大きな課題となったのが，公教育の普及です。植民地支配の間，学校や社会教育施設などの生涯学習に係るインフラの整備は遅れており，さらに奴隷制によるプランテーション経営を展開していたため，1888年の奴隷解放後の被解放者に対する教育をはじめさまざまな教育課題が存在していました。

そのような社会背景から，ブラジルの生涯学習では，義務教育を修了していない青年・成人の補償教育や識字教育が，国家の教育政策や地域の教育における重要な取り組みの一翼を担っています。ブラジルでの特徴的な識字教育として，一つは，機能的識字教育をあげることができます。その代表的な活動には，1967年から1990年の間に展開された国家レベルの「ブラジル識字運動」（MOBRAL）および「青年成人教育のための国家財団」（EDUCAR）における識字教育があります。さらにもう一つは，フレイレに代表される，貧しい農民などの自立と連動した成人識字教育があげられます。フレイレの成人識字教育理論は，世界の多くの識字教育に影響を及ぼしています。

また，ブラジルは，国土が広く，なかには通学が困難な地域もあります。そのため，補償教育的な機能もかねそなえた通信教育が盛んです。近年では，さらにテクノロジーを駆使したICT利用の遠隔教育も国家プロジェクトとして展開し発達しています。

○ 国家教育基本法（LDB）

カルドーゾ大統領政権下の1996年に国家教育基本法（LDB）が制定され，教育原理の一つに，学校外での（教育・学習）経験の尊重が位置づけられました。また，同法では，青年・成人教育について定め，補償教育について規定しています。さらに，高等教育に関する規定のなかに，大学開放（拡張）を位置づけるとともに，全教育段階において，遠隔教育を行うことを奨励しています。今日，ブラジルの教育省（MEC）は，CAPESという活動において大学開放（地域の人々の学び直しとして，要件を満たせば，大学卒業資格や博士号の取得も可能）や基礎教育に携わる教員の学習支援，遠隔教育を展開しています。

▷1 機能的識字（functional literacy）の考え方では，識字を単なる読み書きの手段としてではなく，社会・経済の発展要因として捉えて，社会に役立つ技術・知識の獲得を助けるものとしている。このような機能的識字の概念は，1965年テヘランでのユネスコ主催の国際会議において承認された。機能的識字率は，今日のブラジルにおける識字化状況を測る目安としても，用いられている。

▷2 MOBRALでは機能的識字教育や学校教育の補償教育に加え，文化活動やスポーツ活動，コミュニティの発展にかかわる活動などを加えた生涯学習プログラムを国家規模で展開した。

▷3 フレイレは，ブラジルの北東部を中心とした貧しい農民などが置かれている状況を「抑圧」と捉えて，そこから一人ひとりが社会的な認識を目覚めさせていくことにより自立（解放）を目指す成人識字教育論を提唱した。著書に『被抑圧者の教育』（原著1970→2011 新訳 三砂ちづる〔訳〕亜紀書房）や『希望の教育学』（原著1992→2001 里見実〔訳〕太郎次郎社）などがある。

◯ノンフォーマル教育としての文化・スポーツ活動

ブラジルは，多人種国家です。原住民に加え，ポルトガルやドイツ，イタリアなどのヨーロッパや日本などのアジアからの移民やアフリカから連れてこられた人々など，さまざまな人種が融合して文化を形成しています。

そのため，ブラジルでは，さまざまな文化活動やスポーツ活動が盛んで，今日では，リオのカーニバルや，サッカーワールドカップ（ブラジルは最多優勝）など，文化やスポーツの分野で世界的に名をはせているものもあります。

写真8　リオ＋20　本会場のフードコート
出所：筆者撮影。

その基盤となっているのは，近隣の地域単位のものからプロ養成に至るまでの地域のさまざまなサンバスクールやスポーツ学校などで，これらは，地域でのノンフォーマル教育として文化・スポーツ活動の振興に役立っています。地域で開設されているこれらの学習プログラムのなかには，ストリートチルドレンの学習支援となっているものもあります。

さらに，博物館類（国立博物館，ブタンタン毒蛇研究所の生物博物館，サンパウロ美術館，リオのニテロイ現代美術館など）をはじめ，競技場（リオのマラカナン競技場は一時期20万人収容可能でした）など，優れた文化・スポーツ施設も数多く建設されており，人々の生涯学習に寄与しています。

2 国際的施策と共同した展開

ブラジルの生涯学習政策は，国際機関や国際的施策と共同協調して展開するものも少なくありません。その代表的なものの一つが，ブラジルが開催国となり1992年にリオで開催された「環境と開発に関する国際連合会議」（地球サミット）（ここでは環境教育について日本からの提案もありました），さらに2012年再びリオで開催された「国連持続可能な開発会議」（リオ＋20）（成果文書には，「質が高い教育」の実現やノンフォーマル教育の推進が盛り込まれました　を経て展開されている「持続可能な開発のための教育」（ESD）です。2015年8月には，「ミレニアム開発目標」（MDGs）を刷新する新たな「持続可能な開発目標」（SDGs）が国連で合意されましたが，その一つに，生涯学習の機会を促進することが掲げられています。このSDGsの達成を目指して，ブラジルも新たな国家教育目標を立てています。

また，2016年にリオでオリンピック・パラリンピックが開催されるのを契機に，地域での生涯スポーツの促進とスポーツ支援ボランティアの育成にも力を入れています。教育省から分化したスポーツ省は，人間開発指数に係る調査報告も担当しており，スポーツを核として総合的に社会の発展を目指す政策を実施しています。

（西井麻美）

▷4　カルドーゾは，独自の従属理論を提唱するとともに，蔵相時代にはブラジルの極度のインフレを立て直す「レアルプラン」を展開して，経済回復をなしとげた。大統領引退後は，国際的なネットワークを通じて青年の育成に力を入れた。

参考文献
西井麻美・藤倉まなみ・大江ひろ子・西井寿里（編著）2012『持続可能な開発のための教育（ESD）の理論と実践』ミネルヴァ書房。

さくいん

あ行

アニマシオン 208
アニマトゥール 208
アンドラゴジー 32, 40
ESD →持続可能な開発のための教育
eラーニング 85, 86
家元制度 190
生きがい 5, 15, 44
石田梅岩 194
移動図書館 165
意味パースペクティブ 37
インフォーマルな教育 35
NPO 112, 120
エリクソン (Erikson, E. H.) 24, 26
遠隔教育 84
エンパワメント 59
OECD 38, 66
OJT 177, 182
オープン・ユニバーシティ 202
お稽古事 190
Off-JT 177, 182

か行

ガールスカウト 111
解放 17, 36
解放の教育 36
学芸員 147, 151, 157, 167
学社融合 11
学社連携 65, 158
学習企業 4
学習社会 (learning society) 7
『学習社会 (The Learning Society)』 16
学習社会論 7, 16, 19
学習情報提供 87
学習成果 70
学習相談 87
学習ニーズ 75
学歴社会 6
課題提起型教育 37
学級 74
学校 10, 158
学校運営協議会 11, 95, 109, 159
学校教育 10, 158

学校教育法 10
学校支援地域本部 109
学校週5日制 11, 159
学校評議員 95
家庭教育 8
家庭教育学級 9, 113
家庭教育支援 9
科目等履修生 11
科目等履修生制度 140
カルチャーセンター 122
環境教育 63
キー・コンピテンシー 43
企業内教育 182
技能検定制度 99
機能的識字 212
キャリア形成 98
教育基本法 2, 7, 9, 12, 106, 130
教育訓練給付金制度 99
教育振興基本計画 106, 133
教育文化産業 122
教育老年学 50
共同学習 111
共同学習運動 76, 119
銀行型教育 37
グルントヴィ (Grundtvig, N. F. S.) 210
結晶性知能 23, 50
現代的課題 13, 71
公共職業訓練 176
講義録 85, 86
講座 74
孔子 21
講師 154
高等専門学校 10
公民館 105, 160
公民館運営審議会 105, 149, 151
高齢化社会 50
高齢社会 50
コーディネーター 127
コーヒー・ハウス 76
国民高等学校 210
個人学習 72, 86
個人の要望 13
子育て支援 53

子ども会 109
コミュニティ・カレッジ 205
コミュニティ・スクール 11, 95, 109, 159
コミュニティ・センター 101, 201
コメニウス (Comenius, J. A.) 20

さ行

佐藤一斎 187
参加 146
参加・体験型学習 78
産学連携 129, 138
ジェルピ (Gelpi, E.) 17, 32, 36, 41, 66
ジェロゴジー 33
ジェンダー 59
資格 184
識字教育 15, 36, 205, 212
自己啓発 177, 183
自己決定学習 41
自己主導的学習 (self-directed learning) 33, 40, 86
司書 147, 151, 157
持続可能な開発のための教育 (ESD) 62, 213
指定管理者制度 157, 174
シティズンシップ教育 132
指導系職員 151, 157
児童の権利に関する条約（子どもの権利条約) 61
社会教育 12, 158, 200
社会教育委員 148
社会教育関係団体 119
社会教育局 92
社会教育施設 153, 156
社会教育指導員 150
社会教育主事 147, 150
社会教育審議会答申「急激な社会構造の変化に対処する社会教育のあり方について」(1971) 17, 18, 87, 92
社会教育法 12, 148, 156, 201
社会人学生 129

215

さくいん

社会人基礎力　100
社会人入学　11
社会通信教育　85
社会の要請　13
ジャントー・クラブ　204
集会学習　72
集合学習　72
集団学習　72
循環　38
生涯学習　2, 12, 18
生涯学習局　19, 92
生涯学習施設　156
生涯学習社会　6
生涯学習審議会　93
生涯学習審議会答申「学習の成果を幅広く生かす――生涯学習の成果を生かすための方策について」(1999)　70
生涯学習審議会答申「今後の社会の動向に対応した生涯学習の振興方策について」(1992)　13, 39, 70
生涯学習推進センター　162
生涯学習新興法→生涯学習の振興のための施策の推進体制等の整備に関する法律
生涯学習政策局　19, 92
生涯学習宣言都市　49
生涯学習センター　162
生涯学習の振興のための施策の推進体制等の整備に関する法律（生涯学習新興法）　92, 102
生涯学習の理念　2, 7
生涯学習パスポート　71
生涯学習まちづくり　49, 65
生涯教育　2, 15, 18
生涯スポーツ　172
生涯発達　14
消費者教育　56
情報化　54
情報格差　54
情報リテラシー　55
職業能力開発　98, 176, 178, 182
職業能力開発促進法　176
女性教育施設　170
ショトーカ運動　204
人権教育　61
垂直的統合　15, 34
水平的統合　15, 34

た行

スミソニアン協会　204
世阿弥　21, 186
生活課題　119
青少年教育　168
青少年教育施設　168
青年会　198
青年学級　111, 168
青年団　110, 198, 201
全国子どもプラン　94
専修学校　10, 177, 180, 185
専門学校　180
専門職大学院　11, 140
専門的教育職員　150
専門的職員　150, 153
総合型地域スポーツクラブ　173
総合的学習の時間　11

大学開放　130
大学開放センター　136
大学拡張　130, 202
大学公開講座　128, 136
大学通信教育　85
体験活動　79, 169
田沢義鋪　198
男女共同参画社会　58, 170
地域課題　118, 161
知識基盤社会　2, 42, 131
地方改良運動　164, 197, 200
地方教育行政の組織及び運営に関する法律（地教行法）　103, 159
地方創生　5, 67, 101, 134
中央教育審議会答申「新しい時代を切り拓く生涯学習の振興方策について～知の循環型社会の構築を目指して～」(2008)　91, 121
中央教育審議会答申「生涯学習の基盤整備について」(1990)　92
中央教育審議会答申「生涯教育について」(1981)　3, 18, 92
中央教育審議会答申「我が国の高等教育の将来像」(2005)　129
中等教育学校　10
チュートリアル・クラス　74, 202
通信制高校　84
通俗教育　200
適応　36

な行

手島堵庵　194
トインビー（Toynbee, A.）　132
統合　34
独学　72, 86
特別支援学校　10
図書館　164
図書館法　156, 201

中江藤樹　192
二宮尊徳　196
人間形成　20
ノールズ（Knowles, M. S.）　32, 40
ノンフォーマルな教育　35

は行

バークベック（Birkbeck, G.）　202
ハヴィガースト（Havighurst, R. J.）　26, 32
博物館　166
博物館法　156, 201
発達課題　26
ハッチンス（Hutchins, R. M.）　7, 16, 19
ハンズ・オン　80, 166
ピアジェ（Piaget, J.）　22
PIAAC（国際成人力調査）　43
PTA　113
ビジネス・キャリア制度　99
ファシリテーター　79, 89, 154
フォーマルな教育　35
フォルクスホッホシューレ　206
婦人会　115
ブックスタート　164
フレイレ（Freire, P.）　37, 212
プレゼンテーション　90
プロジェクトメソッド　80
フロントエンド　38
ペダゴジー　32, 40
変容的学習　37
放課後子供教室　94, 109
放課後子ども総合プラン　53, 94, 109, 159
放課後児童クラブ（学童保育）　94, 109
防災教育　68
放送大学　142
報徳思想　197
ボーイスカウト　111

ま行

- ボランティア　90, 152, 165, 167
- ボランティア活動　70, 152
- まちづくり　5, 48
- マンスブリッジ（Mansbridge, A.）　202
- メカニクス・インスティテュート　202
- メジロー（Mezirow, J.）　37
- メセナ　64
- メディア・リテラシー　83
- 文部科学省　92
- 文部省　92

や行

- 山本瀧之介　198
- 抑圧からの解放　15

ら行

- ライセアム運動　204
- ライフコース　29
- ライフサイクル　22
- ラングラン（Lengrand, P.）　2, 15, 18, 66
- リカレント教育　16, 38, 66
- 履修証明制度　140
- 流動性知能　23, 50
- 臨時教育審議会　6, 17, 19, 92, 102

わ行

- レヴィンソン（Levinson, D. J.）　27
- レファレンスサービス　165
- 連携　126, 158, 167
- 労働者教育協会（WEA）　202
- 老年教育学　33
- ワーク・ライフ・バランス　59, 115
- ワークショップ　78, 88, 154
- YMCA　111
- 若者組　110

執筆者紹介（氏名／よみがな／生年／現職／主著／執筆担当／生涯学習を学ぶ読者へのメッセージ）　　＊は編著者

＊**香川正弘**（かがわ　まさひろ／1942年生まれ）
上智大学名誉教授，NPO法人全日本大学開放推進機構理事長
『広がる学び　開かれる大学』（共編著，ミネルヴァ書房，1998年）
『大学とキャンパスライフ』（共著，Sophia University Press・上智大学，2005年）
[Ⅰ-1] [Ⅱ-5] [Ⅳ-1] [Ⅴ-2] [Ⅷ-1] [Ⅻ-1]
生涯学習とは，生涯を通じて，自分を生かす「まことの花」を咲かせることだと思います。

＊**鈴木眞理**（すずき　まこと／1951年生まれ）
青山学院大学名誉教授
『学ばないこと・学ぶこと』（単著，学文社，2006年）
『新時代の社会教育』（単著，放送大学教育振興会，2015年）
[Ⅰ-2] [Ⅸ-4]
生涯学習や社会教育という用語について，基礎からの理解をしっかりと。はやりの概念や用語には注意を。

＊**永井健夫**（ながい　かつお／1962年生まれ）
青山学院大学コミュニティ人間科学部教授
『生涯学習社会の学習論』（共編著，学文社，2003年）
『生涯学習の基礎［新版］』（共編著，学文社，2011年）
[Ⅰ-5] [Ⅲ-2] [Ⅲ-3] [Ⅲ-4] [Ⅲ-5]
学習の一つの意義は，よくわかっているつもりのことを捉え直し考えてゆくところにあると思います。

青山貴子（あおやま　たかこ／1981年生まれ）
山梨学院大学副学長，経営学部教授
『知の伝達メディアの歴史研究』（共著，思文閣出版，2010年）
『身体・メディアと教育』論集　現代日本の教育史　第7巻（共著　日本図書センター，2014年）
[Ⅳ-11] [Ⅴ-5]
自分の日々の生活と「生涯学習」の接点は何か？　そんなところから関心をもってもらえたらと思います。

青山鉄兵（あおやま　てっぺい／1980年生まれ）
文教大学人間科学部准教授
『社会教育の学習論』（共編著，学文社，2016年）
『社会教育の基礎』（共著，学文社，2015年）
[Ⅴ-1] [Ⅴ-3] [Ⅴ-4] [Ⅹ-9]
「生涯学習」について，「する側」と「支援する側」の両方の立場から考えてみてください。

安斎聡子（あんざい　あきこ／1967年生まれ）
青山学院大学コミュニティ人間科学部教授，ミュージアムプランナー
『博物館展示論』（共著，講談社，2014年）
『社会教育の施設論』（共著，学文社，2015年）
[Ⅴ-9] [Ⅶ-10] [Ⅹ-7] [Ⅹ-10]
変化の激しい現代を生きる私たちにとって，生涯学習が身近で必要であることをお伝えできればと思います。

伊藤真木子（いとう　まきこ／1976年生まれ）
青山学院大学コミュニティ人間科学部教授
『社会教育の連携論』（共編著，学文社，2015年）
『社会教育・生涯学習研究のすすめ』（共著，学文社，2015年）
[Ⅸ-2] [Ⅸ-3]
2008年の初版と比較して，採りあげられているテーマにどのような異同があるか，検討してみるのも面白いかと思います。

伊藤康志（いとう　やすし／1958年生まれ）
東京家政大学学長補佐，産学連携コーディネーター
『生涯学習概論［新版］』（共著，理想社，2019年）
[Ⅵ-5] [Ⅵ-8]
今や社会貢献・大学開放という文脈をこえて，大学の教育のために「学社融合」が求められています。

稲葉　隆（いなば　たかし／1958年生まれ）
一般社団法人　全国社会教育委員連合常務理事
『クリエイティブな学習空間をつくる』（共編著，ぎょうせい，2001年）
『生涯学習の支援論』（共著，学文社，2003年）
[Ⅶ-7] [Ⅸ-5]
子どもにも大人にも，学校以外にどのような学びの場があるか，ぜひ足を運んでみてください。

執筆者紹介 (氏名／よみがな／生年／現職／主著／執筆担当／生涯学習を学ぶ読者へのメッセージ)

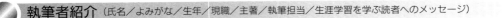

岩永雅也（いわなが　まさや／1953年生まれ）
放送大学学長・教授
『大人のための「学問のススメ」』（共著，講談社，2007年）
『現代の生涯学習』（放送大学教育振興会，2012年）
Ⅲ-6　Ⅷ-7
生涯学習は美しい概念ですが，それに惑わされず，醒めた目でその社会的意味と背景を考えることも大切です。

内山淳子（うちやま　じゅんこ／1963年生まれ）
元佛教大学特任准教授
『社会教育計画の基礎』（共著，学文社，2012年）
『社会教育の学習論』（共編著，学文社，2016年）
Ⅳ-3　Ⅴ-7　Ⅶ-1　Ⅶ-2
学びたいと願う限り人は成長できるように思います。いつからでも何からでも自由に学び続けたいものですね。

大木真徳（おおき　まさのり／1981年生まれ）
青山学院大学コミュニティ人間科学部准教授
『生涯学習概論』（共著，樹村房，2014年）
『社会教育の施設論』（共編著，学文社，2015年）
Ⅳ-14　Ⅴ-8　Ⅶ-6　Ⅺ-5
社会教育施設，特に，博物館について研究しています。皆さんもご近所の博物館にぜひ足を運んでみてください。

大木由以（おおき　ゆい／1984年生まれ）
青山学院大学教育人間科学部助教
『社会教育の施設論』（共著，学文社，2015年）
Ⅹ-1　Ⅹ-2
社会教育施設について研究しています。ぜひ，身近な社会教育施設を利用してみてください。

大島まな（おおしま　まな／1958年生まれ）
九州女子大学人間科学部教授，地域教育実践研究センター所長
『社会教育の核心』（共編著，全日本社会教育連合会，2010年）
『生涯学習の基礎［新版］』（共著，学文社，2011年）
Ⅳ-5　Ⅳ-8
学習は出会いから始まります。人生は出会いで変わります。いろいろな出会いを求めて，世界を広げてください。

香川重遠（かがわ　しげとう／1976年生まれ）
NPO法人全日本大学開放推進機構研究員
Ⅷ-2　Ⅷ-3
生涯学習は，個人の人生と社会を豊かにする実践です。

亀野　淳（かめの　じゅん／1965年生まれ）
北海道大学高等教育推進機構高等教育研究部教授
『インターンシップとキャリア』（共著，学文社，2007年）
「社会連帯型人材育成モデルの構築に当たって」公募研究シリーズ11（単著，全国勤労者福祉・共済振興協会，2010年）
Ⅵ-4　Ⅺ-1　Ⅺ-2
どのような分野でも，冷静な思考と温かい気持ちをもってあらゆる角度から学ぶことを心がけてください。

唐川伸幸（からかわ　のぶゆき／1967年生まれ）
新潟薬科大学学長顧問，客員教授
Ⅳ-13
「天災は忘れた頃に来る」ことを心に留めて，学んで地域を護りましょう。

坂口　緑（さかぐち　みどり／1968年生まれ）
明治学院大学社会学部教授
『テキスト生涯学習』（共著，学文社，2009年）
『コミュニタリアニズムのフロンティア』（共著，勁草書房，2012年）
ⅩⅢ-3　ⅩⅢ-5
生涯学習という視点から社会の仕組みを理解するのにとても役立つ一冊です。一緒に少しずつ学びませんか。

三瓶千香子（さんぺい　ちかこ／1974年生まれ）
桜の聖母短期大学教授，生涯学習センター長，地域連携センター長
Ⅶ-10　Ⅻ-7
地域と共に生きるとはどういうことか。学びをとおして自分の立脚する軸を探し出せたらいいですよね。

志々田まなみ（ししだ　まなみ／1975年生まれ）
国立教育政策研究所生涯学習政策研究部総括研究官
『生涯学習社会の構図』（共著，福村出版，2009年）
『社会教育計画の基礎』（共著，学文社，2012年）
Ⅹ-3　Ⅹ-4
生涯を豊かにする学習は，ごく身近な生活のなかにあるものだということに気づいていただければと思います。

杉山　剛（すぎやま　たけし／1948年生まれ）
在家禅研究家，博士（学術，早稲田大学）
『奥宮慥斎の研究』（早稲田大学出版部，2013年）
Ⅻ-2
禅は生涯にわたって自己を追求し存在の根底を得るものです。同時に社会によい影響を及ぼそうとするものです。

執筆者紹介（氏名／よみがな／生年／現職／主著／執筆担当／生涯学習を学ぶ読者へのメッセージ）

髙田忠彦（たかた ただひこ／1942年生まれ）
髙田技術コンサルタント事務所代表，元広島大学産学連携センター教授
『ものづくり技術・技能の伝承と海外展開』（共著，日刊工業新聞社，2008年）
Manufacturing Technology Transfer: A Japanese Monozukuri View of Needs and Strategies（共著，CRC Press，2013）
VIII-5
社会貢献の一環である産学連携は大学にとって重要になってきます。これを機会に勉強してください。

中嶌 洋（なかしま ひろし／1974年生まれ）
中京大学現代社会学部教授
『日本における在宅介護福祉職形成史研究』（単著，みらい，2013年）
『初学者のための質的研究26の教え』（単著，医学書院，2015年）
IV-4　VI-3
地域は社会資源の宝庫です。自ら地域に出向いて行き，人や実物に直接触れる体験を重視してください。

仲村拓真（なかむら たくま／1989年生まれ）
山口県立大学国際文化学部講師
『社会教育の施設論』（共著，学文社，2015年）
IV-6　V-6
近くの社会教育施設が何のためにあるか（または近くになぜ施設がないか）考えていただければ幸いです。

西井麻美（にしい まみ）
ノートルダム清心女子大学人間生活学部教授
『ESDがグローバル社会の未来を拓く』（共編著，ミネルヴァ書房，2020年）
IV-9　IV-10　XIII-6
当たり前と思う人生や環境のなかに，じつはいろいろな輝きがあることに気づかされる時が，きっとあります。

野島正也（のじま まさや／1947年生まれ）
文教大学名誉教授，学校法人文教大学学園理事長
『現代公民館全書』（共編著，東京書籍，1989年）
『いきいきマイライフ』（単著，文教大学出版部，2009年）
I-3　III-1　VII-5
生涯学習は一つの研究分野ですが，同時に実践そのものです。「見て学ぶ，やって学ぶ，教えて学ぶ」を大切に。

野村 和（のむら なごみ／1973年生まれ）
武蔵野短期大学副学長・学科長・教授
『社会教育の学習論』（共著，学文社，2016年）
『幼児教育入門──ブルーナーに学ぶ』（訳，明石書店，2014年）
VII-8　XII-3
学習機会の拡充だけではなく，学習成果を活用する方法を考えていくことが大切だと思います。

馬場祐次朗（はば ゆうじろう／1953年生まれ）
国立教育政策研究所社会教育実践研究センター，全国体験活動ボランティア活動総合推進センターコーディネーター
『社会教育計画の基礎』（共著，学文社，2012年）
『生涯学習概論』（共著，樹村房，2014年）
VI-1　VI-2
生涯学習と社会教育の違いをきちんと理解し，社会の要請に応える社会教育を意識しましょう。

久井英輔（ひさい えいすけ／1971年生まれ）
法政大学キャリアデザイン学部教授
『新生活運動と日本の戦後』（共著，日本経済評論社，2012年）
『社会教育・生涯学習研究のすすめ』（共編著，学文社，2015年）
XII-4　XII-6　XII-8　XIII-4
「生涯学習」に実に雑然とした世界ですが，その猥雑さにこそ何がしかの真実が宿っているのかもしれません。

本庄陽子（ほんじょう ようこ／1959年生まれ）
青山学院大学コミュニティ人間科学部教授
『社会教育の基礎』（共著，学文社，2015年）
『社会教育の連携論』（共編著，学文社，2015年）
IV-7　VII-3　VII-4　X-8
好きなことを楽しむだけでなく，苦手なことを克服したあとで，得られる達成感も学習活動の醍醐味です。

松橋義樹（まつはし よしき／1980年生まれ）
常磐大学人間科学部助教
『社会教育の基礎』（共編著，学文社，2015年）
『社会教育・生涯学習研究のすすめ』（共著，学文社，2015年）
I-4　IX-1　XI-3　XI-4
生涯学習の考え方は，個人にとっても社会にとっても重要な意味をもつものです。

師岡文男（もろおか ふみお／1954年生まれ）
上智大学名誉教授，元スポーツ庁参与
『生涯学習の展開』（共著，ミネルヴァ書房，2002年）
『生涯スポーツの社会経済学』（共著，杏林書院，2002年）
IV-2　VII-9
生涯学習は五感を駆使し，「考える」「作る」「遊ぶ」体験を積み重ねて学ぶことを楽しむことが重要です。

山川肖美（やまかわ あゆみ／1968年生まれ）
広島修道大学人文学部教授
『社会教育計画の基礎』（共著，学文社，2012年）
『生涯学習支援実践講座 生涯学習コーディネーター 新支援技法』（共著，一般財団法人社会通信教育協会，2014）
II-3　II-4　IV-12
学んだ成果を 自分のなかに蓄積していくだけでなく，社会をよりよくすることに活かしていきましょう。

執筆者紹介 (氏名／よみがな／生年／現職／主著／執筆担当／生涯学習を学ぶ読者へのメッセージ)

山本幸一（やまもと　こういち／1971年生まれ）
明治大学研究推進部研究知財事務室
『大学マネジメント改革総合事例集Ⅰ』（共著，日本能率協会，2014年）
Ⅷ-4　Ⅷ-6
職業生活と循環する生涯学習は体力勝負ですが、活力あるビジネス展開、社会イノベーションに不可欠です。

山本珠美（やまもと　たまみ／1970年生まれ）
青山学院大学教育人間科学部教授
『社会教育計画の基礎［新版］』（共編著，学文社，2012年）
『改訂　博物館概論』（共著，樹村房，2004年）
Ⅹ-5　Ⅹ-6　ⅩⅢ-1　ⅩⅢ-2
「学ぶ」ということを堅苦しく考えていませんか。肩の力を抜いて、未知の世界に飛び込んでみましょう！

山本裕一（やまもと　ゆういち／1956年生まれ）
青山学院大学コミュニティ人間科学部特任教授，国立教育政策研究所社会教育実践研究センター，全国体験活動ボランティア活動総合推進センターコーディネーター
『生涯学習概論』（共著，樹村房，2014年）
『地域をコーディネートする社会教育――新社会教育計画』（共著，理想社，2015年）
Ⅵ-6　Ⅵ-7
「生涯学習」はむずかしい研究分野です。でも、それを探究する姿は「生涯学習」そのものです。

湯川嘉津美（ゆかわ　かつみ／1958年生まれ）
上智大学総合人間科学部教授
『日本幼稚園成立史の研究』（単著，風間書房，2001年）
『論集　現代日本の教育史3　幼児教育・障害児教育』（共編著，日本図書センター，2013年）
ⅩⅡ-5
心学の教えにはよりよく生きるための庶民の知恵が詰まっています。日本の生涯学習の源流がそこにあります。

米山光儀（よねやま　みつのり／1955年生まれ）
田園調布学園大学人間科学部教授，慶應義塾大学名誉教授
『上田自由大学とその周辺』（共著，郷土出版社，2006年）
『近代日本と福澤諭吉』（共著，慶應義塾大学出版会，2013年）
Ⅰ-6　Ⅱ-1　Ⅱ-2
昔から生涯にわたる学習・教育について論じられています。生涯学習・生涯教育の歴史にも興味をもっていただければと思います。

やわらかアカデミズム・〈わかる〉シリーズ
よくわかる生涯学習［改訂版］

2008年 3 月25日	初　版第 1 刷発行
2014年 3 月25日	初　版第 6 刷発行
2016年 5 月20日	改訂版第 1 刷発行
2024年 2 月20日	改訂版第 7 刷発行

〈検印省略〉

定価はカバーに表示しています

編著者　香　川　正　弘
　　　　鈴　木　眞　理
　　　　永　井　健　夫

発行者　杉　田　啓　三

印刷者　田　中　雅　博

発行所　株式会社　ミネルヴァ書房
607-8494　京都市山科区日ノ岡堤谷町 1
電話代表　(075) 581-5191
振替口座　01020-0-8076

©香川・鈴木・永井ほか, 2016　創栄図書印刷・新生製本

ISBN978-4-623-07631-4
Printed in Japan

やわらかアカデミズム・〈わかる〉シリーズ

教育・保育

よくわかる学びの技法
田中共子編　本体 2200円

よくわかる卒論の書き方
白井利明・髙橋一郎編　本体 2500円

よくわかる教育評価
田中耕治編　本体 2800円

よくわかる授業論
田中耕治編　本体 2600円

よくわかる教育課程
田中耕治編　本体 2600円

よくわかる教育原理
汐見稔幸・伊東 毅・髙田文子・東 宏行・増田修治編著　本体 2800円

新版 よくわかる教育学原論
安彦忠彦・藤井千春・田中博之編著　本体 2800円

よくわかる生徒指導・キャリア教育
小泉令三編著　本体 2400円

よくわかる教育相談
春日井敏之・伊藤美奈子編　本体 2400円

よくわかる障害児教育
石部元雄・上田征三・高橋 実・柳本雄次編　本体 2400円

よくわかる特別支援教育
湯浅恭正編　本体 2500円

よくわかるインクルーシブ教育
湯浅恭正・新井英靖・吉田茂孝編著　本体 2500円

よくわかるインクルーシブ保育
尾崎康子・阿部美穂子・水内豊和編著　本体 2500円

よくわかる肢体不自由教育
安藤隆男・藤田継道編著　本体 2500円

よくわかる障害児保育
尾崎康子・小林 真・水内豊和・阿部美穂子編　本体 2500円

よくわかる保育原理
子どもと保育総合研究所
森上史朗・大豆生田啓友編　本体 2200円

よくわかる家庭支援論
橋本真紀・山縣文治編　本体 2400円

よくわかる子育て支援・家庭支援論
大豆生田啓友・太田光洋・森上史朗編　本体 2400円

よくわかる社会的養護
山縣文治・林 浩康編　本体 2500円

よくわかる社会的養護内容
小木曽宏・宮本秀樹・鈴木崇之編　本体 2400円

よくわかる小児栄養
大谷貴美子編　本体 2400円

新版 よくわかる子どもの保健
丸尾良浩・竹内義博編著　本体 2200円

よくわかる子どもの健康と安全
丸尾良浩・竹内義博編著　本体 2200円

よくわかる発達障害
小野次朗・上野一彦・藤田継道編　本体 2200円

よくわかる子どもの精神保健
本城秀次編　本体 2400円

よくわかる環境教育
水山光春編著　本体 2800円

よくわかる児童文化
川勝泰介編著　本体 2600円

よくわかる英語教育学
鳥飼玖美子・鈴木希明・綾部保志・榎本剛士編　本体 2500円

福祉

よくわかる社会保障
坂口正之・岡田忠克編　本体 2600円

よくわかる社会福祉
山縣文治・岡田忠克編　本体 2500円

よくわかる社会福祉運営管理
小松理佐子編　本体 2500円

よくわかる社会福祉と法
西村健一郎・品田充儀編著　本体 2600円

よくわかる社会福祉の歴史
清水教惠・朴 光駿編著　本体 2600円

新版 よくわかる子ども家庭福祉
吉田幸恵・山縣文治編著　本体 2400円

新版 よくわかる地域福祉
上野谷加代子・松端克文・永田祐編著　本体 2400円

よくわかる家族福祉
畠中宗一編　本体 2200円

よくわかるスクールソーシャルワーク
山野則子・野田正人・半羽利美佳編著　本体 2800円

よくわかる高齢者福祉
直井道子・中野いく子編　本体 2500円

よくわかる障害者福祉
小澤 温編　本体 2500円

よくわかる医療福祉
小西加保留・田中千枝子編　本体 2500円

よくわかる司法福祉
村尾泰弘・廣井亮一編　本体 2500円

よくわかるリハビリテーション
江藤文夫編　本体 2500円

よくわかる障害学
小川喜道・杉野昭博編著　本体 2400円

心理

よくわかる心理学実験実習
村上香奈・山崎浩一編著　本体 2400円

よくわかる心理学
無藤 隆・森 敏昭・池上知子・福丸由佳編　本体 3000円

よくわかる心理統計
山田剛史・村井潤一郎著　本体 2800円

よくわかる保育心理学
鯨岡 峻・鯨岡和子著　本体 2400円

よくわかる臨床心理学 改訂新版
下山晴彦編　本体 3000円

よくわかる臨床発達心理学
麻生 武・浜田寿美男編　本体 2800円

よくわかるパーソナリティ心理学
吉川眞理編著　本体 2600円

よくわかるコミュニティ心理学
植村勝彦・高畠克子・箕口雅博・原 裕視・久田 満編　本体 2500円

よくわかる発達心理学
無藤 隆・岡本祐子・大坪治彦編　本体 2500円

よくわかる乳幼児心理学
内田伸子編　本体 2400円

よくわかる青年心理学
白井利明編　本体 2500円

よくわかる高齢者心理学
佐藤眞一・権藤恭之編著　本体 2500円

よくわかる教育心理学
中澤 潤編　本体 2600円

よくわかる学校教育心理学
森 敏昭・青木多寿子・淵上克義編　本体 2600円

よくわかる学校心理学
水野治久・石隈利紀・田村節子・田村修一・飯田順子編著　本体 2400円

よくわかる社会心理学
山田一成・北村英哉・結城雅樹編著　本体 2500円

よくわかる家族心理学
柏木惠子編著　本体 2600円

よくわかる言語発達 改訂新版
岩立志津夫・小椋たみ子編　本体 2400円

よくわかる認知科学
乾 敏郎・吉川左紀子・川口 潤編　本体 2500円

よくわかる認知発達とその支援
子安増生編　本体 2400円

よくわかる情動発達
遠藤利彦・石井佑可子・佐久間路子編著　本体 2500円

よくわかるスポーツ心理学
中込四郎・伊藤豊彦・山本裕二編著　本体 2400円

よくわかる健康心理学
森 和代・石川利江・茂木俊彦編　本体 2400円

―― ミネルヴァ書房 ――
https://www.minervashobo.co.jp/